普通高等教育“十一五”国家级规划教材
高等学校水利学科专业规范核心课程配套教材

水工钢筋混凝土结构学习辅导及习题

河海大学　陈礼和　主编

中国水利水电出版社
www.waterpub.com.cn

内 容 提 要

本书是普通高等教育“十一五”国家级规划教材、高等学校水利学科专业规范核心课程教材《水工钢筋混凝土结构学》（第4版）的配套用书，主要内容分为学习指导、综合练习与设计计算三个部分，其中综合练习附有参考答案。前12章的章节编排与教材一致，内容与教材对应；第13章介绍了我国《混凝土结构设计规范》（GB 50010—2002）、美国混凝土结构设计规范（ACI 318M—05）与我国《水工混凝土结构设计规范》的主要区别；第14章为水工钢筋混凝土结构课程设计资料及设计任务书。

本书除可作为学习水工钢筋混凝土结构课程的辅助用书外，也可供该课程的任课老师参考，同时还可作为硕士、博士研究生入学考试的复习用书。

图书在版编目（CIP）数据

水工钢筋混凝土结构学习辅导及习题/陈礼和主编
—北京：中国水利水电出版社，2009（2022.12 重印）
普通高等教育“十一五”国家级规划教材．高等学校水利学科专业规范核心课程配套教材
ISBN 978-7-5084-6802-0

Ⅰ.①水… Ⅱ.①陈… Ⅲ.①水工结构：钢筋混凝土结构-高等学校-教学参考资料 Ⅳ.①TV332

中国版本图书馆CIP数据核字（2009）第152445号

书　　名	普通高等教育“十一五”国家级规划教材 高等学校水利学科专业规范核心课程配套教材 **水工钢筋混凝土结构学习辅导及习题**
作　　者	河海大学　陈礼和　主编
出版发行	中国水利水电出版社 （北京市海淀区玉渊潭南路1号D座　100038） 网址：www.waterpub.com.cn E-mail：sales@mwr.gov.cn 电话：（010）68545888（营销中心）
经　　售	北京科水图书销售有限公司 电话：（010）68545874、63202643 全国各地新华书店和相关出版物销售网点
排　　版	中国水利水电出版社微机排版中心
印　　刷	天津嘉恒印务有限公司
规　　格	184mm×260mm　16开本　13.5印张　320千字
版　　次	2009年8月第1版　2022年12月第13次印刷
印　　数	44001—47000册
定　　价	**38.00**元

编 者 说 明

由河海大学主编的《水工钢筋混凝土结构学》曾分别获原国家教委全国高校优秀教材奖和原水电部优秀教材一等奖，长期以来都作为高等学校水利类专业的统编教材。

目前，与土木建工类专业的钢筋混凝土结构教材配套的各类参考书已出版了许多，但与水工钢筋混凝土结构教材配套的教学参考书几乎没有。考虑到实行新的教学计划后，课内学时进一步压缩，同学们在课后非常需要一本能帮助他们复习、巩固、提高的参考书。另外，新修订的《水工混凝土结构设计规范》已颁布实施，与这本规范相适应的新的《水工钢筋混凝土结构学》（第 4 版）作为普通高等教育“十一五”国家级规划教材也将同时出版发行。与原教材相比较，新版教材在设计原则及设计表达式方面作了较大的改动。为培养同学们的自学能力，也为了配合新教材的学习，我们编写了这本《水工钢筋混凝土结构学习辅导及习题》。

本书具有如下一些特色：

（1）本书的章节编排与统编教材《水工钢筋混凝土结构学》（第 4 版）完全一致，书后附有《水工钢筋混凝土结构学》课程教学大纲，这样学习时目标明确，针对性强。

（2）每一章分为学习指导、综合练习、设计计算三个单元。

在“学习指导”单元中，列有“本章主要内容及学习要求”、“本章的难点及学习时应注意的问题”等几个部分。其中“本章主要内容及学习要求”按照教学大纲要求，介绍了教材的基本内容以及针对不同内容的不同教学要求。对基本概念及计算理论分别给出了“了解”、“理解”及“深刻理解”等三个层面的要求，对结构构件的具体设计方法和配筋构造细节则分别给出“了解”、“掌握”及“熟练掌握”等三个不同层面的要求，以便于同学们在学习时抓住重点。在“本章的难点及学习时应注意的问题”中，对学习中可能感到不易理解的部分作了深入浅出的分析，使同学们在学习时更易掌握问题的实质，从而收到事半功倍的效果。同时对钢筋混凝土结构设计方法的发展现状以及教材中未能及时反映的情况适当作出提示，以便同学们在今后参加实际工程设计时加以注意。

在“综合练习”单元中，附有大量的练习题，分别给出填充题、选择题、问答题等几种题型。其中填充题的答案基本上可在教材中直接找到，是用来帮助同学们复习所学过的主要内容，是最基本的要求；选择题则需作一些思考，经判别后才能给出正确答案；而问答题是为了考查同学们分析问题及解决问题的能力。对于有一定难度的选择题及问答题，以“△”号表示，此外还列有部分相当于研究生入学考试水平的题目，用“☆”号表示，以适应不同类型同学的需求。同学们可以根据答题的情况，判断自己掌握本门课程的程度。

所有的填充题、选择题及问答题在书中均附有参考答案。

各章最后所附的设计计算题用于课后习题练习。我们有针对性地选择了不同题目，其中大部分选自工程实例，有些带“☆”号的题目则有一定难度，可供考研同学用作复习参考。教师可根据教学要求，从中选取部分题目作为课后的作业。

(3) 钢筋混凝土结构教材与其他教材有很大的不同，即有规范性。《水工钢筋混凝土结构学》教材是依据水工混凝土结构设计规范编写的。适用于工业与民用建筑的国家标准《混凝土结构设计规范》(GB 50010—2002) 与水工混凝土结构设计规范相比较有许多相同的地方，也有一些不一致的地方。同时，代表国际混凝土研究领域发展水平的美国混凝土结构设计规范也于 2005 年推出了最新版本 (ACI 318M—05)。作为当代大学生，有必要了解钢筋混凝土研究领域的最新发展动态，为此，在本书中专门列出一章介绍了这两本规范的特点，并着重从实用设计表达式、受弯构件正截面及斜截面承载力计算、偏心受压构件正截面承载力计算及正常使用极限状态的验算等几个方面，分析了这两本规范与我国水工混凝土结构设计规范的不同之处。这对同学们来说，既可开拓眼界，扩大知识面，也可为今后的进一步发展或从事不同领域的工作打下良好的基础。

需要说明的是，由于体制的原因，目前在我国水利水电工程中，水利系统与电力系统分别有各自的《水工混凝土结构设计规范》。这两本规范的设计理论基本相同，但设计表达式却完全不同，构造规定也略有差异。《水工钢筋混凝土结构学》(第 4 版) 教材是以水利系统的《水工混凝土结构设计规范》(SL 191—2008) 为主线、电力系统的《水工混凝土结构设计规范》(DL/T 5057—2009) 为辅线编写的，所以本书各章节内容除特别说明外，也均以 SL 191—2008 规范为主展开讨论。

(4) 钢筋混凝土结构课程还有一大特点是它的实践性。对于水利类专业而言，学完《水工钢筋混凝土结构学》后往往要作1.5～2周的课程设计。为此我们从工程实例中挑选了一部分素材，分别编写了“钢筋混凝土肋形楼盖设计”、“水工钢筋混凝土水闸工作桥设计”等课程设计资料，附在本书中。使用时可根据不同专业、不同学时的要求自由选取，以适应增强实践性教学环节的需要。

参加本书编写的有康清梁教授、汪基伟教授、陈礼和副教授、丁晓唐副教授。全书由陈礼和主编，周氏教授主审。

在本书编写过程中，参考了已出版的相关的多种教学参考用书，从中吸收了他们的编写经验，在此谨表谢意。

限于水平，本书必然存在不少缺点和错误，恳请读者及时指正。

编　者

2009年6月

目　　录

第1章　混凝土结构材料的物理力学性能

1.1　学　习　指　导

1.1.1　本章主要内容及学习要求

本章讨论了钢筋和混凝土这两种材料的物理和力学性能以及两者之间的粘结作用。通过本章学习应着重理解这两种材料的特点、它们在混凝土结构中的作用以及混凝土结构对这两种材料性能的相应要求。本章是学习后续各章的基础。

读者在学习本章时可参阅“工程材料”课程的有关内容。

本章主要内容及学习要求叙述如下。

1.1.1.1　钢筋的品种和力学性能

1. 钢筋的种类和级别

钢筋混凝土结构中的钢筋以及预应力混凝土结构中的非预应力钢筋常用 HRB400（Ф）和 HRB335（Ф）钢筋，也可采用 HPB235（Ф）和 RRB400（$Ф^R$）钢筋。按化学成分区分，HPB235 钢筋为碳素钢中的低碳钢，HRB400、HRB335 和 RRB400 钢筋均为普通低合金钢。按表面形状分，HPB235 钢筋为光圆钢筋，HRB400、HRB335 和 RRB400 钢筋均为带肋钢筋（变形钢筋）。

预应力混凝土结构中的预应力钢筋主要有钢绞线和高强钢丝，也有采用螺纹钢筋和钢棒的，详见第10章。

以上内容需要熟练掌握。

2. 钢筋的力学性能

钢筋按其力学性能可分为软钢和硬钢。钢筋经冷拉后其抗拉屈服强度能得到一定提高，但冷拉后流幅缩短，伸长率也大幅度减小，材性变脆，这将大大降低钢筋的综合性能，所以目前冷拉钢筋已很少采用。

钢筋混凝土结构中常用的热轧 HRB400、HRB335 及 HPB235 钢筋均为软钢，它们从开始加载到拉断，有弹性阶段、屈服阶段、强化阶段和破坏阶段四个阶段。钢筋应力达到屈服强度后钢筋会出现很大的变形，当配置在钢筋混凝土中，将导致混凝土裂缝开展过宽，工程上不允许，所以软钢的受拉强度限值以屈服强度为准，钢筋的强化阶段只作为一种安全储备。软钢有良好的塑性变形性能，伸长率较大，焊接性能也较好。

预应力混凝土结构中常用的钢绞线、高强钢丝以及螺纹钢筋和钢棒均为硬钢。它们强度很高，但塑性较差，从加载到拉断没有屈服阶段，在计算中以协定流限作为强度标准。

在学习时需着重掌握常用的热轧钢筋（软钢）的力学性能，也应掌握预应力混凝土中常用钢绞线、钢丝等硬钢的力学性能。

3. 钢筋混凝土结构对钢筋性能的要求

对普通钢筋混凝土结构，要求钢筋具有较高的强度，但又不宜太高，受力钢筋以HRB400和HRB335钢筋为宜；同时要求钢筋具有良好的塑性、良好的焊接和加工性能以及与混凝土有良好的粘结。

HPB235钢筋因为强度较低又是光圆钢筋，与混凝土的粘结力差，对控制裂缝不利，国外已基本不用。在我国主要用于受力不大的薄板或用作为箍筋、架立筋、分布筋及吊环等，今后宜尽量不用。

RRB400钢筋强度与HRB400钢筋一样，但塑性及可焊性较差，也较少应用。

要深刻认识为什么对钢筋性能有这样一些要求。

对预应力混凝土结构中钢筋性能的要求见第10章。

1.1.1.2 混凝土的物理力学性能

混凝土是由水泥、骨料及水按一定配合比组成的人造石材，其内部结构复杂，因此力学性能也极为复杂。

混凝土的力学性能主要包括两部分，一部分是混凝土的强度，另一部分是混凝土的变形。

1. 混凝土的强度

这部分内容包括：混凝土立方体抗压强度及强度等级；混凝土的轴心抗压强度和轴心抗拉强度及其与立方体抗压强度的关系；混凝土在复合应力下的强度；影响混凝土强度的因素；钢筋混凝土结构对混凝土强度等级的要求。

2. 混凝土的变形

这部分内容包括：混凝土在一次短期加载时的应力应变曲线；混凝土在重复荷载作用下的应力应变曲线；混凝土的弹性模量和极限变形；混凝土在长期荷载作用下的变形——徐变；混凝土的温度变形和干湿变形。

这两部分内容比较多，应分清主次。

在混凝土的强度指标中，立方体抗压强度是混凝土的基本强度指标，并根据它来确定混凝土强度等级，要弄清它的定义、影响因素及与其他强度指标的关系。对于复合应力下混凝土的强度，主要掌握二向应力状态时的强度和三向受压状态对混凝土强度及变形的影响。

对于混凝土的变形，重点掌握混凝土在一次短期加载时的应力应变关系。混凝土徐变和干缩等对大体积水工混凝土建筑物有重大影响，要弄清它们产生的原因、影响因素以及徐变对工程的影响等。

1.1.1.3 钢筋与混凝土之间的粘结

这部分内容包括：钢筋与混凝土之间粘结的重要性；钢筋与混凝土之间粘结力的构成及影响因素；钢筋的锚固与接头。

要清楚理解钢筋与混凝土的粘结是两者能共同作用的基础。掌握粘结力的构成和影响因素及保证钢筋可靠锚固的措施。

1.1.2 本章的难点及学习时应注意的问题

（1）本章所学习的材料中，混凝土性质复杂，它的强度与试件的形状、大小，试件端面是否涂油，试验时的加载速度，养护条件等都有关系，要弄清其中的道理。混凝土应力应变关系是非线性的，要注意它的影响因素以及在实用上如何对材料的应力应变关系加以适当简化。

(2) 对于普通钢筋混凝土结构中的钢筋，既要求它强度比较高，但又不宜太高。钢筋强度高，可以节约钢材，降低造价，但若强度太高，用作受拉钢筋时，在正常使用时会使裂缝过宽；用作受压钢筋时，又受混凝土极限压应变的限制，破坏时不能充分利用其强度。要深刻弄清这个道理。

(3) 混凝土在复合应力下的强度对理解混凝土结构的性能有重大作用，例如为什么混凝土立方体抗压强度大于混凝土轴心抗压强度，为什么螺旋箍筋柱的抗压能力大于普通箍筋柱的抗压能力等。学习时要努力运用这方面的知识去说明有关现象。

(4) 混凝土的徐变是本章又一个难点。要理解它的产生原因和影响因素，着重掌握它在工程中的影响。

本章学习中还有几个问题需要注意。

(1) 在普通钢筋混凝土结构中我国以前主要采用热轧Ⅰ级钢筋和热轧Ⅱ级钢筋（分别相当于 HPB235 和 HRB335 钢筋），近年来又大力提倡采用 HRB400 钢筋。要看到我国以前所用热轧Ⅰ、Ⅱ级钢筋强度低于世界一般水平（如美国一般采用屈服强度为 $420N/mm^2$ 的钢筋，英国采用屈服强度为 $460N/mm^2$ 的钢筋），而在容许范围内采用强度尽可能高的钢筋是节约钢筋、降低造价的一个有效措施。在一些相关教材中目前有些提法已不合适，如说Ⅲ级钢用于普通钢筋混凝土结构会使裂缝开展很宽，因此常经过冷拉后用作预应力钢筋等。有些教材对冷拉钢筋的提法也不够合适，冷拉钢筋虽能提高强度，但却大大增加了脆性，使总的材性变坏，目前工程上已很少采用。又如冷轧带肋钢筋主要是因为过去没有细直径的热轧钢筋生产而不得已采用的，目前细直径热轧钢筋已大量生产，故冷轧带肋钢筋已不再常用。这些在学习时应予注意。

(2) 软钢的强度主要有屈服强度和极限强度。在钢筋混凝土结构设计时以屈服强度作为软钢抗拉强度的限值。相应的硬钢则以“协定流限”$\sigma_{0.2}$作为强度取值标准。

钢筋的受拉、受压性能基本相同，但在钢筋混凝土结构中，钢筋受压时的强度还受到混凝土极限压应变的限制，此点应予注意。

(3) 钢筋和混凝土之间的粘结是保证两者共同受力的基础。要理解影响两者粘结的主要因素，并逐步掌握保证钢筋可靠锚固的各种构造措施。

(4) 钢筋的连接也是一个重要问题。钢筋的连接有三种：绑扎搭接、焊接和机械连接。钢筋接头处既要保证足够的强度，又要保证足够的刚度和良好的恢复性能。从这三个方面综合考虑，钢筋接头处的性能总比不上非接头处。因此在工程上钢筋接头施工质量要十分重视，并且接头应适当分散。

1.2 综合练习

1. 填充题

(1) 在我国，混凝土结构中所采用的钢筋有________、______、______、________及

______等。热轧钢筋主要用作______，而______、________、______及________主要用作________钢筋。

(2) 按化学成分的不同，钢筋和钢丝可分为________和________两大类。

(3) 含碳量增加，能使钢材强度__________，性质变____，但也将使钢材的________和______降低，______也会变差。

(4) 热轧钢筋按其外形分为热轧______和热轧______两类。热轧______亦称变形钢筋。

(5) 钢筋混凝土结构用钢筋要求具有较高的______、一定的______、良好的______性能以及与混凝土之间必须有足够的______。

(6) 热轧钢筋是低碳钢或普通低合金钢在________轧制而成。按照其强度的高低，分为________、________、________等几种，在图纸与计算书中分别用符号__、__及__表示，其中______钢筋为光圆钢筋，其余的为带肋钢筋。

(7) 钢筋按力学的基本性能来分，可分为两种类型：①______、②______。

(8) 软钢从开始加载到拉断，有__个阶段，即______阶段、______阶段、______阶段与______阶段。

(9) ________是软钢的主要强度指标。软钢钢筋的受__强度限值以它为准。

(10) 钢筋拉断时的应变称为________，它标志钢筋的______。

(11) 硬钢______高，但______差，______大。从加载到拉断，不像软钢那样有明显的阶段，基本上不存在______。设计中一般以______作为强度标准。

(12) 我国混凝土结构设计规范规定以边长为________的立方体，在温度为________、相对湿度不小于______的条件下养护__天，用标准试验方法测得的具有________保证率的立方体抗压强度________f_{cuk}作为混凝土强度等级，以符号__表示，单位为________。

(13) 水利水电工程中，钢筋混凝土结构构件的混凝土强度等级不应低于______；当采用HRB335钢筋时，混凝土强度等级不__低于C20；当采用HRB400和RRB400钢筋或承受重复荷载时，混凝土强度等级不__低于C20。预应力混凝土结构构件的混凝土强度等级不应低于____；当采用钢绞线、钢丝作预应力钢筋时，混凝土强度等级不宜低于______。

(14) f_c与f_{cu}大致成______，两者比值f_c/f_{cu}的平均值为______。考虑到实际结构构件与试件的制作及养护条件的差异、尺寸效应以及加荷速度等因素的影响，实际结构中混凝土轴心抗压强度与立方体抗压强度的关系为$f_c=$______f_{cu}。

(15) 混凝土轴心抗拉强度f_t远低于立方体抗压强度f_{cu}，f_t仅相当于f_{cu}的______。

(16) 混凝土双向受压时，一向抗压强度随另一向压应力的增加而____。双向受拉时的混凝土抗拉强度与单向受拉强度______。一向受拉一向受压时，混凝土的抗压强度随另一向的拉应力的增加而______。

(17) 混凝土的变形有两类：一类是由外荷载作用而产生的______；一类是由温度和干湿变化引起的______。

(18) 影响混凝土应力应变曲线形状的因素很多。混凝土强度越高，下降段越____，材料的延性越____。

(19) 快速加载时，混凝土的弹性模量和强度均会______。

(20) 混凝土均匀受压时的极限压应变一般可取为________，受弯或偏心受压时的极限压应变大多在____________范围内。混凝土受拉极限应变计算时一般取为________。

(21) 混凝土在荷载长期持续作用下，应力不变，______也会随着时间而增长，这种现象称为混凝土的______。

(22) 试验指出，中小结构混凝土的最终徐变可达瞬时应变的______倍。

(23) 徐变与加载龄期有关，加载时混凝土龄期越长，徐变越____。

(24) 混凝土的干缩是由于混凝土中______的散失或______降低所引起。此外，水泥用量越____，水灰比越____，干缩也越大。

(25) ____是钢筋和混凝土两种材料能组成复合构件共同受力的基本前提。

(26) 钢筋与混凝土之间的粘结力主要由以下三部分组成：①水泥凝胶体与钢筋表面之间的________；②混凝土收缩，将钢筋紧紧握固而产生的________；③钢筋表面不平整与混凝土之间产生的________。

(27) 影响粘结强度的因素除了钢筋的表面形状以外，还有混凝土的____强度、浇筑混凝土时钢筋的______、钢筋周围的混凝土______等。

(28) 钢筋在混凝土中的锚固长度 l_a 可根据钢筋应力达到______强度 f_y 时，钢筋才被拔动的条件确定。

(29) 钢筋强度越____，直径越____，混凝土强度越____，则锚固长度要求越长。

(30) 为了保证光圆钢筋的粘结强度的可靠性，规范规定绑扎骨架中的受拉光圆钢筋应在末端做成______。

(31) 接长钢筋有三种办法：______、______、______。

(32) 机械连接接头可分为______接头和______接头两大类。

2. 单项选择题

(1) 水工钢筋混凝土结构中常用受力钢筋是（　　）。

A. HRB400 和 HRB335 钢筋　　B. HPB235 和 RRB400 钢筋

C. HRB335 和 HPB235 钢筋　　D. HRB400 和 RRB400 钢筋

(2) 热轧钢筋的含碳量越高，则（　　）。

A. 屈服台阶越长，伸长率越大，塑性越好，强度越高

B. 屈服台阶越短，伸长率越小，塑性越差，强度越低

C. 屈服台阶越短，伸长率越小，塑性越差，强度越高

D. 屈服台阶越长，伸长率越大，塑性越好，强度越低

(3) 硬钢的协定流限是指（　　）。

A. 钢筋应变为 0.2%时的应力

B. 由此应力卸载到钢筋应力为零时的残余应变为 0.2%

C. 钢筋弹性应变为 0.2%时的应力

(4) 设计中软钢的抗拉强度取值标准为（　　）。

A. 协定流限　B. 屈服强度　　C. 极限强度

(5) 混凝土的强度等级是根据混凝土的（　　）确定的。

A. 立方体抗压强度设计值　　　B. 立方体抗压强度标准值

C. 立方体抗压强度平均值　　　D. 具有 90%保证率的立方体抗压强度

△(6) 混凝土强度等级相同的两试件在图 1-1 所示受力条件下，破坏时抗拉强度 f_{t1} 和 f_{t2} 的关系是（　　）。

A. $f_{t1}>f_{t2}$　　B. $f_{t1}=f_{t2}$　　C. $f_{t1}<f_{t2}$

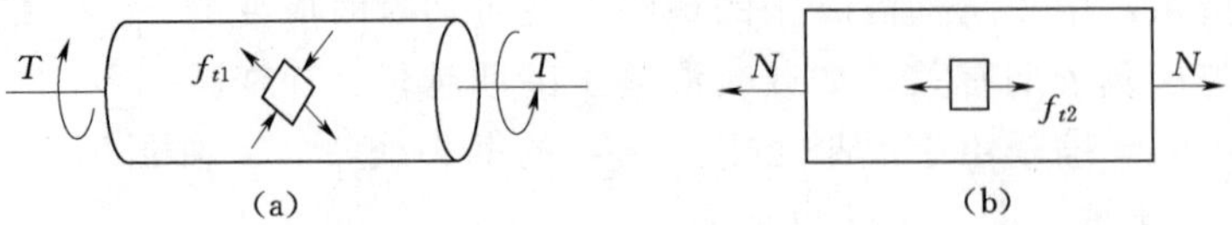

图 1-1　两组试件受力条件

(a) 薄壁空心混凝土管受扭；(b) 混凝土试件轴心受拉

△ (7) 图 1-2 所示受力条件下的三个混凝土强度等级相同的单元体，破坏时 σ_1，σ_2，σ_3 绝对值的大小顺序为（　　）。

A. $\sigma_1>\sigma_2>\sigma_3$　B. $\sigma_1>\sigma_3>\sigma_2$　C. $\sigma_2>\sigma_1>\sigma_3$　D. $\sigma_2>\sigma_3>\sigma_1$

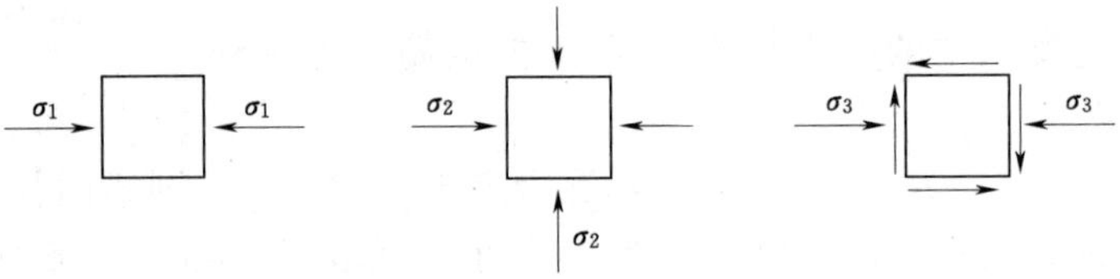

图 1-2　单元体受力条件

△(8) 柱受轴向压力的同时又受有水平剪力，此时混凝土的抗压强度（　　）。

A. 随水平剪力的增大而增大　　B. 随水平剪力的增大而减小

C. 不随水平剪力的变动而变化

(9) 混凝土强度等级越高，则其 σ—ε 曲线的下降段（　　）。

A. 越陡峭　　B. 越平缓　　C. 无明显变化

(10) 混凝土极限压应变值 ε_{cu} 随混凝土强度等级的提高而（　　）。

A. 减小　　B. 提高　　C. 不变

(11) 混凝土的水灰比越大，水泥用量越多，则徐变及收缩值（　　）。

A. 越大　　B. 越小　　C. 基本不变

△(12) 钢筋混凝土轴心受压构件中混凝土的徐变将使（　　）。

A. 钢筋的应力减小，混凝土的应力增大

B. 钢筋的应力增大，混凝土的应力减小

C. 钢筋与混凝土两者应力不变化

△(13) 在室外预制一块钢筋混凝土板，养护过程中发现其表面出现微细裂缝，其原因应该是（　　）。

A. 混凝土与钢筋热胀冷缩变形不一致

B. 混凝土徐变变形

C. 混凝土干缩变形

(14) 受拉钢筋锚固长度 l_a 和受拉钢筋绑扎搭接长度 l_l 的关系是（　　）。

A. $l_a > l_l$　　B. $l_a = l_l$　　C. $l_a < l_l$

(15) 为了保证钢筋的粘结强度的可靠性，规范规定（　　）。

A. 所有钢筋末端必须做成半圆弯钩

B. 所有光圆钢筋末端必须做成半圆弯钩

C. 绑扎骨架中的受拉光圆钢筋应在末端做成 180°弯钩

(16) 受压钢筋的锚固长度比受拉钢筋的锚固长度（　　）。

A. 大　　B. 小　　C. 相同

(17) 当混凝土强度等级由 C20 变为 C30 时，受拉钢筋的最小锚固长度 l_a（　　）。

A. 增大　　B. 减小　　C. 不变

(18) 当钢筋级别由 HRB335 变为 HRB400 时，受拉钢筋的最小锚固长度 l_a（　　）。

A. 增大　　B. 减小　　C. 不变

(19) 钢筋强度越高，直径越粗，混凝土强度越低，则锚固长度要求（　　）。

A. 越长　　B. 越短　　C. 不变

3. 问答题

(1) 水工钢筋混凝土结构中常用钢筋有哪几种？各用什么符号表示？按表面形状它们如何划分？

(2) 常用钢筋是否都有明显的屈服极限？设计时它们取什么强度作为设计的依据？为什么？

△(3) 钢筋混凝土结构对所用的钢筋有哪些要求？为什么？

(4) 带肋钢筋与光圆钢筋相比，主要有什么优点？为什么？

△(5) 在普通钢筋混凝土结构中，采用高强度钢筋是否合理？为什么？

(6) 什么是钢筋的塑性？钢筋的塑性性能是由哪些指标反映的？

(7) 试画出软钢和硬钢的应力应变曲线，说明其特征点，并说明设计时分别采用什么强度指标作为它们的设计强度。

(8) 混凝土强度指标主要有几种？哪一种是基本的？各用什么符号表示？它们之间有何数量关系？

△(9) 为什么 f_c 小于 f_{cu}？

△(10) 画出混凝土一次短期加载的受压应力应变曲线。标明几个特征点，并给出简要说明。

(11) 分别画出混凝土在最大应力较小的重复荷载作用时和最大应力较大的重复荷载作用时的 σ—ε 曲线，并说明什么是混凝土的疲劳强度 f_c^f。

△(12) 混凝土应力应变曲线中的下降段对钢筋混凝土结构有什么作用？

☆(13) 混凝土处于三向受压状态时，其强度和变形能力有何变化？举例说明工程中是如何利用这种变化的。

(14) 什么是混凝土的徐变？混凝土为什么会发生徐变？

(15) 混凝土的徐变主要与哪些因素有关？如何减小混凝土的徐变？

(16) 什么是线性徐变？什么是非线性徐变？

(17) 轴心受压构件中混凝土徐变将使钢筋应力及混凝土应力发生什么变化？

(18) 徐变对钢筋混凝土结构有什么有利和不利的影响？

☆(19) 试分别分析混凝土干缩和徐变对钢筋混凝土轴心受压构件和轴心受拉构件应力重分布的影响。

☆(20) 钢筋混凝土梁如图 1-3 所示。试分析当混凝土产生干缩和徐变时梁中钢筋和混凝土的应力变化情况。

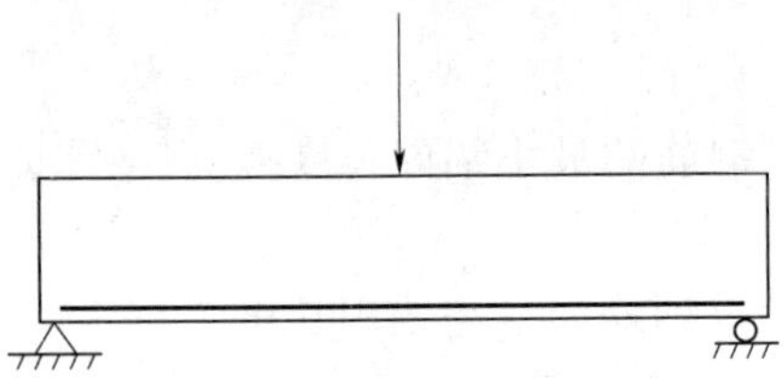

图 1-3　钢筋混凝土梁

△(21) 大体积混凝土结构中，能否用钢筋来防止温度裂缝或干缩裂缝的出现？为什么？

(22) 带肋钢筋和光圆钢筋粘结力组成有何异同？

△(23) 影响钢筋与混凝土之间粘结强度的主要因素是什么？如何保证钢筋与混凝土之间的可靠锚固？

第2章　钢筋混凝土结构设计计算原理

2.1　学　习　指　导

2.1.1　本章主要内容及学习要求

本章主要讨论工程结构设计的基本原则，为以后各基本构件的设计计算奠定有关结构可靠（安全）性方面的基础。

本章的内容有四个方面：

（1）钢筋混凝土结构构件设计的极限状态理论。

（2）结构构件按近似概率法设计的基本概念。

（3）荷载及材料强度的取值。

（4）《水工混凝土结构设计规范》的实用设计表达式及分项系数或安全系数的确定。

上述内容的学习要求各有不同。

1. 极限状态设计理论

这一部分的内容不多，也比较容易理解。但必须做到：

（1）把传统的设计方法（也就是材料力学课程中学习到的匀质弹性体的容许应力法）与极限状态设计理论之间本质上有哪些不同弄清楚。

（2）把承载能力极限状态与正常使用极限状态两者的不同点区别清楚。

（3）还应明白，保证结构构件在运用期间不出现承载能力极限状态是结构安全与否的前提，因此对任何结构构件都必须进行承载能力极限状态的计算，它所要求的可靠度水平相对要高一些。而正常使用极限状态则是在满足承载力条件前提下的附加验算，即使满足不了，也只是影响结构的正常使用及影响结构的耐久性能，而不致危及结构的安全，所以它所要求的可靠度水平当然可低一些。

（4）还应清楚，某些水工建筑，由于稳定性和使用上的要求，构件的截面尺寸一般用得比较大，很容易满足变形的要求，因此在实际设计中并不需要对所有构件都进行变形验算。对于承受水压的水工混凝土结构，裂缝的存在将影响其正常使用及耐久性，所以必须根据不同的使用条件，进行抗裂（不允许裂缝发生）或限制裂缝宽度的验算。

2. 近似概率设计法

这部分内容是本章中最为复杂和难懂的部分。同学们在学习时应着重了解下列几点：

（1）传统的工程设计方法（如容许应力法或破损阶段法）常采用一个安全系数 K 来表示结构的安全度。这个"单一的安全系数"俗称为"大老 K"，它是以传统经验为基础确定的。同时还把一些影响结构安全的因素（如荷载、材料强度等）都看成为"定值"（确定的值）处理，这是一种定值设计概念。

（2）实际上影响结构安全的诸多因素并不是定值而是随机变量。当将荷载效应 S 和

构件抗力 R 都看作随机变量后，衡量结构安全（可靠）度的比较合理的方法就是求出出现 $R<S$ 时的概率 p_f（即失效概率）。

（3）与 p_f 对应的是可靠指标 β，所以也可用 β 值来衡量结构的可靠度。

（4）对于不同概率分布的随机变量，求 β 的公式是不同的。对公式的推导过程不必死记，只要求了解其概念就可以了。

（5）求得的 β 值应不小于目标可靠指标 β_T。β_T 是根据原有规范"校准"得出的，也就是认为原有规范所具有的可靠度水平在总体上是合适的。所以由 $\beta \geqslant \beta_T$ 所反映出的结构可靠度水平与原有规范（采用单一安全系数表示）的安全度在总体上是相当的。

（6）应该对极限状态方程、荷载效应 S、结构构件抗力 R、失效概率 p_f、可靠指标 β、目标可靠指标 β_T 等概念有正确的了解。

3. 荷载与材料强度的取值

荷载与材料强度的正确取值关系到今后的设计计算，所以必须弄懂下列几点：

（1）荷载的分类，即永久荷载、可变荷载、偶然荷载。

（2）荷载的标准值、组合值、频遇值和准永久值的区别和应用。当然，现行的水工混凝土结构设计规范只用到荷载的标准值，荷载的其他三种取值均未用到。

（3）混凝土立方体抗压强度标准值 f_{cuk} 就是混凝土强度等级，f_{cuk} 所具有的保证率是95%，f_{cuk} 与立方体抗压强度平均值 $\mu_{f_{cu}}$ 的关系是 $f_{cuk}=\mu_{f_{cu}}-1.645\sigma_{f_{cu}}$。

（4）由 f_{cuk} 怎样推求出混凝土轴心抗压强度标准值 f_{ck} 和混凝土轴心抗拉强度标准值 f_{tk}。

（5）钢筋强度标准值（f_{yk} 及 f_{ptk}）是如何确定的？它们的保证率为多少？

4.《水工混凝土结构设计规范》的实用设计表达式

这一部分是本章中最重要也是最实用的部分，必须切实理解和掌握。

（1）由于用近似概率法推求可靠指标 β 十分复杂，并且需要获得每个随机变量的大量统计信息才能运算，所以无法直接在工程设计中应用。规范就采用了实用的设计表达式，表达式中包含了多个分项系数或安全系数。设计人员只要正确地按规范给出的分项系数或安全系数数值代入表达式，所设计出的结构构件，其隐含的可靠指标 β 值就能满足 $\beta \geqslant \beta_T$ 的条件。

（2）需要指出的是，由于我国管理体制的不同，同样用于水利水电工程的《水工混凝土结构设计规范》有两个版本：一本是电力系统的 DL/T 5057—2009 规范；另一本是水利系统的 SL 191—2008 规范。这两本规范的大部分条文内容基本相同或仅稍有差异，但在实用设计表达式的表达方式上却有着很大的不同。

（3）DL/T 5057—2009 规范。DL/T 5057—2009 规范完全继承了原《水工混凝土结构设计规范》（DL/T 5057—1996），采用概率极限状态设计原则，以分项系数设计表达式进行设计。该规范采用了 5 种分项系数，分别是结构重要性系数 γ_0，设计状况系数 ψ，荷载分项系数 γ_G、γ_Q，材料分项系数 γ_c、γ_s 以及结构系数 γ_d。学习时应将这 5 种系数的符号牢牢记住，其含义应充分理解，其数值应能正确掌握。其中 γ_0、ψ、γ_d 三个系数，数值很简单，应该可以很快记住。材料强度设计值为材料强度标准值除以材料分项系数，规范已直接给出了混凝土和钢筋的强度设计值，因此系数 γ_c 和 γ_s 可以不必去记。剩下的只有

荷载分项系数 γ_G、γ_Q 比较麻烦，必须根据《水工建筑物荷载设计规范》（DL 5077—1997）的规定取值，同时又不小于 DL/T 5057—2009 规范规定的最低数值，详见《水工钢筋混凝土结构学》教材（以下简称“教材”）表 2-4 及表 2-5。

(4) SL 191—2008 规范。水利系统的 SL 191—2008 规范也是在规定的材料强度和荷载取值条件下，采用极限状态设计法进行设计，但它是在多系数分析基础上，将几个系数（γ_0，ψ，γ_d）合并为一个安全系数，采用安全系数 K 表达的方式进行设计的，即取 $K=\gamma_d\gamma_0\psi$。而在 DL/T 5057—2009 规范中也可取 $\gamma=\gamma_d\gamma_0\psi$，可见这两本规范的承载能力极限状态实用表达式只是形式上不一样，本质上并无根本区别。

当然在某些参数取值方面两本规范还是有所不同的：

1）在考虑荷载变异性方面，SL 191—2008 规范不再按水工荷载规范的规定对分项系数取值，而是将永久荷载分成两类，把可变荷载也分成两类，然后规定了这 4 类荷载各自不同的系数，按教材式（2-36）～式（2-38）去计算荷载效应设计值。

2）在承载力计算时，DL/T 5057—2009 规范把施工、检修看作短暂工作状况，以区别于使用时的持久工作状况；而 SL 191—2008 规范则在承载力计算时不再区分使用、施工、检修等不同的工作状况。

3）对于结构重要系数 γ_0 的取值，DL/T 5057—2009 规范是完全继承了 DL/T 5057—1996 规范，对 4、5 级水工建筑物，取 $\gamma_0=0.9$；而 SL 191—2008 规范则将此值调高为 0.95。

4）两本规范的正常使用极限状态表达式也有所区别：DL/T 5057—2009 规范继承了 DL/T 5057—1996 规范的做法，表达式中考虑结构重要性系数 γ_0；而 SL 191—2008 规范则参照国内外其他规范，不再考虑 γ_0 这一系数。

(5) 对承载能力极限状态和正常使用极限状态的实用设计表达式，即教材式（2-35）～式（2-43），要求能自己写出来，对其中每一符号应能正确书写与理解。并要求能较熟练地正确计算荷载效应。请详阅教材例题并完成本章的计算题。

2.1.2　本章的难点及学习时应注意的问题

本章的难点主要有以下几个方面：

(1) 与材料力学中传统的设计方法（容许应力法）相比，本章的内容是全新的。必须正确地建立起极限状态设计理论的新概念。

(2) 由传统的“定值概念”转变为“概率设计理论”是本章难点之一。必须理解影响结构可靠性的各个因素（荷载、材料强度、结构几何尺寸、计算公式、计算简图等）绝大多数是随机变量而不是定值。所以，结构构件的抗力 R 和荷载效应 S 都是随机变量，因此，比较合理的思路是求出 $R<S$ 时的失效概率 p_f。

(3) 用近似概率法推求可靠指标 β 是本章中的最大难点。对于 p_f 与 β 公式的推导过程只要求有一般性的了解。

在本节中有许多新名词与新概念，如设计基准期、荷载效应、抗力、极限状态方程、失效概率、可靠指标、目标可靠指标、分项系数等，对它们的基本概念应该正确掌握。本章中的符号特别多，例如 Q_k、G_k、β、β_T、f_{cuk}、f_{ck}、f_{tk}、f_c、f_t、f_{yk}、f_y、K、γ_0、

γ_d、ψ、γ_G、γ_Q 等，要求出现一个就记住一个。

(4) 水工 DL/T 5057—2009 规范的实用表达式中有五种分项系数。其中只有荷载分项系数 γ_G，γ_Q 的取值比较麻烦一点，这主要是由于《水工建筑物荷载设计规范》（DL 5077—1997）把每种荷载都分别规定了各自的分项系数，使系数定得过分复杂。有的又取值偏低太多，使得《水工混凝土结构设计规范》不得不采用“保底”的办法加以处理，即对于可变荷载，γ_Q 的取值不得低于 1.20（或 1.10）。SL 191—2008 规范在这方面做了一些改进，把永久荷载及可变荷载都只分为两类，一共是四种荷载，荷载前的系数 1.05、1.20、1.20、1.10 等应该可以牢记在心。这样计算就比较简单。

(5) 结构系数 γ_d 是水工混凝土结构设计规范中所独有的，其他行业规范都不设 γ_d。这是因为其他行业规范中把一些影响结构安全的其他因素，如荷载效应的计算模式的不定性等都归在荷载分项系数 γ_G、γ_Q 中了，所以，它们的 γ_G，γ_Q 取值就比较高（$\gamma_G=1.20$，$\gamma_Q=1.40$）；而水工混凝土结构设计规范中的 γ_G、γ_Q 是针对荷载本身的变异性而设的，是真正意义上的超载系数，取值就比较低（$\gamma_G=1.05$、$\gamma_Q=1.20$），而另外增设了一个结构系数 $\gamma_d=1.20$，用来考虑除了荷载和材料强度以外的其他因素对安全度的影响。这一不同的处理方法必须弄清楚，否则会造成混乱和差错。结构系数 γ_d 的设立在概念上是比较合理和稳妥的，也就是说，它把目前尚不能用概率统计方法处理的但又确实影响结构安全的一些因素，不是勉强地用概率方法去处理，而是仍保留在这一个“小安全系数”γ_d 之中。

在学习本章时还有几个问题需要注意。

(1) 钢筋混凝土计算理论经历了“容许应力法”、“破损阶段法”到“极限状态法”的发展过程。由于极限状态法能全面衡量结构的功能，所以目前已为大多数国家的混凝土结构设计规范所采用，而且设计表达式也大多采用多个分项系数的形式。但是这个多系数的极限状态计算的基础并不一定就是近似概率法（水准Ⅱ），不少国家的分项系数仍然是根据传统工程经验定出的。

在我国，几乎所有教材都声称我国目前的混凝土结构设计规范已达到水准Ⅱ。但实际上在水工中大部分荷载还没有真实意义上的概率统计资料；把荷载的变异性直接作为荷载效应的变异性，也是一种极为粗略的简化；不考虑国情地把设计施工中许多人为错误，在结构可靠度分析中一概不予考虑……，这些都会严重地影响结构实际的可靠度，而这些也都是目前近似概率法所无法解决的。所以，在水工中不去过分强调规范的水准Ⅱ水平也许是恰当的。

(2) 规范所采用的目标可靠指标 β_T 是在对原有规范“校准”的基础上得出的。这就是说，现行规范所具有的可靠（安全）度水平在总体上是与原有规范相当的。而我们知道原有规范（如 SDJ 20—78）正是在我国经济发展迟缓，相对比较困难时期制定的，其安全度水平远远低于国际水平。当前，在设计中适当提高安全度水平已是工程界的共识，这是我们学习本章内容以及今后参加实际工程设计时应该加以注意的。

(3) 我国各行业的设计规范虽都采用了多系数的极限状态设计表达式，但采用的分项系数及系数的取值各有不同，这是要十分注意的，各规范的系数必须自身配套使用，不能彼此混用。有关不同规范的对比可参阅本书第 13 章。

2.2 综 合 练 习

1. 填充题

（1）“概率极限状态设计法”把影响结构可靠度的因素都视作为________，它以________或________来度量结构构件的______，并采用以________表示的__________进行设计。

（2）工程结构设计的基本目的是使结构在预定的使用期限内能满足设计所预定的各项________，做到________和________。

（3）工程结构的功能要求主要包括三个方面：（1）_____；（2）_____；（3）_____。

（4）上述三方面的功能要求统称为结构的______。

（5）荷载在结构构件内所引起的内力、变形和裂缝等反应，统称为________，常用符号__表示。

（6）______是结构或结构构件承受荷载效应 S 的能力，指的是构件截面的______、构件的____、截面的______等，常用符号__表示。

（7）结构的________是指结构或结构的一部分超过某一特定状态就不能满足设计规定的某一功能要求，此特定状态就称为该功能的________。

（8）根据功能要求，通常把钢筋混凝土结构的极限状态分为______极限状态和______极限状态两类。

（9）结构或构件达到正常使用极限状态时，会影响___________及______，但还不会造成生命财产的重大损失，所以它的可靠度水平允许比承载能力极限状态的可靠度水平有所______。

（10）如果假定结构抗力 R 和荷载效应 S 这两个随机变量均服从正态分布，它们的平均值和标准差分别为__、____和__、__，则由概率论可知，功能函数 Z 也服从正态分布，Z 的平均值和标准差分别为__和__。

（11）β 与 p_f 之间存在着一一对应的关系。β 小时，p_f 就__；β 大时，p_f 就__。所以 β 和 p_f 一样，也可作为衡量结构可靠度的一个指标，我们把 β 称为________。

（12）承载能力极限状态的目标可靠指标与结构的安全级别有关，安全级别愈高，目标可靠指标就应愈__。目标可靠指标还与构件的破坏性质有关，脆性破坏的目标可靠指标应____于延性破坏。

（13）正常使用极限状态时的目标可靠指标显然可以比承载能力极限状态的目标可靠指标来得__，这是因为正常使用极限状态只关系到使用的______，而不涉及到结构构件的______这一根本问题。

（14）在 DL/T 5057—2009 规范中，采用的分项系数有____分项系数，____分项系数，__________系数，________系数和____系数等五个。

（15）荷载代表值主要有永久荷载或可变荷载的______，可变荷载的____、______和______等。

（16）荷载标准值是指荷载在设计基准期内可能出现的______。荷载标准值是荷载的

__________，荷载的其他代表值都是以它为基础再乘以相应的系数后得出的。

(17) 永久荷载，指在设计基准期内其量值不随时间变化，或其变化与平均值相比可以忽略不计的荷载，也称为____，常用符号__、__表示。可变荷载，指在设计基准期内其量值随时间变化，且其变化与平均值相比不可忽略的荷载，也称为______，常用符号__、__表示。其中，__、__表示集中荷载，__、__表示分布荷载。

(18) 为了使钢筋强度标准值与钢筋的检验标准统一起见，对于有明显物理流限的普通热轧钢筋，采用钢筋国标规定的________作为其强度标准值，用符号____表示。国标规定的________即钢筋出厂检验的________，其保证率不小于____。

(19) 对于无明显物理流限的预应力钢丝、钢绞线、螺纹钢筋和钢棒等，则采用国标规定的__________作为强度标准值，用符号__表示。

(20) 正常使用极限状态验算时，荷载和材料强度均取用为______。其原因是正常使用极限状态验算时，它的可靠度水平要求可以__一些。

(21) 下列各项中属于直接作用（荷载）的是________；属于间接作用的是________。（填序号）

①结构自重 ②水压力 ③地震 ④汽车轮压 ⑤温度收缩 ⑥预应力 ⑦焊接变形 ⑧固定设备重 ⑨砂石临时堆重 ⑩土压力 ⑪基础沉降 ⑫爆炸

(22) 在上题中，属于永久荷载（作用）的有________；属于可变荷载（作用）的有______；属于偶然荷载（作用）的是____。

(23) 混凝土的强度等级即是混凝土标准立方体试件用标准试验方法测得的具有__保证率的立方体抗压强度标准值__。

△(24) 对下列情况，你认为达到了承载能力极限状态的请在（　　）内填 A；达到正常使用极限状态的则填 B。

1) 挡土墙在一次暴雨中整体前移和倾斜（　　）。

2) 高层建筑在大风中发生一阵阵令人不好忍受的振颤（　　）。

3) 一根细长的立柱承重后突然屈曲（　　）。

4) 一吊车梁使用多年后突然发生一条很宽的裂缝（　　）。

5) 一雨篷梁悬臂根部伸入墙体的钢筋全被拔出，但雨篷梁本身却未断裂（　　）。

6) 一刚竣工的楼房，其整浇楼板与墙体连接处发生若干裂缝，经观察裂缝宽度没有持续增长（　　）。

2. 单项选择题

(1) 下列表达中，正确的一项是（　　）。

A. 结构使用年限超过设计基准期后，该结构就应判定为危房或濒危工程

B. 正常使用极限状态的失效概率要求比承载能力极限状态的失效概率小

C. 从概率的基本概念出发，世界上没有绝对安全的建筑

D. 目前我国规定：所有工程结构的永久性建筑物，其设计基准期一律为 50 年

(2) 下列表达中，不正确的是（　　）。

A. 当抗力 R 大于荷载效应 S 时，结构可靠，在此 S 与 R 都是随机变量

B. 可靠指标 β 与失效概率 p_f 有一一对应的关系，因此，β 也可作为衡量结构可靠性的一个指标

C. R 与 S 的平均值的差值（$\mu_Z=\mu_R-\mu_S$）越大时，β 值越大；R 与 S 的标准差 σ_R 和 σ_S 越小时，β 值也越小

D. 目前，规范中的目标可靠指标 β_T 是由“校准法”得出的，所以由 $\beta \geqslant \beta_T$ 条件设计出的结构，其安全度在总体上是与原有规范相当的

(3) 在承载能力极限状态计算中，结构的（　）越高，β_T 值就越大。β_T 值还与（　）有关。[请在（　）中填入下列有关词组的序号]

A. 安全级别　　B. 基准使用期

C. 构件破坏性质　　D. 构件类别

(4) 偶然荷载是指在设计基准期内（　）出现，但若出现其量值（　）且持续时间（　）的荷载。[请在（　）内填入下列有关词组的序号]

A. 一定出现　　B. 不一定出现

C. 很小　　D. 很大

E. 很长　　F. 很短

(5) 结构或构件达到正常使用极限状态时，会影响正常使用功能及（　）。

A. 安全性　　B. 稳定性　　C. 耐久性　　D. 经济性

(6) β 与 p_f 之间存在着一一对应的关系。β 小时，p_f 就（　）。

A. 大　　B. 小　　C. 不变

(7) 脆性破坏的目标可靠指标应（　）于延性破坏。

A. 大　　B. 小　　C. 不变

(8) 正常使用极限状态时的目标可靠指标显然可以比承载能力极限状态的目标可靠指标来得（　）。

A. 高　　B. 低　　C. 不确定

(9) 荷载标准值是荷载的（　）。

A. 基本代表值　B. 组合值　　C. 频遇值　　D. 准永久值

(10) 混凝土各种强度指标的数值大小次序应该是（　）。

A. $f_{cuk}>f_c>f_{ck}>f_t$　　B. $f_c>f_{ck}>f_{cuk}>f_t$

C. $f_{ck}>f_c>f_{cuk}>f_t$　　D. $f_{cuk}>f_{ck}>f_c>f_t$

3. 判断题

你认为下列概念是对的，就在括号内打√，不对的就打×。

(1) 荷载准永久值是指可变荷载在结构设计基准期内一直存在着的那一部分荷载值，它对结构的影响类似于永久荷载。（　）

△(2) 在理论上，当结构构件承受多个可变荷载时，除一个主要荷载外，其余的可变荷载应取为荷载组合值 $\psi_c Q_k$。（　）

△(3) 构件的抗力主要决定于它的几何尺寸与材料强度。对一个已有的具体构件来说，它的几何尺寸与材料强度都是确定的，所以，它的抗力 R 是定值而不是随机变

量。（　　）

☆(4) 设计一个具体构件时，它的荷载应作为随机变量考虑，而它的抗力可以作为定值处理。（　　）

☆(5) 荷载标准值是指结构构件在使用期间可能出现的最大荷载值，它是由设计基准期内的荷载最大值的概率分布的某一分位值来确定的。因此，在理论上，当采用的基准期不同时（50年或100年），荷载的标准值也应该是不同的。（　　）

☆(6) 理论上，荷载的标准值应该由实际的概率统计资料定出来。但实际上在水工中大多数荷载都未能取得完备的统计资料。不少荷载，如岩土压力、风浪压力、渗透压力等还只能由一些理论公式推算出来，还根本谈不上什么概率统计。（　　）

4. 问答题

(1) 水工建筑物的级别为1、2、3、4、5时，按DL/T 5057—2009规范设计，其结构安全级别分别为几级？相应的结构重要性系数 γ_0 是多少？

(2) 按DL/T 5057—2009规范及SL 191—2008规范计算水电站厂房底板在施工期间的承载力时，取值有何不同？

(3) 你能记住DL/T 5057—2009规范中水工钢筋混凝土结构和素混凝土结构的结构系数 γ_d 是多少吗？

(4) 什么叫做荷载设计值？它与荷载标准值有什么关系？

(5) 什么叫做材料强度设计值？它与材料强度标准值有什么关系？

△(6) 试总结出《水工混凝土结构设计规范》（DL/T 5057—2009）规定的对荷载分项系数 γ_G、γ_Q 取值的几条规则。

△(7) 有人认为 γ_G 的取值在任何情况下都不应小于1.05，这一说法对不对？为什么？

△(8) 试默写出两本水工混凝土结构设计规范关于承载能力极限状态（基本组合）的设计表达式。对式中所有符号，你都能弄清它的含意吗？

△(9) 试默写出关于正常使用极限状态的设计表达式。在验算正常使用极限状态时，荷载及材料强度应如何取值？

☆(10) 目前有些工程界人士认为，与国际上相比，我国混凝土结构设计规范所具有的可靠度水平偏低，你能说说造成这个局面的原因吗？具体对水工混凝土结构设计规范来说，如果想提高构件的可靠度水平，你能设想出一个最简便的方案吗？

2.3 设 计 计 算

☆(1) 一钢筋混凝土梁，已知承受的内力 S（即弯矩 M）服从正态分布，且其平均值 $\mu_s=\mu_M=13\text{kN}\cdot\text{m}$，其标准差 $\sigma_s=\sigma_M=0.91\text{kN}\cdot\text{m}$；梁的抗力 R 也服从正态分布，其平均值 $\mu_R=20.8\text{kN}\cdot\text{m}$，标准差 $\sigma_R=1.96\text{kN}\cdot\text{m}$。试求此梁的可靠指标 β 及相应的失效概率 p_f。

(2) 某水闸工作桥桥面由永久荷载标准值引起的桥面板跨中截面弯矩 $M_{Gk}=13.23\text{kN}\cdot\text{m}$，由桥面活荷载标准值引起的弯矩 $M_{Qk}=3.8\text{kN}\cdot\text{m}$，3级水工建筑物。试求桥面板跨中截面的弯矩设计值。

(3) 试求题 2 在正常使用极限状态验算时，板跨中截面承受的弯矩值。

(4) 有一水闸（4 级水工建筑物）工作桥，T 形梁甲上支承绳鼓式启闭机传来的启门力 2×80kN，桥面上承受人群荷载 3.0kN/m²，构件尺寸如图 2-1 所示。试用 DL/T 5057—2009 规范和 SL 191—2008 规范分别算出 T 形梁甲跨中截面的弯矩设计值及用于运用期间承载力计算的 γM^D 及 KM^S。

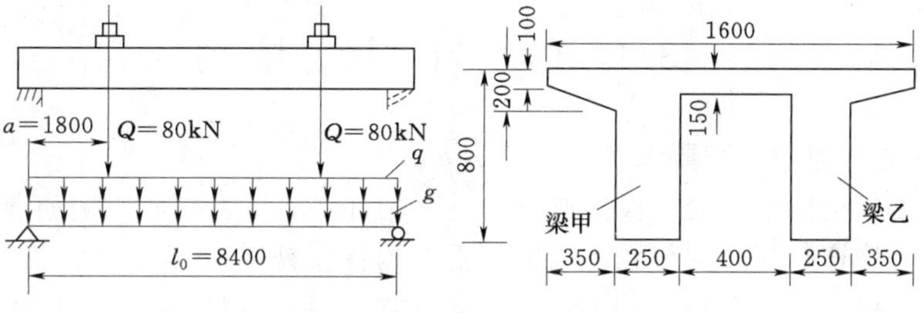

图 2-1　水闸工作桥构件尺寸

提示：

1) 本题启门力为启闭机额定限值，故属于可控的可变荷载。
2) 人群荷载为一般可变荷载。
3) 正常运行期为持久设计状况（基本荷载组合）。

(5) 一矩形渡槽（2 级水工建筑物），槽身截面如图 2-2 所示。槽身长 10.0m，承受满槽水重，人行道板上的人群活载为 2.0kN/m²。试分别按 DL/T 5057—2009 规范及 SL 191—2008 规范求槽身纵向分析时的跨中弯矩设计值及支座边缘剪力设计值，并分析两本规范的计算结果是否有差别？

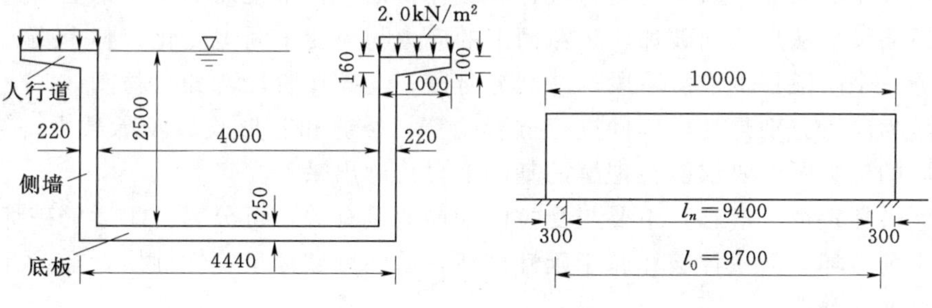

图 2-2　矩形渡槽槽身截面

提示：

1) 对于以满槽考虑的水重，属于可控制的可变荷载。
2) 计算支座边缘剪力设计值时，计算跨度应采用净跨 l_n。

(6) 试求题 (5) 在正常使用极限状态验算时的槽身纵向跨中截面弯矩值。

第3章　钢筋混凝土受弯构件正截面承载力计算

3.1　学　习　指　导

3.1.1　本章主要内容及学习要求

在钢筋混凝土结构中，梁与板是典型的受弯构件。本章主要研究钢筋混凝土受弯构件正截面的承载力计算问题。在荷载作用下，受弯构件正截面可能会因承载力不足而破坏，所以需要对梁（板）正截面进行设计，以确保它在使用过程中既安全可靠，又不浪费材料，并且便于施工。

本章所要解决的问题是：①正确进行截面设计，确定梁（板）截面尺寸及钢筋数量，并熟悉有关构造知识；②验算钢筋混凝土梁（板）正截面承载力 M_u 是否足以抵抗截面弯矩 M 的作用。

本章主要内容及学习要求包括以下几个方面。

1. 受弯构件的截面形式和构造

要求能熟悉和正确应用设计中需要满足的一些构造规定，如截面形式和尺寸、混凝土保护层厚度、梁和板的钢筋直径和间距等。

2. 受弯构件正截面的试验研究

深刻理解正截面受弯试验的受力过程和破坏特征。正常配筋的梁（钢筋不过多也不过少，又称适筋梁）从加荷到破坏，正截面上的应力与应变不断地变化，整个受力和变形的过程可分为三个阶段：①未裂阶段；②裂缝阶段；③破坏阶段。如教材图3－11所示。这三个不同应力阶段分别是受弯构件进行抗裂验算、裂缝和变形验算及承载力计算的依据。对三个阶段的应力图形要求能在理解的基础上自行画出来。

正截面破坏特征（形态）主要与受拉区钢筋数量有关，可分为：①适筋破坏；②超筋破坏；③少筋破坏。前一种破坏属于延性破坏，后两种破坏呈脆性性质，在设计中应避免出现超筋梁或少筋梁。

3. 正截面受弯承载力的计算原则

熟悉承载力计算的四项基本假定：①平截面假定；②忽略受拉区混凝土的作用；③混凝土的应力—应变关系，见教材图3－14；④钢筋的应力应变关系，见教材图3－15。据此，能正确和熟练地确定截面应力计算图形，并建立基本计算公式。深刻理解利用平截面假定所提供的变形协调条件，建立判别适筋或超筋破坏的界限条件。

4. 受弯构件正截面设计与承载力复核

熟练掌握受弯构件单筋矩形截面、双筋矩形截面及T形截面的计算应力图形，自行写出承载力基本计算公式及其适用条件，并能正确掌握进行截面设计和承载力复核的方法。熟悉教材上列举的一些典型计算例题。

在掌握好本章内容之后，要求能正确地解决实际工程中受弯构件正截面受弯承载力计算问题。

3.1.2　本章的难点及学习时应注意的问题

学好本章内容，可为后面继续学习其他受力构件的承载力计算打下良好的理论基础。实践证明，学好本章，接下来的几章就不难学习了。因此，要特别认真阅读本章教材，务必对理论弄懂吃透，对设计计算方法能较熟练地掌握。可以这样说，学好本章是钢筋混凝土结构设计入门的重要一关。

本章的难点及学习时应注意的问题有以下几方面：

(1) 受弯构件正截面的构造规定是本章的主要内容之一。初学者往往觉得构造规定太零碎、太复杂，一时难以弄清和掌握。学习这部分内容时，一定要与做计算题联系起来，把构造规定应用到具体习题中去，这样才能巩固所学内容。学习时要注意弄懂为什么要有这些构造规定（如钢筋直径的选择和排列、钢筋净距、混凝土保护层厚度等），对一些具体数字，不必死记硬背，应当通过多看例题、多做习题，逐步达到熟练掌握和牢记。

(2) 受弯构件正截面的试验研究是本章主要内容。钢筋混凝土受弯构件正截面承载力的计算理论是建立在试验基础之上的，所以在学习时要重视构件的试验研究，除一般弄懂试验原理外，对梁的受力试验结果一定要有深刻地了解，重点掌握试验梁正截面破坏时的应力情况及破坏特征。学习以后，要求不但能以文字说明，而且能用图来表示。

(3) 受弯构件正截面受弯承载力计算理论是本章的中心内容。钢筋混凝土受弯构件正截面受弯承载力是按破坏阶段应力图形建立相应公式计算的，而这种破坏阶段应力图形又是建立在一定假设基础上的，如平截面假定、钢筋和混凝土的应力应变关系的简化等，学习时可将其与材料力学中的匀质弹性梁进行比较。

(4) 受弯构件的三种破坏形态是本章的学习重点，一定要弄清这三种破坏形态的根本区别。少筋梁破坏时的承载力主要取决于混凝土的抗拉强度及截面尺寸大小，而超筋梁的承载力则取决于混凝土的抗压强度及截面尺寸大小。不允许发生这两种破坏形态不仅仅是因为材料利用情况不合理，更主要是因为他们的破坏性质呈脆性，因此要用 $\rho \geqslant \rho_{\min}$ 及 $x \leqslant \alpha_1 \xi_b h_0$ 这两个限制条件来避免发生少筋及超筋这两种破坏形态。应明白这两个限制条件不仅仅是构造要求，更有明确的物理概念。

(5) 适筋及超筋的区分界限是本章的一大难点。教材中借助于平截面假定所提供的变形协调条件，取钢筋屈服的同时混凝土正好被压坏这一特定状态，建立了适筋和超筋的界限条件 ξ_b 的表达式。要求同学能根据上述原则推导出教材式（3-1）。另外，教材中介绍了 $x \leqslant \alpha_1 \xi_b h_0$ 或 $\xi \leqslant \alpha_1 \xi_b$ 这一适筋与超筋梁的判别条件，实际上也可以用配筋率来表达，即 $\rho \leqslant \rho_{\max} = \alpha_1 \xi_b f_c / f_y$。要求同学们能利用教材式（3-4）或式（3-11）自己推导出这一公式是如何得出的。学习时应特别注意搞清楚超筋梁破坏时受拉钢筋并没有屈服，所以其承载力大小与钢筋多少没关系；在混凝土强度及截面尺寸一定的情况下，单筋矩形截面超筋梁的承载力是个常数，即 $M_{u\max} = \alpha_{sb} f_c b h_0^2$。要求同学们能利用教材式（3-10）自己推导出这一公式，真正理解这一公式的含义并在相关计算中正确应用这一公式。

(6) 钢筋混凝土梁的截面常为矩形和 T 形。外表是 T 形截面的梁，是否真正按 T 形截面公式计算，则要取决于截面受压区形状。例如，倒 T 形截面或带伸臂的 T 形截面简支梁支座处的截面，因它们受压区形状是矩形，所以仍按矩形截面计算。另外有一些外表看起来不是 T 形的截面，如教材图 3-29 所示的 I 形、门形、空心形截面，也可以根据截面几何特征保持不变的条件转换成按 T 形截面计算，学习时应搞清转换的原则和方法。

(7) 钢筋混凝土受弯构件正截面承载力计算基本公式的建立是很简单的，只要给出计算应力图形，即可根据力和力矩平衡条件得到基本公式，但必须注意公式的适用条件（范围）及其理由。学习时只要能对单筋矩形截面受弯承载力计算理论及应用有充分理解和掌握，双筋矩形截面与 T 形截面受弯承载力计算也就迎刃而解了。

(8) 单筋矩形截面设计的计算，通常采用计算系数（α_s、ξ）的方法，这比起解方程要简单得多。对双筋或 T 形截面也是如此，只不过求 α_s 的公式稍有变化，读者可自行小结。结合例题可以看出，计算过程与数学演算是很简单的，主要是掌握物理概念。

(9) 与截面设计不同，承载力复核时，截面是已知的（包括截面尺寸、材料用量及强度），目的是求截面的极限受弯承载力 M_u，然后验算在实际荷载下是否安全。应注意的是若 $\rho<\rho_{\min}$ 或 $\xi>\alpha_1\xi_b$ 时，承载力应按少筋或超筋的 M_u 取值。

(10) 教材中列出了双筋矩形截面受弯构件配筋计算框图。为了便于学习，现列出单筋 T 形截面受弯构件的配筋计算框图（图 3-1）。建议同学们在学完本章后能自行列出这两种情况的承载力复核计算框图。

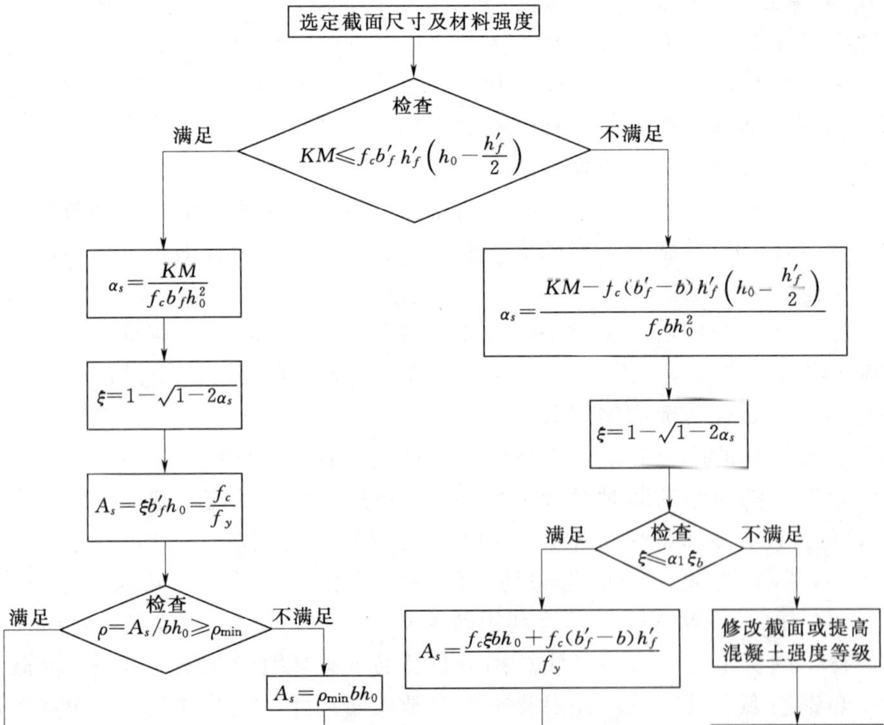

图 3-1　单筋 T 形截面配筋计算框图

3.2 综 合 练 习

1. 填充题

(1) 当受弯构件沿弯矩最大的截面破坏时，破坏截面与构件的轴线垂直，称为______破坏；当受弯构件沿剪力最大或弯矩和剪力都较大的截面破坏，破坏截面与构件的轴线斜交，称为______破坏。

(2) 受弯构件设计时，既要保证构件不得沿________发生破坏，又要保证构件不得沿______发生破坏，因此要进行______承载力与______承载力的计算。

(3) 受弯构件中，仅在受拉区配置纵向受力钢筋的截面称为____截面；受拉区和受压区都配置纵向受力钢筋的截面称为____截面。

(4) 梁的高度 h 通常可由跨度 l_0 决定，简支梁的高跨比 h/l_0 一般为__________。梁的高宽比 h/b 一般为__________。

(5) 厚度不大的板，其厚度约为板跨度的__________。

(6) 在钢筋混凝土构件中，为防止________，并保证钢筋和混凝土________在一起，钢筋外面必须有足够厚度的混凝土保护层。这种必要的保护层厚度主要与钢筋混凝土结构________、________等因素有关。纵向受力钢筋的混凝土保护层厚度（从钢筋______算起）不应小于______________及教材附录 4 表 1 所列的数值，同时也不宜小于粗骨料最大粒径的__倍。

(7) 为保证钢筋骨架有较好的______并________，钢筋混凝土构件中的纵向受力钢筋的直径不能太细；同时为了避免受拉区混凝土产生__________，直径也不宜太粗，通常可选用____________的钢筋。同一梁中，截面一边的受力钢筋直径最好相同，为了选配钢筋方便和节约钢材起见，也可用两种直径。最好使两种直径相差在______以上，以便于识别，两种直径相差也不宜超过______。

(8) 为了便于混凝土的浇捣并保证混凝土与钢筋之间有足够的______，梁内下部纵向钢筋的净距不应小于__________，也不应小于______和最大骨料粒径的______倍；上部纵向钢筋的净距不应小于______，也应不小于______及最大骨料粒径的____倍。

(9) 一般厚度的板，其受力钢筋直径常用____________mm；厚板（如水闸、船闸的底板）的受力钢筋直径常用______mm，也有用到______mm 者。同一板中受力钢筋可以用两种不同直径，但两种直径宜相差在______以上。

(10) 为便于施工，板中钢筋的间距也不要过密，最小间距为__mm，即每米板宽中最多放__根钢筋。

(11) 在板中，______受力钢筋方向还要布置分布钢筋。分布钢筋的作用是将板面荷载________传布给受力钢筋，同时在施工中用以______受力钢筋，并起抵抗__________和______的作用。每米板宽中分布钢筋的截面面积不少于受力钢筋截面面积的____（集中荷载时为____）。一般厚度的板中，分布钢筋的直径不宜小于______，间距不宜大于______，当承受的集中荷载较大时分布钢筋间距不宜大于______。

(12) 由于分布钢筋主要起____作用，所以可采用____钢筋，并布置在受力钢筋的

____。

(13) 梁的应力—应变阶段为 I_a 时 [教材图 3－11 (b)]，混凝土受拉应力大部分达到________。此时受拉区混凝土呈现出很大的________，拉应力图形表现为______，若荷载再稍有增加，受拉区混凝土就将发生____。但在受压区，由于压应力还远小于混凝土________，混凝土的力学性质基本上还处于______，应力图形仍接近______。这一受力状态是计算受弯构件______时所采用的应力阶段。

(14) 在______阶段中，拉力是由受拉混凝土与钢筋________的，两者____相同，所以钢筋应力____，一般只达________________。

(15) 梁的应力—应变阶段的第Ⅱ阶段，即____阶段，相当于一般不要求____的构件在正常使用时的情况，它是计算构件正常使用阶段的____和________时所依据的应力阶段。

(16) 梁的应力—应变阶段进入第Ⅲ阶段后，随着荷载继续增加，钢筋拉应力不断增大，最终达到_________，即认为梁已进入_________。此时钢筋____不增加而____迅速增大，促使裂缝急剧开展并向上延伸。在边缘纤维受压应变达到______时，受压混凝土发生纵向水平裂缝而被压碎，梁就随之破坏。这一受力状态称为__阶段 [教材图 3－11 (e)]，是按极限状态方法计算受弯构件___________时所依据的应力阶段。

(17) 适筋梁在破坏前，构件有显著的________和____，即有明显的________。在破坏过程中，虽然最终破坏时构件所能承受的荷载仅______钢筋刚达到屈服时承受的荷载，但__的增长却相当大。这意味着构件在截面承载力无显著变化的情况下，具有较大的____的能力，也就是构件的____较好，属于____破坏。

(18) 若钢筋用量过多，加载后受拉钢筋应力尚未达到______前，受压混凝土却已先达到_________而被压坏，致使整个构件也突然____，这种配筋情况称为________。由于承载力控制于混凝土______，所以虽然配置了很多受拉钢筋，也不能____截面承载力，钢筋未能发挥其应有的作用。超筋梁在破坏时裂缝根数______，裂缝宽度______，挠度也____。但超筋构件由于混凝土压坏前________，破坏突然发生，属于________，对结构的安全很不利，因此，在设计中必须加以避免。

(19) 若配筋量过少，受拉区混凝土一旦出现裂缝，裂缝截面的钢筋应力很快达到________，并可能经过流幅段而进入______，这种配筋情况称为________。少筋梁在破坏时往往只出现____裂缝，但裂缝开展____，挠度也____。可以认为它的________就是它的破坏弯矩。少筋构件的破坏基本上属于________，在设计中也应避免采用。

(20) 当受弯构件的截面尺寸、混凝土强度等级相同时，正截面的破坏特征随配筋量多少而变化的规律是：①配筋量太少时，破坏弯矩接近于________，其大小取决于混凝土的____及___________；②配筋量过多时，配筋不能充分发挥作用，构件的破坏弯矩取决于混凝土的________及___________；③配筋量适中时，构件的破坏弯矩取决于____、_________及______。合理的配筋应__________，避免发生____或____的破坏情况。

(21) 在进行构件设计时，若计算出的受压区计算高度 $x \leqslant \alpha_1 \xi_b h_0$，则为________；若 $x > \alpha_1 \xi_b h_0$，则为________。

(22) 根据受弯构件适筋破坏特征，在进行单筋矩形截面受弯构件正截面受弯承载力计算时，忽略__________的作用；受压区混凝土的应力图形采用________应力图形，应力值取为混凝土的_______________；受拉钢筋应力达到钢筋的__________。

(23) 双筋截面在破坏时，对一般强度的受压钢筋来说，其应力均能达到______，计算时可直接采用钢筋的______ 作为抗压强度________。但当采用高强度钢筋作为受压钢筋时，由于受到受压区混凝土__________的限制，钢筋的强度____充分利用，这时只能取用______________________作为钢筋的抗压强度______。

(24) 双筋截面中的受压钢筋在压力作用下，可能产生________而向外凸出，这样就不能充分利用钢筋强度，而且会使受压区混凝土______过早破坏。因此，在设计时必须采用__________箍筋将受压钢筋箍住。

(25) T 形梁由____和位于受压区的____所组成。决定是否属于 T 形截面，要看混凝土的__________而定。

(26) 第一种情况的 T 形截面中和轴位于______，即受压计算高度________，受压区为____。因中和轴以下的受拉混凝土不起作用，所以这样的 T 形截面与宽度为________完全一样。因而矩形截面的所有公式在此都能应用。但应注意截面的计算宽度为________，而不是______ 。

(27) 第二种情况的 T 形截面中和轴位于______，即受压区计算高度______，受压区为____。

(28) 鉴别 T 形梁属于第一种还是第二种，可按下列办法进行：因为中和轴刚好通过翼缘下边缘（即 $x=h_f'$）时，为两种情况的分界，所以当__________或____________ 时，属于第一种；反之属于第二种。

(29) 所谓延性是指结构构件或截面在受拉钢筋应力超过______ 后，在承载力无显著变化的情况下的____________，也就是最终破坏之前经受__________ 的能力。延性好的结构，它的破坏过程比较__，破坏前有________。延性差的结构，破坏时会突然发生________，破坏后果较为严重。延性好的结构还可使超静定结构发生___________，从而增加结构的______。特别是延性好的结构能以残余的________来吸收______的巨大能量，这对地震区的建筑物来说是极为重要的。可以说，对抗震结构，延性至少是与________同等重要的。

(30) 对于截面来说，截面延性指的是截面性质（材料和尺寸）所定义的__________，通常以曲率的比值（ϕ_u/ϕ_y）表示，称为________。

(31) 受弯构件的曲率延性主要与下列因素有关：①_____________；②____________；③________。

2. 选择题

(1) 梁的混凝土保护层厚度是指（　　）。

A. 从受力钢筋截面形心算起到截面受拉边缘的距离

B. 从受力钢筋外边缘算起到截面受拉边缘的距离

C. 从受力钢筋内边缘算起到截面受拉边缘的距离

D. 从箍筋外边缘算起到截面受拉边缘的距离

(2) 一处于室内的矩形截面梁，根据已知条件计算，需配置纵向受力钢筋 6Φ20，两种钢筋布置方案（图3-2）中，正确的应当是（　　）。

A.（a）　　B.（b）

（3）一悬臂板内钢筋布置如图3-3所示，正确的应当是（　　）。

A.（a）　　B.（b）

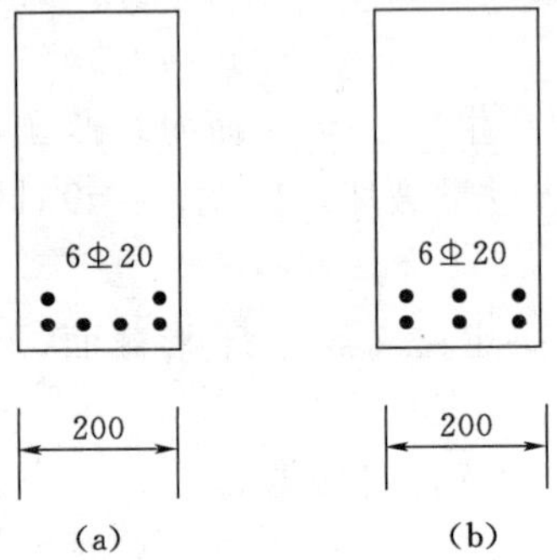

图3-2　矩形截面梁钢筋布置

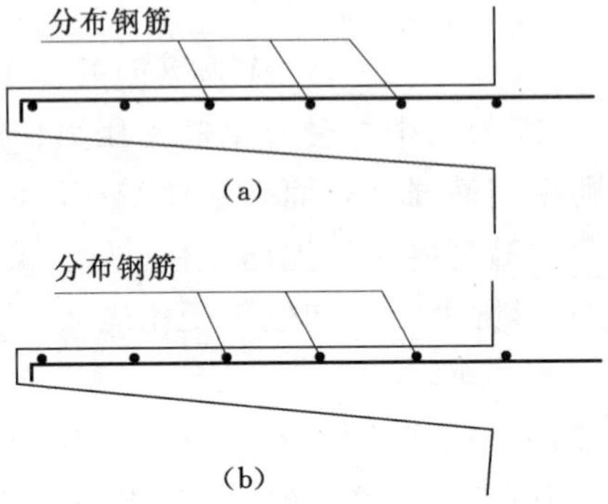

图3-3　悬臂板钢筋布置

（4）图3-4中所示5种钢筋混凝土梁的正截面，采用混凝土强度等级为C20，HRB335钢筋。从截面尺寸和钢筋的布置方面分析，最合适的应当是（　　）。

A.（a）　　B.（b）　　C.（c）　　D.（d）　　E.（e）

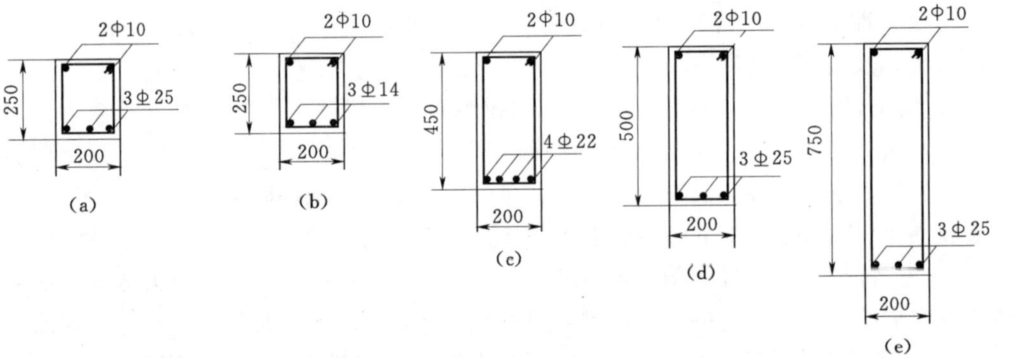

图3-4　钢筋混凝土梁的正截面配筋

（5）梁的受拉区纵向受力钢筋一层能排下时，改成两层后正截面受弯承载力将会（　　）。

A. 有所增加　B. 有所减少　C. 既不增加也不减少

（6）钢筋混凝土梁的受拉边缘开始出现裂缝是因为受拉边缘（　　）。

A. 混凝土的应力达到混凝土的实际抗拉强度

B. 混凝土的应力达到混凝土的抗拉强度标准值

C. 混凝土的应力达到混凝土的抗拉强度设计值

D. 混凝土的应变超过极限拉应变值

（7）对适筋梁，最终破坏时正截面所能承受的荷载（　　）。

A. 远大于受拉钢筋屈服时承受的荷载

B. 稍大于受拉钢筋屈服时承受的荷载

C. 等于受拉钢筋屈服时承受的荷载

(8) 钢筋混凝土梁即将开裂时，受拉钢筋的应力与钢筋用量的关系是（　　）。

A. 钢筋用量增多，钢筋的拉应力增大

B. 钢筋用量增多，钢筋的拉应力减小

C. 钢筋的拉应力与钢筋用量关系不大

(9) 受弯构件正截面承载力计算中，当 $\xi > \alpha_1 \xi_b$ 时，发生的破坏将是（　　）。

A. 适筋破坏　B. 少筋破坏　　C. 超筋破坏

(10) 截面有效高度 h_0 是从（　　）。

A. 受拉钢筋外表面至截面受压边缘的距离

B. 箍筋外表面至截面受压边缘的距离

C. 受拉钢筋内表面至截面受压边缘的距离

D. 受拉钢筋合力点至截面受压边缘的距离

(11) 在 DL/T 5057—2009 规范的受弯构件正截面受弯承载力计算基本公式中，γ_d 是（　　）。

A. 结构重要性系数　　　　　　B. 结构系数

C. 设计状况系数　　　　　　　D. 荷载分项系数

(12) 计算正截面受弯承载力时，受拉区混凝土作用完全可以忽略不计，这是由于（　　）。

A. 受拉区混凝土早已开裂

B. 中和轴以下小范围未裂的混凝土作用相对很小

C. 混凝土抗拉强度低

(13) 适筋梁破坏时，钢筋的拉应变 ε_s 和压区边缘的混凝土压应变 ε_c 应为（　　）。

A. $\varepsilon_s > \varepsilon_y$，$\varepsilon_c = \varepsilon_{cu}$　　　　　　B. $\varepsilon_s = \varepsilon_y$，$\varepsilon_c < \varepsilon_{cu}$

C. $\varepsilon_s = \varepsilon_y = f_y / E_s$，$\varepsilon_c = \varepsilon_{cu} = 0.0033$

(14) 单筋矩形截面适筋梁在截面尺寸已定的条件下，提高承载力最有效的方法是（　　）。

A. 提高钢筋的级别　　　　　　B. 提高混凝土的强度等级

C. 在钢筋能排开的条件下，尽量设计成单排钢筋

(15) 某矩形截面简支梁（一类环境，2 级水工建筑物），截面尺寸 250mm×500mm，混凝土采用 C20，钢筋采用 HRB335，跨中截面弯矩设计值 M=170kN·m，该梁沿正截面发生破坏将是（　　）。

A. 超筋破坏　B. 界限破坏　　C. 适筋破坏　　D. 少筋破坏

(16) 对适筋梁，当截面尺寸和材料强度已定时，正截面受弯承载力与受拉钢筋配筋量的关系是（　　）。

A. 随配筋量增加按线性关系提高

B. 随配筋量增加按非线性关系提高

C. 随配筋量增加保持不变

(17) 判断下列说法，正确的是（　　）。

A. 由于分布钢筋主要起构造作用，所以可采用光圆钢筋，并布置在受力钢筋的外侧

B. 超筋构件的正截面受弯承载力控制于受压区混凝土，只有增加受拉钢筋数量才能提高截面承载力

C. 界限破坏是指在受拉钢筋的应力达到屈服强度的同时，受压区混凝土边缘的压应变也刚好达到极限压应变而破坏

D. 保护层厚度主要与钢筋混凝土结构构件的种类、所处环境及钢筋级别等因素有关

(18) 判断下列说法，正确的是（　　）。

A. 双筋矩形截面设计时，对 $x<2a'$ 的情况，可取 $x=2a'$ 计算

B. 单筋矩形截面设计中，只要计算出 $\xi>\alpha_1\xi_b$ 时，就只能采用双筋截面

C. 对第一种情况 T 形梁，在验算截面配筋率 $\rho\geqslant\rho_{\min}$ 时，梁宽应采用肋宽和翼缘宽度二者的平均值

(19) 双筋截面设计中，当未知 A_s' 和 A_s 时，补充的条件是要使（　　）。

A. 混凝土用量为最小　　B. 钢筋总用量（$A_s'+A_s$）为最小

C. 混凝土和钢筋用量均为最小　　D. 受拉钢筋 A_s 用量最小

(20) 超筋梁截面的承载力（　　）。

A. 与钢筋用量有关　　B. 与钢筋级别有关

C. 与混凝土强度及截面尺寸有关　　D. 仅与混凝土强度有关

(21) 钢筋混凝土构件纵向受力钢筋最小配筋率 $\rho_{\min}$ 的规定（　　）。

A. 仅与构件分类有关　　B. 仅与钢筋等级有关

C. 与构件分类和钢筋等级均有关

(22) 超筋梁破坏时，正截面承载力 M_u 与纵向受拉钢筋截面面积 A_s 的关系是（　　）。

A. A_s 越大，M_u 越大　　B. A_s 越大，M_u 越小

C. A_s 大小与 M_u 无关，破坏时正截面承载力为一定值

(23) 双筋截面受弯构件正截面设计中，当 $x<2a'$ 时，则表示（　　）。

A. 受拉钢筋应力达不到 f_y　　B. 受压钢筋应力达不到 f_y'

C. 应增加翼缘厚度　　D. 应提高混凝土强度

(24) 当受弯构件适筋梁正截面受弯承载力不能满足计算要求时，提高混凝土强度等级或提高钢筋级别，对承载力的影响是（　　）。

A. 提高混凝土强度等级效果明显

B. 提高钢筋级别效果明显

C. 提高二者效果相当

(25) 进行双筋截面设计时，在 A_s' 和 A_s 均未知的情况下，需增加补充条件才能求解 A_s' 和 A_s，此时补充条件取（　　）。

A. $x=2a'$　　B. $x=\alpha_1\xi_b h_0$　　C. $x=0.5h_0$　　D. $x=h_0$

(26) 双筋矩形截面受弯构件在进行承载力计算时，若出现 $x>\alpha_1\xi_b h_0$，此时截面的极限弯矩为（　　）。

A. $M_u = \alpha_{sb} f_c b h_0^2 + f'_y A'_s \left(h_0 - \dfrac{x}{2}\right)$

B. $M_u = f_c b x \left(h_0 - \dfrac{x}{2}\right) + f'_y A'_s \left(h_0 - \dfrac{x}{2}\right)$

C. $M_u = f_c b x \left(h_0 - \dfrac{x}{2}\right) + f'_y A'_s (h_0 - a')$

D. $M_u = \alpha_{sb} f_c b h_0^2 + f'_y A'_s (h_0 - a')$

(27) 计算 T 形截面受弯构件正截面受弯承载力时，翼缘宽度（　　）。

A. 越大越有利　　B. 越小越有利

C. 越大越有利，但应限制在一定范围内

(28) 属于第二种情况 T 形截面梁的鉴别式为（　　）。

A. $KM \leqslant f_c b'_f h'_f \left(h_0 - \dfrac{h'_f}{2}\right)$或 $f_y A_s \leqslant f_c b'_f h'_f$

B. $KM = f_c b'_f h'_f \left(h_0 - \dfrac{h'_f}{2}\right)$或 $f_y A_s = f_c b'_f h'_f$

C. $KM > f_c b'_f h'_f \left(h_0 - \dfrac{h'_f}{2}\right)$或 $f_y A_s > f_c b'_f h'_f$

D. $KM \leqslant f_c b'_f h'_f \left(h_0 - \dfrac{h'_f}{2}\right)$或 $f_y A_s \geqslant f_c b'_f h'_f$

(29) 图 3－5 所示三个受弯构件单筋截面，若弯矩设计值（包括自重）相同，所用的混凝土强度等级、钢筋级别和其他一切条件均相同，受力钢筋用量最少的截面应是图 3－5 中的（　　）。

A. (a)　　B. (b)　　C. (c)

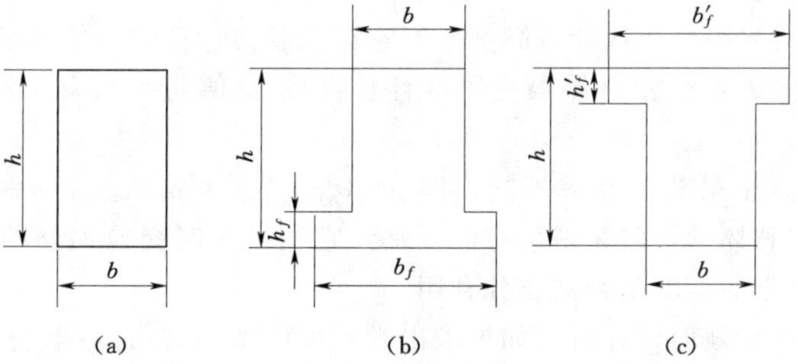

图 3－5　受弯构件截面

(30) 钢筋混凝土受弯构件相对界限受压区高度 ξ_b 的大小随（　　）的改变而改变。

A. 构件截面尺寸　　B. 钢筋的品种和级别

C. 混凝土的强度等级　　D. 构件的受力特征

3. 问答题

(1) 钢筋混凝土梁、板主要的截面形式有哪几种？何谓单筋截面和双筋截面受弯构件？

(2) 何谓混凝土保护层？它起什么作用？其最小厚度应如何决定？

☆(3) 试分析为什么混凝土保护层厚度与结构构件所处的环境条件有关？

(4) 梁中纵向受力钢筋的直径为什么不能太细和不宜太粗？常用的钢筋直径范围是多少？

(5) 在梁截面内布置纵向受力钢筋时，应注意哪些具体构造规定？

(6) 在板中，为什么受力钢筋的间距（中距）不能太稀或太密？最大间距与最小间距分别控制为多少？

(7) 钢筋混凝土板内，为何在垂直受力钢筋方向还要布置分布钢筋？分布钢筋如何具体选配？

(8) 正常配筋的钢筋混凝土梁从加载到破坏，正截面应力状态经历了哪几个阶段？每个阶段的主要特点是什么？与计算有何联系？

(9) 受弯构件正截面有哪几种破坏形态？破坏特点有何区别？在设计时如何防止发生这几种破坏？

(10) 当受弯构件的其他条件相同时，正截面的破坏特征随配筋量多少而变化的规律是什么？

(11) 有两根条件相同的钢筋混凝土梁，但正截面受拉区纵向受力钢筋的配筋量不同，一根梁配筋量大，另一根梁配筋量小，试问两根梁的正截面开裂弯矩 M_{cr} 与正截面极限弯矩 M_u 的比值（M_{cr}/M_u）是否相同？如有不同，则哪根梁大，哪根梁小？

(12) 正截面受弯承载力计算时有哪几项基本假定？

(13) 试推导相对界限受压区计算高度 ξ_b 的计算公式，为什么 $\xi>\alpha_1\xi_b$ 时是超筋梁，$\xi\leqslant\alpha_1\xi_b$ 时是适筋梁？

☆(14) 受弯构件正截面受压区混凝土的等效矩形应力图形是怎样得来的？试推求矩形应力图形高度 x 和理论的曲线应力图形高度 x_0 的关系。

(15) 何谓相对界限受压区计算高度 ξ_b？它在承载力计算中的作用是什么？

△(16) 何谓界限破坏？相对界限受压区计算高度 ξ_b 值与什么有关？ξ_b 和最大配筋率 ρ_{max} 有何关系？

△(17) 钢筋混凝土梁若配筋率不同，即 $\rho<\rho_{min}$，$\rho_{min}<\rho<\rho_{max}$，$\rho=\rho_{max}$，$\rho>\rho_{max}$，试问：它们各是怎样破坏的，破坏现象有何区别？它们破坏时受拉钢筋的应力各等于多少？破坏时钢筋和混凝土的强度是否被充分利用？

(18) 矩形截面梁截面设计时，如果求出 $\alpha_s=KM/f_cbh_0^2>\alpha_{sb}$（教材表 3-1），则说明什么问题？在设计中应如何处理？

(19) 什么情况下需用双筋梁？受压钢筋起什么作用？一般情况下配置受压钢筋是不是经济？

(20) 绘出双筋矩形截面受弯构件正截面承载力计算应力图形，根据其计算应力图推导出基本公式，并指出公式的适用范围（条件）及其作用是什么。

☆(21) 众所周知，混凝土强度等级对受弯构件正截面受弯承载力影响不是太大，为什么？是否施工中混凝土强度等级弄错了也无所谓？

☆(22) 试从理论上探讨双筋受弯构件正截面承载力计算基本公式适用条件 $x\geqslant 2a'$ 的合理性程度及适用范围。

(23) 设计双筋截面，A_s'及A_s均未知，x应如何取值？当A_s'已知时，写出计算A_s的步骤及公式，并考虑可能出现的各种情况及处理方法。

(24) 如何复核双筋截面的正截面受弯承载力？

△(25) 如果一个梁承受大小不等的异号弯矩（非同时作用），应如何设计才较合理？

(26) T 形截面梁的翼缘为何要有计算宽度b_f'的规定？如何确定b_f'值？

(27) 按中和轴所在位置，T 形截面梁的承载力计算有哪几种情况？截面设计和承载力复核时，应如何鉴别属于哪一种情况 T 形截面？

△(28) 为什么说第一种情况的 T 形截面梁承载力计算与矩形截面梁一样？计算上有哪些特别不同之处，并分别说明其理由。

(29) 试写出第二种情况的 T 形梁的承载力计算基本公式，并列出截面设计与承载力复核的具体步骤。

△(30) 对配置有受压钢筋A_s'的 T 形截面梁，应如何鉴别它属于哪一种情况的 T 形截面梁？（写出鉴别公式）

(31) 一 T 形梁截面尺寸已定，钢筋用量不限，试列出其最大承载力的表达式。

(32) 下列四种截面梁（图 3-6），承受的截面弯矩相同，梁高度也一样，试问需要的纵向受拉钢筋A_s是否一样？为什么？

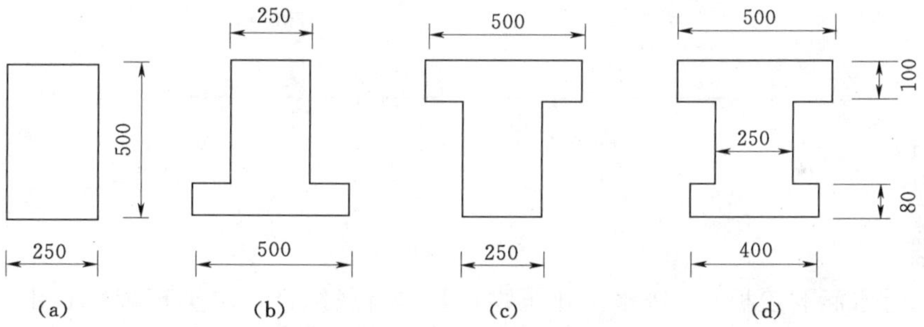

图 3-6　梁的截面

△ (33) 试列表（包括计算应力图形、基本公式及适用条件、截面设计与承载力复核的方法）比较与总结单筋矩形、双筋矩形、T 形三种截面受弯构件正截面受弯承载力计算。

3.3 设　计　计　算

(1) 某 3 级水工建筑物（二类环境）的简支梁，结构计算简图和尺寸如图 3-7 所示，承受均布永久荷载$g_k=6\text{kN/m}$（已包含自重），均布可变荷载$q_k=6.5\text{kN/m}$（基本荷载组合），混凝土强度等级为 C25，钢筋为 HRB335。试求钢筋截面面积A_s，并配置钢筋及绘出符合构造要求的截面配筋图。

(2) 一钢筋混凝土梁（2 级水工建筑物）的截面尺寸$b\times h=200\text{mm}\times500\text{mm}$，在荷载基本组合下承受弯矩设计值$M=120\text{kN}\cdot\text{m}$，环境类别为一类。试计算混凝土强度等级为 C25，钢筋为 HRB335 和 HRB400 时纵向受力钢筋截面面积；然后计算混凝土强度等

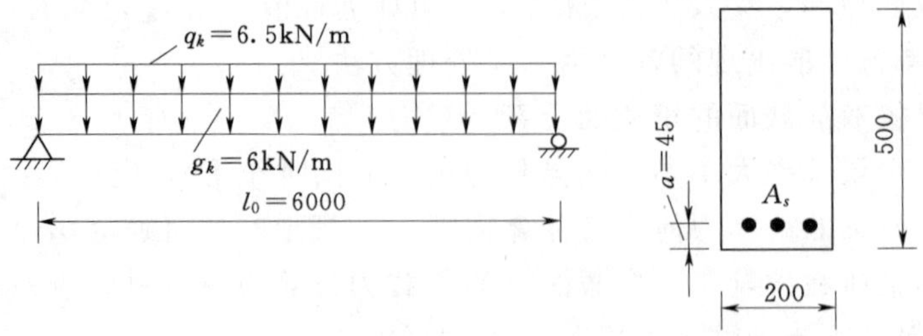

图 3-7　简支梁的结构计算简图和截面尺寸图

级为 C30，钢筋为 HRB400 时的纵向受力钢筋截面面积。最后分析混凝土强度等级和钢筋级别对受弯构件的配筋量有什么影响？从中得出什么结论？该结论在工程实践及理论上有哪些意义？

（3）某钢筋混凝土梁（1 级水工建筑物）的截面尺寸 $b\times h=300\text{mm}\times750\text{mm}$，在荷载基本组合下根据荷载设计值绘出的弯矩图见图 3-8。采用 C25 混凝土，HRB400 钢筋，环境类别为一类。试选配跨中截面和支座截面钢筋。

提示： 跨中钢筋排双层。

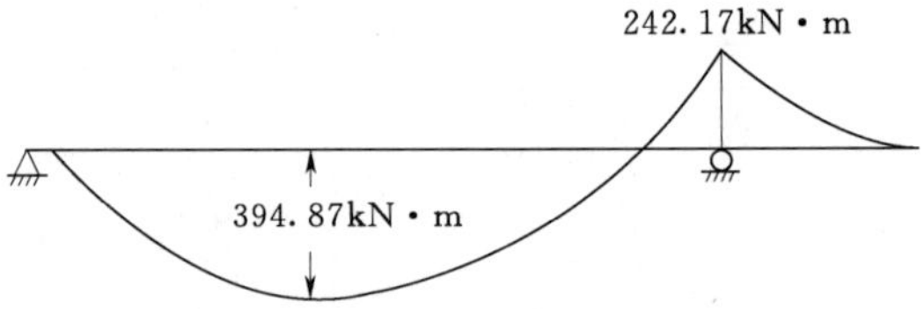

图 3-8　弯矩图

（4）一过水涵洞盖板（4 级水工建筑物，基本荷载组合，二类环境）是由预制板铺设而成的，每块板长 2500mm，宽 600mm，两端搁在浆砌块石墩墙上，搁置宽度为 200mm（图 3-9），填土高 1.5m（填土重力密度 $\gamma=16\text{kN/m}^3$），填土上可变荷载 $q_k=3\text{kN/m}^2$，混凝土用 C25，钢筋用 HRB335。试按 SL 191—2008 规范设计盖板（确定板厚和配置钢筋，并绘出盖板配筋图）。

提示：

1）盖板厚度可初拟定为 180mm。

2）填土重及自重均属永久荷载，但填土属第二类永久荷载。

3）绘制盖板配筋图时，分布钢筋不要漏掉。

（5）计算及选配如图 3-10 所示渡槽（3 级水工建筑物，基本荷载组合）槽身立板底部截面钢筋，采用 C25 混凝土，HRB335 钢筋。

提示：

1）沿槽身纵向取 1m 板宽计算，即 $b=1000\text{mm}$。

2）满槽水位设计时，静水压力属可控制不超出规定限值的可变荷载。

3）取混凝土保护层厚度 $c=30\text{mm}$。

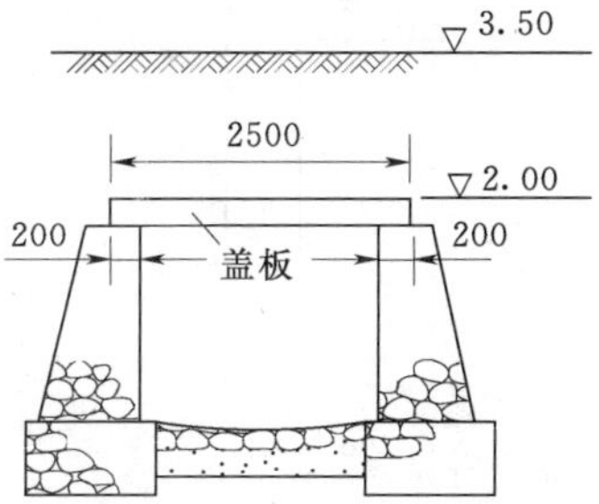

图 3-9　过水涵洞盖板（高程单位：m）

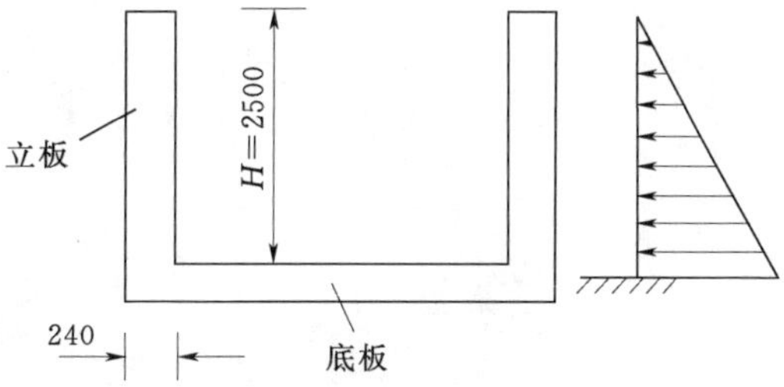

图 3-10　渡槽

(6) 图 3-11 所示雨篷板（3 级水工建筑物，基本荷载组合），板厚 80mm，板面有防水砂浆，板底抹混合砂浆。该板承受均布荷载设计值为 $5kN/m^2$（自重已考虑）。采用 C25 混凝土，HRB335 钢筋，试求受拉钢筋面积，并绘配筋图（包括受力钢筋和分布钢筋）。

提示： $a=30$mm，板宽取 1000mm。

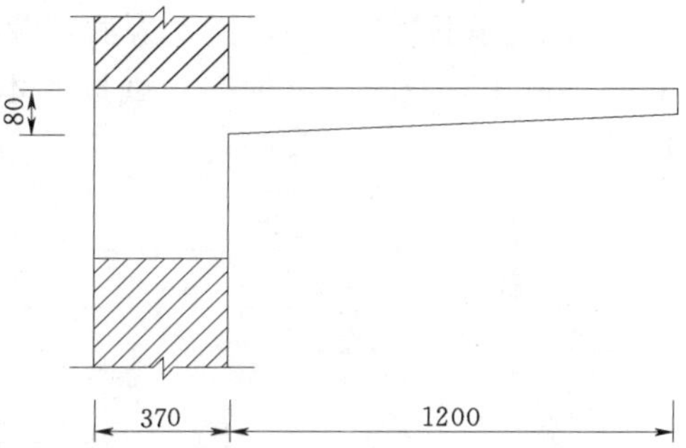

图 3-11　雨篷板

(7) 图 3-12 为某港渔业公司加油码头面板（3 级水工建筑物），采用叠合板形式，板厚 180mm（其中 100mm 为预制板厚，80mm 为现浇板厚），表面尚有 20mm 磨耗层（$\gamma=24kN/m^3$，不计受力作用），板长 2.55m，板宽 2.99m。预制板直接搁在纵梁上，搁置宽度为 150mm，预制板承受可变荷载标准值为 $1.5kN/m^2$。采用 C25 混凝土，HRB335 钢筋，二类环境。试按基本荷载组合配置该预制板的钢筋，并绘出板的配筋图。

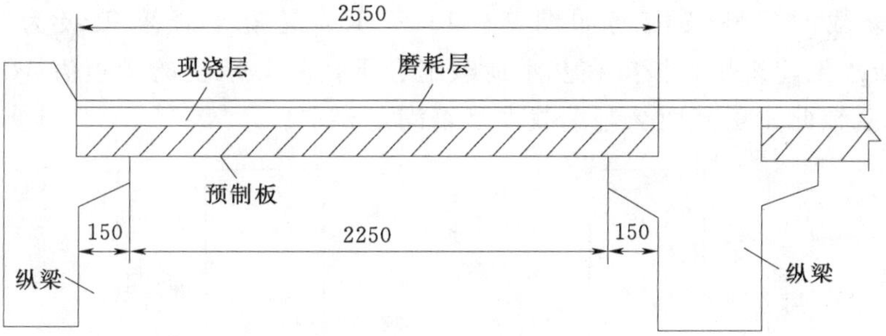

图 3-12　加油码头面板

(8) 图 3-13 为一矩形截面简支梁（3 级水工建筑物，一类环境），截面尺寸为 200mm×500mm，支座为 360mm 厚的砖墙，净跨 $l_n=4.64$m，梁上均布荷载设计值 $(g+q)=32kN/m$（包含自重），混凝土采用 C25，纵筋用 HRB335 钢筋。试按基本荷载组合配置跨中截面钢筋，并绘出截面配筋图。

(9) 某节制闸（3 级水工建筑物）的上游便桥，二类环境，截面如图 3-14 所示。因在便桥中要存放油压启闭机的油管，所以截面采用槽形，上面铺设盖板以便行人。便桥净

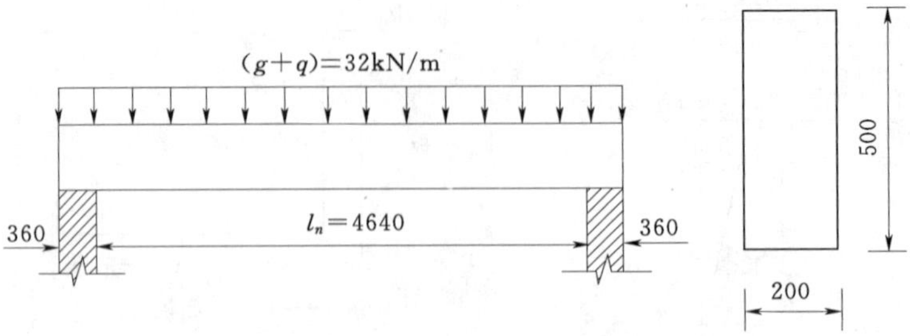

图 3-13　简支梁示意图

跨 8.0m，支承长度 0.4m，桥上人群荷载标准值 3.0kN/m²，油管重标准值 0.3kN/m。选用 C25 混凝土，HRB400 钢筋。试按基本荷载组合配置便桥跨中截面钢筋，并绘出截面配筋图。

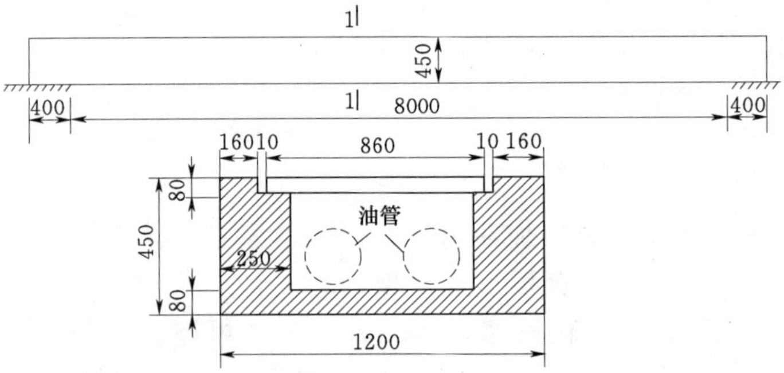

1—1

图 3-14　便桥示意图及截面图

(10) 某梁截面尺寸及配筋如图 3-15 所示。混凝土强度等级为 C25，钢筋为 HRB335，3 级水工建筑物，该梁在基本荷载组合下，实际承受的弯矩值 M－100kN·m，一类环境。试复核此梁正截面受弯承载力是否满足要求。

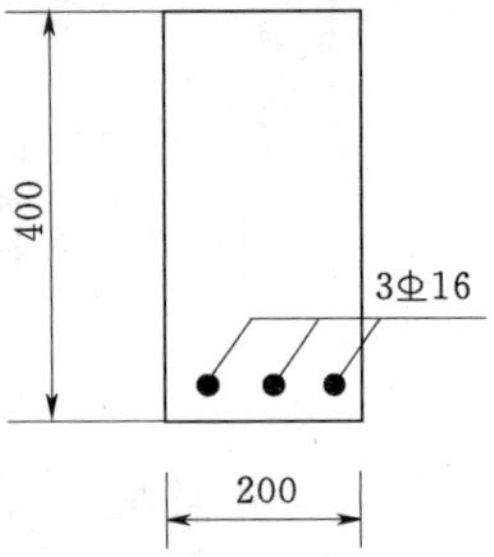

图 3-15　梁的截面图

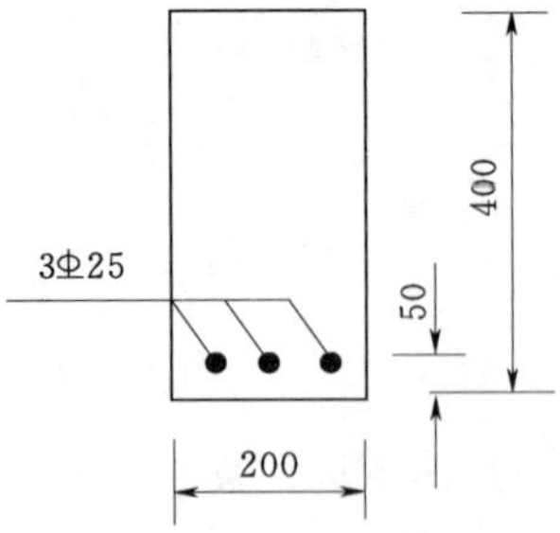

图 3-16　梁的截面图

(11) 图 3-16 所示梁的截面，已知混凝土用 C25，钢筋用 HRB335，该梁为 3 级水工建筑物，试求使用时实际能承受的弯矩值 M 为多少？钢筋如用 HRB400，混凝土仍为 C25，试问该梁使用时实际能承受多大弯矩？

(12) 某水利工地有一批钢筋混凝土预制板，其截面如图 3-17 所示。混凝土为 C25，钢筋为 HRB335，原配有 8 Φ 22 受力钢筋，混凝土保护层厚 30mm，作为砂石廊道的盖板(4 级水工建筑物)用，板上堆放施工用的卵石料高 13m (卵石重力密度 $\gamma=18\mathrm{kN/m^3}$)。试复核盖板跨中截面受弯承载力是否安全。

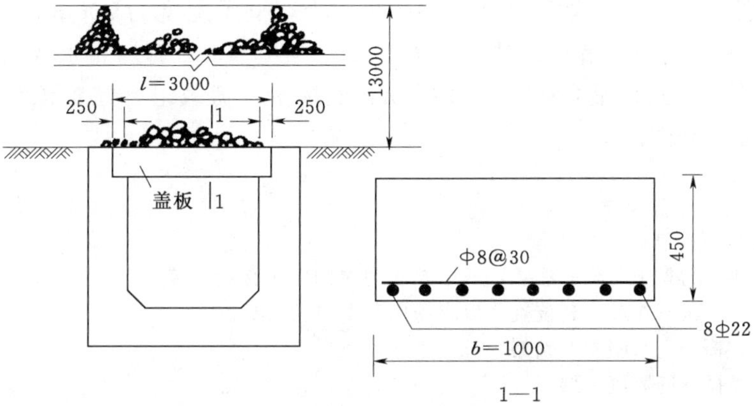

图 3-17　砂石廊道及钢筋混凝土预制板

(13) 一矩形截面简支梁(二类环境条件)，截面尺寸限制为 250mm×500mm，跨中截面承受弯矩设计值 $M=228\mathrm{kN\cdot m}$，采用 C25 混凝土(混凝土强度等级不宜提高)，HRB335 钢筋。试配置钢筋(单层受压钢筋，$a'=45\mathrm{mm}$；双层受拉钢筋，$a=70\mathrm{mm}$)，绘出截面配筋图。

(14) 由于构造原因，在上题中截面已配有受压钢筋 3 Φ 20，试求受拉钢筋截面面积，并与上题比较钢筋总用量 ($A_s'+A_s$)。

(15) 若 (13) 题中受压钢筋为 3 Φ 25，而跨中截面弯矩设计值 $M=202\mathrm{kN\cdot m}$，试求受拉钢筋的需要量。

(16) 图 3-18 所示梁为 3 级水工建筑物，一类环境，采用 C25 混凝土，HRB400 钢筋，计算梁在运用阶段能承担多大的弯矩 M。

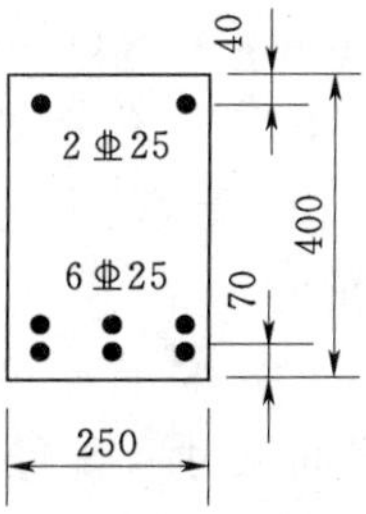

3-18　梁的截面图

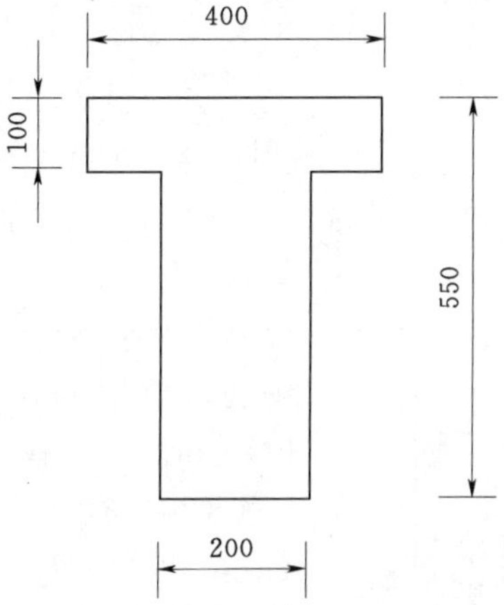

图 3-19　T 形梁截面图

(17) 已知T形梁，在运用阶段跨中截面承受弯矩设计值 $M=105\text{kN}\cdot\text{m}$，截面尺寸如图3-18所示，混凝土为C25，钢筋为HRB335，二类环境。试配钢筋，绘出截面配筋图。

(18) 某水电站厂房的简支T形吊车梁（2级水工建筑物，一类环境条件），其截面尺寸如图3-20所示。梁支承在厂房排架柱的牛腿上，支承宽度为200mm，梁净跨5.6m，全长6.0m，梁上承受一台吊车，最大轮压力 $Q_k=370\text{kN}$，另有均布永久荷载（包括吊车梁自重及吊车轨道等附件重）$g_k=7.5\text{kN/m}$。试按基本荷载组合配置该梁的跨中截面钢筋，并绘出截面配筋图。

提示：

1) 吊车轮压属可控制的可变荷载。
2) 轮压力为移动的集中荷载（注意：两个轮压力之间距离保持不变），可位于吊车梁上各个不同位置，应考虑轮压所在最不利位置，以求跨中截面最大弯矩值。
3) 选用C25混凝土，HRB400钢筋。
4) 估计纵向受拉钢筋需放两层。
5) 吊车梁尚承受横向水平力和扭矩，承受这些外力的钢筋应另行计算和配置。

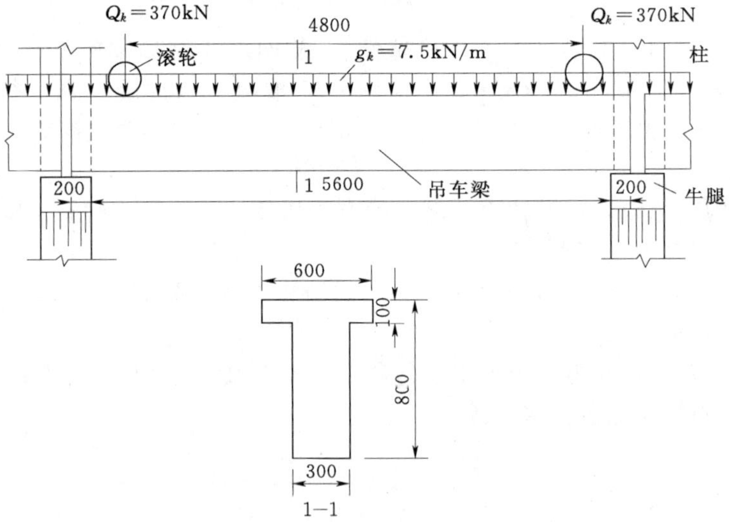

图3-20 吊车梁示意图及截面图

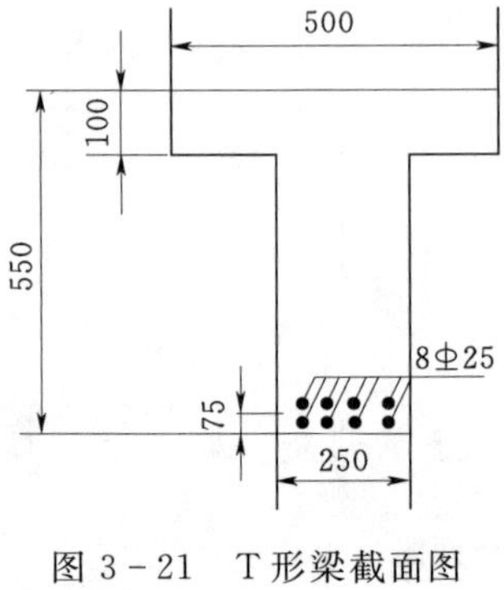

图3-21 T形梁截面图

(19) 一T形截面梁（3级水工建筑物，基本荷载组合），$b'_f=1200\text{mm}$，$b=200\text{mm}$，$h=600\text{mm}$，$h'_f=80\text{mm}$，混凝土强度等级C25，配有4⌀20（$A_s=1257\text{mm}^2$）的受拉钢筋，单层钢筋 $a=40\text{mm}$。承受弯矩设计值 $M=131.0\text{kN}\cdot\text{m}$。试复核该截面是否安全。

(20) 有一独立T形梁（3级水工建筑物，基本荷载组合），计算跨度 $l_0=7.2\text{m}$，截面尺寸及配筋如图3-21所示。采用C25混凝土，HRB335钢筋。试求该截面能承受的极限弯矩 M_u。

（21）已知一I字形截面梁如图 3－22 所示，3 级水工建筑物，基本荷载组合。梁中截面的最大弯矩设计值 M＝300kN·m，采用 C25 混凝土，HRB335 钢筋（单层钢筋 a＝45mm）。试求受力钢筋截面面积，并绘出截面配筋图。

（22）已知一 T 形截面简支梁（3 级水工建筑物，基本荷载组合），跨中截面承受弯矩设计值 M＝340kN·m，截面尺寸如图 3－23 所示，采用 C25 混凝土，HRB400 钢筋。试求受压钢筋截面面积 A_s'及受拉钢筋截面面积 A_s（单层受压钢筋 a'＝40mm，双层受拉钢筋 a＝70mm）。

（23）已知梁（3 级水工建筑物，基本荷载组合）承受弯矩设计值 M＝260kN·m，截面尺寸如图 3－24 所示，安全级别为Ⅱ级，配有受压钢筋 2Φ20（A_s'＝628mm²）和受拉钢筋6Φ25（A_s＝2945mm²），单层受压钢筋 a'＝40mm，双层受拉钢筋 a＝70mm。混凝土为 C25，钢筋为 HRB335，试验算正截面受弯承载力是否满足要求。若受压钢筋改配 2Φ14（A_s'＝308mm²），试验算承载力是否满足。

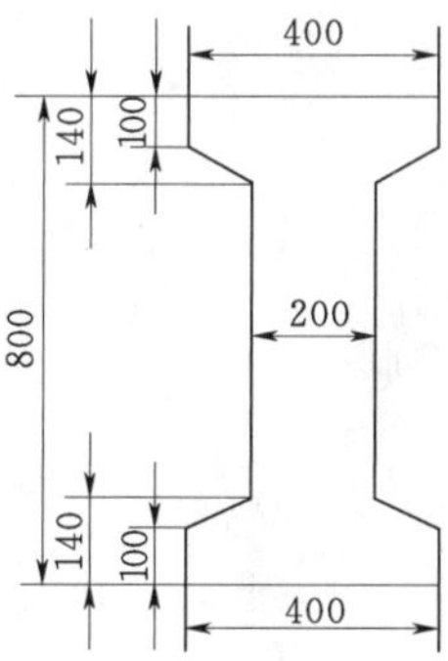

图 3－22　I字形梁截面图

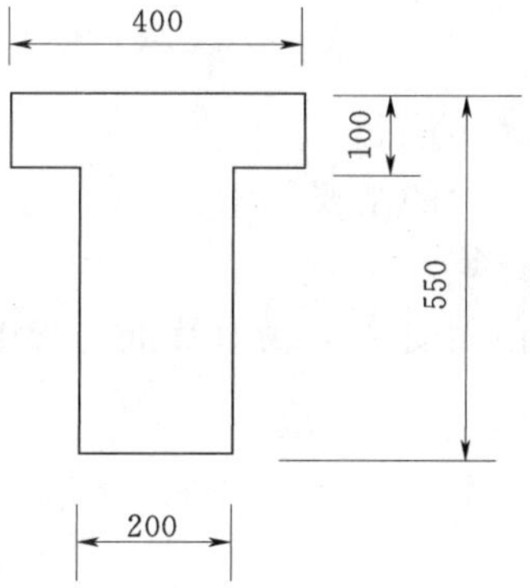

图 3－23　T 形梁截面图

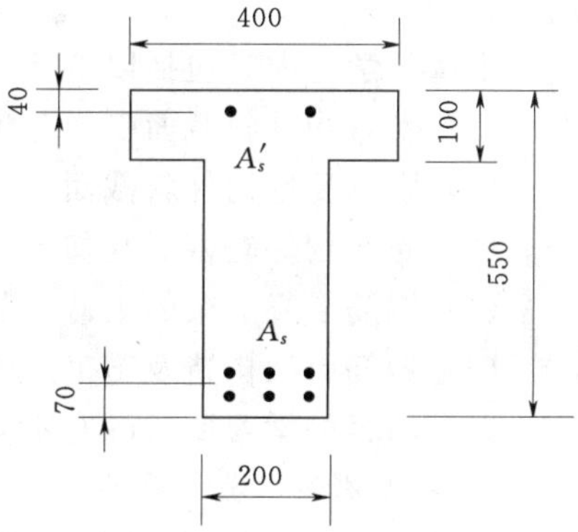

图 3－24　梁的截面图

第 4 章　钢筋混凝土受弯构件斜截面承载力计算

4.1　学　习　指　导

4.1.1　本章主要内容及学习要求

本章是在前一章受弯构件正截面受弯承载力计算基础之上，进一步研究如何保证受弯构件斜截面承载力，并掌握必要的构造知识。要求学完本章后，能对钢筋混凝土梁进行全面的设计。

本章的学习内容包括以下几方面：

（1）受弯构件斜截面受力分析与破坏形态。

（2）影响受弯构件斜截面受剪承载力的主要因素。

（3）受弯构件斜截面受剪承载力计算。

（4）钢筋混凝土梁的正截面与斜截面受弯承载力及抵抗弯矩图的绘制。

（5）钢筋骨架构造及施工图绘制。

以上内容的学习要求各有不同。

1．受弯构件斜截面受力分析与破坏形态

在教材中首先分别介绍了无腹筋梁及有腹筋梁的受力分析。

所谓无腹筋梁，指仅配有纵向钢筋而无箍筋及弯起钢筋的梁。实际工程中的钢筋混凝土梁，总是或多或少地配有腹筋的。这部分内容的学习，主要是了解斜裂缝发生前后应力状态的变化及斜截面的破坏形态，以便更好地了解钢筋混凝土梁的抗剪性能及腹筋的作用。

在无腹筋梁的受力分析中应首先了解斜裂缝的两种形式（即“弯剪裂缝”和“腹剪裂缝”）以及这两种斜裂缝发生的条件。同时应了解当发生斜裂缝后，斜截面上平衡弯矩 M 和剪力 V 的有四种力：①纵向钢筋拉力 T；②斜裂缝端部余留截面混凝土承担的剪力 V_c 及压力 C；③斜裂缝两侧混凝土的骨料咬合力 V_a；④纵向钢筋的销栓力 V_d。应深刻理解斜裂缝发生前后梁内应力状态发生了哪四个方面的变化。若构件能适应这些应力的变化，就能在斜裂缝出现后重新建立平衡，否则会立即破坏。

对有腹筋梁，由于在斜裂缝出现之前，混凝土在各方向的应变都很小，腹筋的应力也很低，腹筋对阻止斜裂缝的出现几乎没有什么作用，对斜截面开裂荷载的影响也很小，因此有腹筋梁的受力状态与无腹筋梁没有显著差异。但是当斜裂缝出现之后，与无腹筋梁相比，斜截面上增加了箍筋承担的剪力 V_{sv} 和弯起钢筋的拉力 T_{sb}，由此有腹筋梁的斜截面受剪承载力大大增强。学习时应掌握所配腹筋通过哪四个方面大大地加强了梁的斜截面受剪承载力。

就斜截面破坏形态而言，有腹筋梁与无腹筋梁相似，也可归纳为斜拉破坏、剪压破坏及斜压破坏三种，但发生条件有所区别。无腹筋梁的三种破坏形态发生的条件主要与剪跨比 λ 有关；而在有腹筋梁中，除剪跨比 λ 外，腹筋数量对破坏形态也有很大影响。

学习时应重点掌握受弯构件斜截面三种破坏形态产生的原因及破坏性质的根本区别。

2. 影响受弯构件斜截面受剪承载力的主要因素

影响钢筋混凝土梁斜截面受剪承载力的因素很多，主要有剪跨比、混凝土强度、纵筋配筋率及其强度、腹筋配筋率及其强度等，当然，截面形状及尺寸、加载方式（直接、间接）和结构类型（简支梁、连续梁）等也在一定程度上影响钢筋混凝土梁斜截面受剪承载力。学习时应掌握上述各因素是如何影响受弯构件斜截面受剪承载力的，从而对斜截面受剪承载力计算公式的建立有一个更清楚的了解。

3. 受弯构件斜截面受剪承载力计算

这部分内容是本章的重点，包括受弯构件斜截面受剪承载力计算公式、计算公式的适用范围及斜截面抗剪配筋计算步骤等。

从教材式（4-6）可以看出，受弯构件斜截面受剪承载力计算公式由三部分组成，即混凝土的受剪承载力 V_c，箍筋的受剪承载力 V_{sv}，弯筋的受剪承载力 V_{sb}；当然对于仅配箍筋的梁，受剪承载力计算公式中只有 V_c 及 V_{sv}。

需要提醒注意的是，在水利系统的 SL 191—2008 规范中规定，对于水工建筑物中的一般受弯构件，不论其承受什么荷载，都取混凝土的受剪承载力 $V_c=0.7f_tbh_0$，箍筋的受剪承载力 $V_{sv}=1.25f_{yv}\frac{A_{sv}}{s}h_0$；但同时规定，对于重要的承受集中力为主的独立梁，$V_c$ 中的系数 0.7 应降为 0.5，V_{sv} 中的系数 1.25 应降为 1.0。这里所谓的“重要的承受集中力为主的独立梁”是指水电站厂房中的吊车梁、门机轨道梁等结构构件。而在电力系统的 DL/T 5057—2009 规范中规定，对于仅配置箍筋的矩形、T 形和 I 形截面的受弯构件，在受弯构件斜截面受剪承载力计算表达式中，取 $V_c=0.7f_tbh_0$，$V_{sv}=1.0f_{yv}\frac{A_{sv}}{s}h_0$；同时又规定：对集中荷载作用下的矩形截面独立梁（包括作用有多种荷载，且其中集中荷载对支座截面或节点边缘所产生的剪力值占总剪力值 75%以上的情况），V_c 中的系数 0.7 应改为 0.5，V_{sv} 的表达式不变，系数还是 1.0。学习时应注意这两本规范的不同点。

前面已提到，有腹筋梁也有斜拉破坏、剪压破坏及斜压破坏三种破坏形态。教材中介绍的斜截面承载力计算公式是针对剪压破坏而建立的。规定梁必须具有的最小截面尺寸或最大配箍率是用于防止发生斜压破坏；规定箍筋的配置应满足最小配箍率则是用于防止发生斜拉破坏。

通过学习要求掌握斜截面抗剪配筋计算步骤，能熟练应用受弯构件斜截面受剪承载力计算公式及各项规定进行受弯构件的斜截面抗剪计算。

4. 钢筋混凝土梁的正截面与斜截面受弯承载力及抵抗弯矩图的绘制

首先应理解梁在控制截面（跨中及支座）的正截面承载力得到保证的前提下，若纵筋被切断或弯起时，是如何影响非控制截面的正截面和斜截面抗弯的。应理解抵抗弯矩图的作用，并深刻理解抵抗弯矩图与弯矩图 M 的关系。抵抗弯矩图应将 M 图包括在内，以满足各截面正截面抗弯的要求，另一方面又必须满足斜截面抗弯的要求。同时这两个图又尽可能贴近，以节省钢筋。

在绘制抵抗弯矩图时，应首先理解什么是纵筋的理论切断点与充分作用点，掌握钢筋切断与弯起时抵抗弯矩图的表示方法，理解并掌握在纵筋切断或弯起时分别通过哪些构造措施来保证梁的斜截面受弯承载力。

这部分内容是本章的一个难点，但也是梁的一个不可或缺的设计环节，一定要通过练习，熟练掌握抵抗弯矩图的绘制。

5. 钢筋骨架构造与施工图绘制

除了设计计算以外，满足一定的构造要求也是钢筋混凝土梁设计的一个重要环节。应了解在钢筋骨架中，箍筋、纵向钢筋及弯起钢筋有哪些构造要求，理解这些构造的作用，以及若不满足这些构造要求，可能会造成怎样的破坏。

施工图一方面要表达设计意图，同时要满足施工要求。应首先了解施工图应包括哪些内容，各部分的作用及在图幅中的位置的不同。应当会制作钢筋表，掌握各种钢筋长度的计算方法。

学完本章后，要求能结合大作业或课程设计，完成对一根梁的全面设计。

4.1.2 本章的难点及学习时应注意的问题

本章的难点是抵抗弯矩图的绘制。

学习本章时应注意以下几个问题：

(1) 受弯构件在弯矩和剪力共同作用下，在横截面上同时存在正应力和剪应力，处于复合应力状态；当斜向的主拉应力超过混凝土的抗拉强度时，与主拉应力方向垂直的混凝土开裂，形成斜裂缝，并可能造成斜截面破坏。在钢筋混凝土梁中通常配置一定数量的箍筋和弯起钢筋（统称腹筋）来保证斜截面受剪承载力。腹筋的最佳方向是与主拉应力方向一致（即与斜裂缝方向垂直），但考虑到荷载改变以后，主拉应力方向可能改变，原来配置的斜向钢筋就可能失效，同时考虑到施工方便，因此在梁中通常设置竖直的箍筋。箍筋跨过斜裂缝，能有效地抑制斜裂缝的发展，且箍筋与纵向受力钢筋经绑扎或焊接形成钢筋骨架，可以保证各种钢筋的位置正确。配置的箍筋还可以约束混凝土，提高混凝土强度和延性。因此在工程设计中，往往首先选用箍筋，然后再考虑采用弯起钢筋。除截面尺寸很小的梁外，梁内必须配置箍筋。

(2) 梁的斜截面剪切破坏，通常有斜拉破坏、剪压破坏及斜压破坏三种主要破坏形态。无腹筋梁的破坏形态主要与剪跨比 $\lambda=a/h_0$ 有关；有腹筋梁的破坏形态不仅与剪跨比有关，还与腹筋用量有关。

三种破坏形态的承载能力各不相同，斜压破坏时抗剪能力最大，其次为剪压破坏，斜拉破坏最小。由于它们达到破坏时的跨中挠度都不大，因而均属于无预兆的脆性破坏，而斜拉破坏的脆性更突出。

根据剪压破坏形态的平衡条件，并根据试验分析，教材中分别给出了仅配箍筋梁的斜截面受剪承载力计算表达式［教材式（4-9）或式（4-12）］以及既配箍筋又配弯起筋的梁的斜截面受剪承载力计算表达式［教材式（4-16）］。由于斜压破坏的特点是混凝土被斜向压坏，而腹筋并未屈服，所以规范给出了构件截面尺寸或混凝土强度等级的下限［教材式（4-17）、式（4-18）]，以防止发生斜压破坏并避免构件在使用阶段过早地出现斜裂缝及斜裂缝开展过大；同时规定了箍筋的最小配筋率及最大间距 [教材式（4-19）、式（4-20）及表 4-1]，以避免发生斜拉破坏。显然这些表达式及规定不能仅看作构造要求，他们都有明确的物理概念，即通过设计，保证梁不发生斜压破坏或斜拉破坏。

（3）梁内纵向受力钢筋的数量，按最大弯矩由正截面承载力计算确定。若纵筋有弯起或切断，则沿梁长方向的纵筋布置必须通过绘制抵抗弯矩图（M_R 图）来确定。设计时应考虑以下因素：

1）M_R 图为各截面实际能够抵抗的弯矩图形。M_R 图必须将 M 图覆盖在内，即各截面都要求满足 $M_R \geqslant M$，才能保证沿梁长各个截面的正截面受弯承载力。同时 M_R 图应尽可能贴近 M 图，使各截面钢筋强度充分利用。

2）当将纵向钢筋弯起用于抗剪时，除了数量（根数、直径）经计算确定外，第一排弯起筋至支座边缘的距离及各排弯起筋之间的净距均应满足 $s \leqslant s_{max}$ 的要求，以保证斜截面受剪承载力。

3）对于连续梁支座抵抗负弯矩的纵向受力钢筋，可将不需要部分切断，以节约钢材，具体切断的数量及位置可通过作抵抗弯矩图确定。对于抵抗正弯矩的纵向受力钢筋不宜在跨中切断，除弯起钢筋以外应全部伸入支座。

4）当将纵向钢筋弯起或在不需要处切断时，若发生斜向裂缝，则可能造成斜截面受弯承载力破坏。为此规范规定：对于弯起钢筋，其起弯点应在该钢筋充分利用点以外 $a \geqslant 0.5h_0$ 的地方；而对于切断钢筋，则要求分别从其充分利用点及理论切断点延伸一定的长度。通过这样一些构造措施，使得在钢筋弯起或切断后，斜截面受弯承载力仍然能够得到保证。

（4）钢筋骨架的构造要求是设计和施工经验的总结。应弄清钢筋的各种构造原理及合理布置要求，并通过例题和作业来逐步掌握，这样相应的构造规定学起来就不至于感到很枯燥。

4.2　综　合　练　习

1. 填充题

（1）承受弯矩 M 和剪力 V 的受弯构件有可能发生两种破坏：一种是沿弯矩最大的截面破坏，此时破坏截面与构件的轴线垂直，称为沿______破坏；另一种破坏是沿剪力最大或弯矩和剪力都较大的截面破坏，此时破坏截面与构件的轴线斜交，称为沿______破坏。

（2）为防止斜截面受剪破坏，就要进行斜截面受剪承载力设计，即要配置抗剪钢筋。抗剪钢筋也称作______。

（3）在弯矩 M 和剪力 V 共同作用的剪弯段，梁腹部的主拉应力方向是倾斜的，而在梁的下边缘主拉应力方向接近于水平。所以在这些区段，可能在梁下部先出现较小的垂直裂缝，然后延伸为斜裂缝，这种斜裂缝称为______。

当梁腹很薄时，支座附近（主要是剪力 V 的作用）的最大主拉应力出现于梁腹中和轴周围，就可能在此处先出现斜裂缝，然后向上、下方延伸，这种斜裂缝称为______。

（4）箍筋虽不与斜裂缝正交，但分布均匀，因而对斜裂缝宽度的遏制作用更为有效。

在配置腹筋时，一般总是先配一定数量的__，需要时再加配适量的__。

(5) 根据试验观察，无腹筋梁的受剪破坏形态，大致可分为______破坏、____破坏和____破坏三种，其发生的条件主要与______ 有关。

(6) 就其受剪承载力而言，斜拉破坏最__，剪压破坏较__，斜压破坏最__。但就其破坏性质而言，由于它们达到破坏时的跨中挠度都不大，因而均属于无预兆的__破坏，其中斜拉破坏__最为明显。

(7) 有腹筋梁的斜截面受剪破坏形态与无腹筋梁相似，也可归纳为____破坏、____破坏及____破坏三种。它们的特征与无腹筋梁的三种破坏特征相同，但发生条件有所区别。在有腹筋梁中，除________对破坏形态有影响外，__________对破坏形态影响也很大。

(8) 腹筋数量配置很少且剪跨比较大的有腹筋梁，将发生____破坏。

腹筋配置比较适中的有腹筋梁大部分发生____破坏。此时梁的受剪承载力主要与____的强度和__数量有关。

腹筋数量配置很少但剪跨比不大的有腹筋梁，仍将发生__破坏。

当腹筋配置得过多或剪跨比很小，尤其梁腹较薄（例如T形或I形薄腹梁）时，将发生破坏。这种梁在箍筋屈服以前，斜裂缝间的混凝土因主压应力过大而被压坏，此时梁的受剪承载力取决于构件的______ 和______的强度。

(9) 影响钢筋混凝土梁斜截面受剪承载力的因素很多，主要有______、__________、纵筋______ 及其__、腹筋__________及其____、截面____及____、加载______（直接、间接）和________（简支梁、连续梁）等。

(10) 由教材图4-15隔离体竖向力的平衡，可认为梁的斜截面极限受剪承载力 V_u 是由混凝土承担的剪力__、箍筋承担的剪力__及弯筋承担的剪力__三个独立部分所组成。

(11) 当构件截面尺寸较小而荷载又过大时，就会在支座上方产生过大的主压应力，使构件端部发生斜压破坏，这种破坏形态的受剪承载力基本上取决于混凝土的________及构件的______，而腹筋的数量影响____。

(12) 教材式(4-17)及式(4-18)表示梁斜截面受剪承载力的__值，相当于规定了梁必须具有的最小______和不可超过的最大______。若上述条件不能满足，则必须加大______或提高混凝土______。

(13) 如腹筋间距__，有可能在两根腹筋之间出现不与腹筋相交的______，这时腹筋便无从发挥作用。同时箍筋分布的疏密对________开展也有影响。采用较密的箍筋对抑制______宽度有利。为此有必要对腹筋的最大间距______作以限制。

(14) 箍筋配置过少，一旦斜裂缝出现，由于箍筋的抗剪作用不足以代替斜裂缝发生前混凝土原有的作用，就会发生突然性的__破坏。为了防止这种危险的__破坏，SL 191—2008规范规定当 $KV>V_c$ 时，箍筋的配置应满足它的最小配箍率 $\rho_{sv,\min}$ 要求：

对HPB235钢筋，配箍率应满足 $\rho_{sv}\geqslant\rho_{sv,\min}=$______；

对HRB335钢筋，配箍率应满足 $\rho_{sv}\geqslant\rho_{sv,\min}=$______。

(15) 在纵筋被切断或被弯起时，沿梁轴线各__截面抗弯及__截面抗弯就有可能成为问题。在切断或弯起纵筋时，如何保证__截面与__截面__承载力，先有必要弄清楚怎样根据__截面弯矩确定切断或弯起纵筋的数量及位置。这个问题在设计中一般是通过画__截面的抵抗弯矩图的方法来解决的。抵抗弯矩图也称材料图，简称__图。所谓抵抗弯矩图或__图，就是各截面__能抵抗的弯矩图形。

(16) 一根钢筋的不需要点也称作该钢筋的________，因为对正截面抗弯要求来说，这根钢筋既然是多余的，在理论上便可予以__，但实际切断点还将__一定长度。

(17) M_R 图代表梁的__截面的抗弯能力，为保证__截面受弯承载力，要求在各个截面上都要求 M_R 不小于 M，即与 M 图是同一比例尺的 M_R 图必须将 M 图______。

M_R 图与 M 图越贴近，表示钢筋强度的利用越__，这是设计中应力求做到的一点。与此同时，也要照顾到施工的便利，不要片面追求钢筋的利用程度以致使钢筋构造______。

(18) 在弯起纵筋时，弯起点必须设在该钢筋的充分利用点以外不小于______的地方。

(19) 腹筋最大间距的限制是为了保证斜截面__承载力而设的，而 $a \geqslant 0.5h_0$ 的条件是为保证斜截面__承载力而设的。当两者发生矛盾时，可以在保证斜截面____承载力的前提下（即纵筋的弯起满足 $a \geqslant 0.5h_0$），用单独另设斜钢筋的方法来满足斜截面____承载力的要求。

(20) 配有计算需要的纵向受压钢筋的梁，则必须采用__式箍筋。箍筋可按需要采用双肢或四肢。在绑扎骨架中，双肢箍筋最多能扎结__根排在一层的纵向受压钢筋，否则采用四肢箍筋（即复合箍筋）；或当梁宽大于__mm，一层纵向受压钢筋多于__根时，也应采用四肢箍筋。

(21) 如按计算需要设置箍筋时，一般可在梁的全长__布置箍筋，也可以在梁两端剪力较大的部位布置得__一些。如按计算不需设置箍筋时，对高度 $h >$ __mm 的梁，仍应沿全梁设置箍筋；对高度 $h \leqslant$ ____mm 的梁，可仅在构件端部各__跨度范围内设置箍筋，但当在构件中部__跨度范围内有集中荷载作用时，箍筋仍应沿梁全长布置。

(22) 当构件太长而现有钢筋长度不够，需要接头时，可采用__搭接、__连接或__接头。

(23) 当采用钢筋机械连接与焊接接头连接时，连接区段的长度为__d（d 为纵向受力钢筋的较大直径）且不小于__mm，纵向受拉钢筋的接头面积百分率不宜大于____，受压钢筋可不受限制。

直接承受动力荷载的结构构件中，纵向受拉钢筋不应采用____搭接连接，也不宜采用__接头。

采用绑扎搭接连接时，对梁、板及墙等构件受拉钢筋的搭接接头面积百分率不宜大于____。当工程中确有必要增大受拉钢筋搭接接头面积百分率时，对梁类构件，不应大于__；对板、墙类构件，可根据实际情况放宽。其中，连接区段的长度为__l_l（l_l 为搭接长度），凡搭接接头中点位于该连接区段长度内的搭接接头均属于同一连接区段。纵向受压钢筋的搭接接头面积百分率不宜超过____。

(24) 当梁的腹板高度 $h_w >$ ____mm 时，为防止由于温度变形及混凝土收缩等原因使梁中部产生竖向裂缝，在梁的两侧应沿高度设置纵向构造钢筋，称为____。每侧纵向构造钢筋（不包括梁上、下部受力钢筋或架立钢筋）的截面面积不应小于腹板截面面积 bh_w 的______，且其间距不宜大于____mm。

(25) 梁中弯起钢筋的起弯角一般为 45°，当梁高 $h \geqslant$ ____mm 时也可用 60°。当梁宽较大时，为使弯起钢筋在整个宽度范围内受力均匀，宜在一个截面内同时弯起__钢筋。

（26）在采用绑扎骨架的钢筋混凝土梁中，当设置弯起钢筋时，弯起钢筋的弯折终点应留有足够长的直线锚固长度，其长度在受拉区不应小于__，在受压区不应小于__。对光圆钢筋，其末端应设置____。

2. 单项选择题

（1）承受均布荷载的钢筋混凝土悬臂梁，可能发生的弯剪裂缝是图 4－1 中的（　　）。

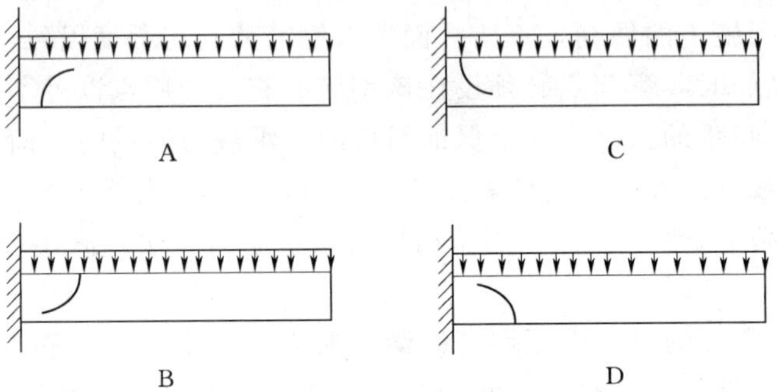

图 4－1　承受均布荷载的钢筋混凝土悬臂梁

（2）无腹筋梁斜截面受剪破坏形态主要有三种，这三种破坏的性质（　　）。

A. 都属于脆性破坏

B. 都属于塑性破坏

C. 剪压破坏属于塑性破坏，斜拉和斜压破坏属于脆性破坏

D. 剪压和斜压破坏属于塑性破坏，斜拉破坏属于脆性破坏

（3）无腹筋梁斜截面受剪主要破坏形态有三种。对同样的构件，其受剪承载力的关系为（　　）。

A. 斜拉破坏＞剪压破坏＞斜压破坏

B. 斜拉破坏＜剪压破坏＜斜压破坏

C. 剪压破坏＞斜压破坏＞斜拉破坏

D. 剪压破坏＝斜压破坏＞斜拉破坏

（4）无腹筋的钢筋混凝土梁沿斜截面的受剪承载力与剪跨比的关系是（　　）。

A. 随剪跨比的增加而提高

B. 随剪跨比的增加而降低

C. 在一定范围内随剪跨比的增加而提高

D. 在一定范围内随剪跨比的增加而降低

（5）剪跨比指的是（　　）。

A. $\lambda=a/h_0$　　B. $\lambda=a/h$　　C. $\lambda=a/l$

（6）在无腹筋梁中，当剪跨比 λ 较大时（一般 $\lambda>3$），发生的破坏常为（　　）。

A. 斜压破坏　B. 剪压破坏　C. 斜拉破坏

（7）在绑扎骨架的钢筋混凝土梁中，弯起钢筋的弯折终点处直线段锚固长度在受拉区不应小于（　　）。

A. $10d$　　B. $20d$　　C. $15d$　　D. $0.5h_0$

(8) 在绑扎骨架的钢筋混凝土梁中，弯起钢筋的弯折终点处直线段锚固长度在受压区不应小于（　　）。

A. $10d$　　B. $20d$　　C. $15d$　　D. $0.5h_0$

(9) 在有腹筋梁中，除剪跨比 λ 对破坏形态有影响外，（　　）也影响着破坏形态的发生。

A. 混凝土强度　B. 纵筋数量　C. 腹筋数量　D. 截面尺寸

(10) 梁发生剪压破坏时（　　）。

A. 混凝土发生斜向棱柱体破坏

B. 混凝土梁斜向拉断成两部分

C. 穿过临界斜裂缝的箍筋大部分屈服

(11) 梁内箍筋过多将发生（　　）。

A. 斜压破坏　B. 剪压破坏　C. 斜拉破坏　D. 超筋破坏

(12) 梁内弯起多排钢筋时，相邻上下弯点间距不大于 s_{max} 其目的是保证（　　）。

A. 斜截面受剪能力　B. 斜截面受弯能力

C. 正截面受弯能力　D. 正截面受剪能力

(13) 梁的受剪承载力计算公式是根据何破坏形态建立的（　　）。

A. 斜压破坏　B. 剪压破坏　C. 斜拉破坏　D. 锚固破坏

(14) 梁的抵抗弯矩图不切入设计弯矩图，则可保证全梁的（　　）

A. 斜截面受弯能力　B. 斜截面受剪能力

C. 正截面受弯能力　D. 正截面受剪能力

(15) DL/T 5057—2009 规范中，有腹筋梁斜截面受剪承载力计算中的集中荷载为主的情况指的是（　　）

A. 全部荷载都是集中荷载

B. 作用有多种荷载，且其中集中荷载对支座截面或节点边缘所产生的剪力值占总剪力值的 80%以上

C. 作用有多种荷载，且其中集中荷载对支座截面或节点边缘所产生的剪力值占总剪力值的 75%以上

(16) 当 $h_w/b \leqslant 4.0$ 时，梁的截面尺寸应符合 $KV \leqslant 0.25 f_c b h_0$ 是为了（　　）。

A. 防止发生斜压破坏　B. 防止发生剪压破坏

C. 防止发生斜拉破坏　D. 防止发生斜截面受弯破坏

(17) 纵筋弯起时弯起点必须设在该钢筋的充分利用点以外不小于 $0.5h_0$ 的地方，这一要求是为了保证（　　）。

A. 正截面抗弯强度　B. 斜截面抗剪强度

C. 斜截面抗弯强度　D. 钢筋的锚固要求

(18) 当将纵向钢筋截断时，应从理论切断点及充分作用点延伸一定的长度，这是为了保证梁的（　　）。

A. 正截面抗弯强度　B. 斜截面抗剪强度

C. 斜截面抗弯强度　　　　　　　D. 钢筋的一般构造要求

(19) 在钢筋混凝土梁中要求箍筋的配箍率满足 $\rho_{sv} \geqslant \rho_{sv,\min}$，这是为了防止发生（　　）。

A. 受弯破坏　B. 斜压破坏　　　C. 剪压破坏　　　D. 斜拉破坏

(20) SL 191—2008 规范规定当 $KV > V_c$ 时，箍筋的配置应满足它的最小配箍率要求。若箍筋采用 HPB235 钢筋，最小配箍率 $\rho_{sv,\min}=$（　　）。

A. 0.08%　　　B. 0.10%　　　C. 0.12%　　　D. 0.15%

(21) 图 4-2 所示悬臂梁中，哪一种配筋方式是对的（　　）。

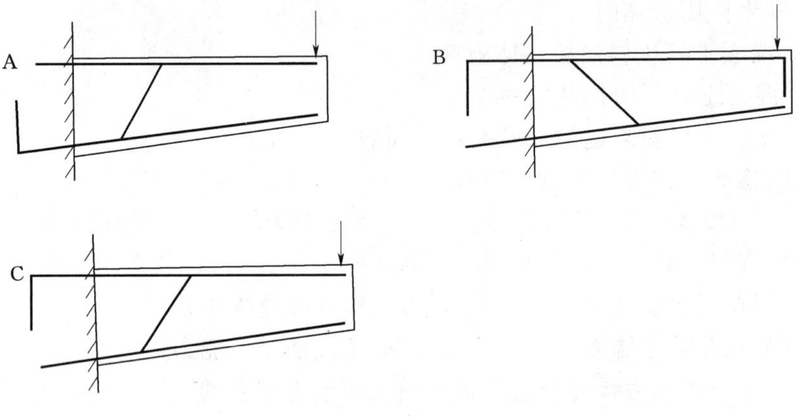

图 4-2　悬臂梁配筋方式

(22) 当 $KV > 0.25 f_c b h_0$ 时，应采取的措施是（　　）。

A. 增大箍筋直径或减小箍筋间距　B. 提高箍筋的抗拉强度设计值

C. 加配弯起钢筋　　　　　　　　D. 加大截面尺寸或提高混凝土强度等级

3. 问答题

(1) 钢筋混凝土梁中为什么会出现斜裂缝？它将沿着怎样的途径发展？

(2) 什么叫骨料咬合力和纵筋销栓力？它在梁的受剪中起什么作用？

(3) 无腹筋梁斜裂缝形成以后，斜裂缝处纵筋应力和压区混凝土的受力将发生怎样的变化？

(4) 无腹筋梁的剪切破坏形态主要有哪几种？配置腹筋后有什么影响？

(5) 为什么梁内配置腹筋可大大加强斜截面受剪承载力？

(6) 影响梁斜截面承载力的因素有哪些？

(7) 为什么箍筋对斜压破坏梁的受剪承载力不能起提高作用？

(8) 梁的斜截面受剪承载力计算公式有什么限制条件？其意义是什么？

(9) 在梁中弯起一部分钢筋用于斜截面抗剪时，应注意哪些问题？

(10) 保证受弯构件斜截面受弯承载力的主要构造措施有哪些？并简述理由？

4.3 设 计 计 算

(1) 已知一钢筋混凝土矩形截面简支梁，其截面尺寸 $b \times h = 250\text{mm} \times 550\text{mm}$（$h_0 = 510\text{mm}$），支座处的剪力设计值 $V = 136\text{kN}$，采用 C25 混凝土，箍筋采用 HPB235 钢筋。若不设弯起钢筋，试确定箍筋的直径、肢数和间距。

(2) 已知一矩形截面简支梁（一类环境条件），梁的计算跨度 $l_0=5.74$m，净跨 $l_n=5.5$m，截面尺寸 $b\times h=250$mm$\times$550mm，承受均布荷载设计值 $q=50$kN/m（包括自重），混凝土强度等级为 C25，箍筋为 HPB235 钢筋。按正截面受弯承载力计算，已配有 8Φ20 的纵向受拉钢筋。求：

1）只配箍筋，要求选出箍筋的直径和间距；

2）按最小配箍率、箍筋最小直径等构造要求配置较少数量的箍筋，计算所需弯起钢筋的排数和数量，并选定直径和根数。

(3) 一钢筋混凝土矩形截面简支梁（Ⅱ级安全等级，一类环境条件），截面尺寸为 $b\times h=250$mm$\times$600mm；在使用阶段承受均布活荷载标准值 $q_k=43.5$kN/m，恒载标准值 $g_k=10.2$kN/m（不包括梁自重），梁的净跨 $l_n=5.65$m。采用 C25 混凝土，纵筋采用 HRB335 钢筋，箍筋采用 HPB235 钢筋。经计算，受拉区配有 8Φ22 的纵筋。若全梁配有双肢Φ6@150mm 的箍筋，试验算此梁的斜截面受剪承载力，若不满足要求，配置该梁的弯起钢筋。

(4) 如图 4-3 所示钢筋混凝土简支梁，集中荷载设计值 $Q=100$kN，均布荷载设计值 $g+q=10$kN/m（包括梁自重），$b\times h=250$mm$\times$550mm，$h_0=510$mm，选用 C25 混凝土，箍筋采用 HPB235 钢筋，纵筋采用 HRB335 钢筋。求：

1）不配弯起钢筋，计算箍筋数量；

2）全梁配置双肢Φ8@200 的箍筋，配置该梁的弯起钢筋。

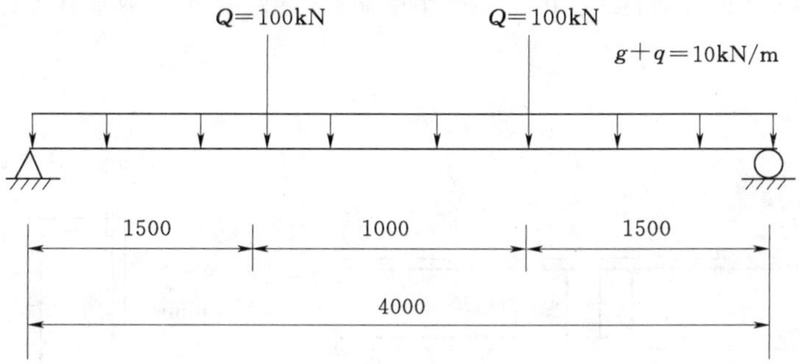

图 4-3　钢筋混凝土简支梁

(5) 如图 4-4 所示的钢筋混凝土外伸梁，承受的荷载设计值如计算简图所示（永久荷载设计值中已考虑自重）。一类环境条件。混凝土强度等级为 C25，纵向受力钢筋采用 HRB335 钢筋，箍筋采用 HPB235 钢筋。试按下列要求进行计算：

1）确定纵向受力钢筋（跨中、支座）的直径和根数；

2）确定腹筋（包括弯起钢筋）的直径和间距（箍筋建议选双肢Φ8@250）；

3）按抵抗弯矩图布置钢筋，绘出纵剖面、横剖面配筋图及单根钢筋下料图。

提示： 在确定梁的控制截面内力时，要考虑活荷载的不利位置。

☆(6) 有一根进行抗剪强度试验的钢筋混凝土简支梁（图 4-5），跨度 $l=2500$mm，矩形截面 $b\times h=150$mm$\times$300mm，纵向受拉钢筋采用 2Φ22（$A_s=760\text{mm}^2$）HRB335 钢筋，

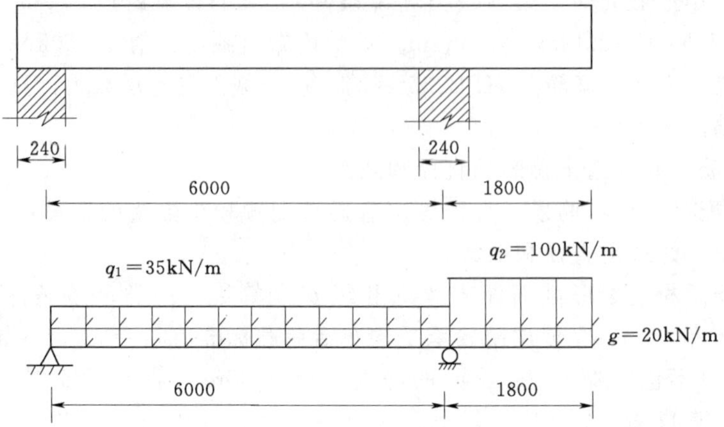

图 4-4　钢筋混凝土外伸梁

实测平均屈服强度 $f_y^0=390\text{N/mm}^2$，受压钢筋 2ф8（$A_s'=101\text{mm}^2$）采用 HPB235 钢筋，实测平均屈服强度 $f'^0_y=280\text{N/mm}^2$，箍筋采用 HPB235 钢筋，实测平均屈服强度 $f_{yv}^0=280\text{N/mm}^2$，箍筋双肢ф6（$A_{sv}=56\text{mm}^2$），间距 $s=150$mm，纵向钢筋保护层厚度 25mm，混凝土实测立方体抗压强度 $f_{cu}^0=22.5\text{N/mm}^2$，两根主筋在梁端有可靠锚固，采用两点加荷。问：能否保证这根试验梁是剪压破坏？

提示： 计算中要考虑梁的自重。因主要受集中荷载作用，梁的受剪承载力计算可用公式 $V_{cs}=0.5f_t^0bh_0+1.0f_{yv}^0\dfrac{A_{sv}}{s}h_0$。

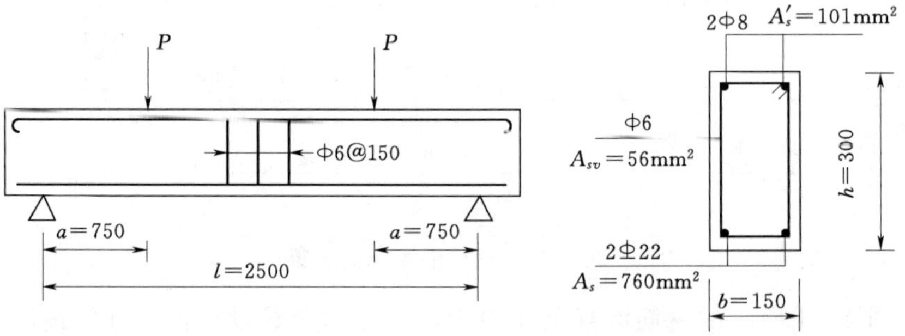

图 4-5　钢筋混凝土简支梁

第 5 章　钢筋混凝土受压构件承载力计算

5.1　学　习　指　导

5.1.1　本章主要内容及学习要求

除了梁、板等受弯构件以外，钢筋混凝土受压构件（柱）也是实际工程中一种基本的受力构件。就力的作用位置来区分，受压构件分为轴心受压构件与偏心受压构件。而就配筋型式来区分，轴心受压构件分为普通箍筋和螺旋箍筋两种；偏心受压构件又分为非对称配筋与对称配筋两种型式。按构件截面形状，偏心受压构件又分为矩形、I 形、圆形、环形等。本章介绍了水工中常用的几种受压构件的承载力计算及相应的构造要求，学完本章后应能对一般的受压构件进行设计。

本章应掌握的学习内容包括以下几方面：

(1) 轴心受压构件正截面受压承载力计算。

(2) 偏心受压构件正截面受压承载力计算。

(3) 偏心受压构件斜截面受剪承载力计算。

(4) 偏心受压构件承载能力 N 与 M 的关系。

(5) 双向偏心受压构件正截面受压承载力计算。

以上这些学习内容的基本要求各有不同。

1. 配置普通箍筋的轴心受压构件正截面受压承载力计算

对于轴心受压柱而言，其压应变是均匀的，由于粘结力的存在，从加载开始直至破坏，钢筋与混凝土的应变保持一致。在加载初期，材料处于弹性阶段，两者应力的比值基本符合它们的弹性模量之比。但随着荷载的增加，混凝土发生塑性变形，变形模量降低，混凝土的应力增加得越来越慢。如果荷载长期作用，混凝土发生徐变，使混凝土的应力更有所减小，而钢筋的应力相应增大，两者之间产生应力重分布。破坏时，混凝土达到抗压强度设计值 f_c，钢筋达到抗压强度设计值 f'_y。

以上的破坏情况是针对轴心受压短柱而言的。对于轴心受压长柱，由于纵向弯曲，使得承载能力有所降低。为此引入稳定系数 φ 来反映长柱较短柱承载能力降低的程度。

对这一部分内容的学习，应理解在受压过程中混凝土及钢筋的应力变化，短柱与长柱的破坏现象有何不同及稳定系数 φ 的物理意义，并能熟练地应用基本公式进行轴心受压构件承载力计算。

2. 偏心受压构件正截面受压承载力计算

在实际工程中，绝大多数受压构件在承受轴向压力的同时又承受弯矩，即为偏心受压构件，所以这部分内容是本章的重点。

这部分内容包括偏心受压构件两类破坏形态及其判别，偏心距增大系数的计算，非对称配筋大、小偏心受压构件的截面设计与承载力复核，垂直于弯矩作用平面的承载力复核，对称配筋偏心受压构件的截面设计等内容。应注意，为精简内容，教材中只限于讨论矩形截面的偏心受压构件。

偏心受压构件分为大偏心受压与小偏心受压两类，这两类偏心受压构件的破坏形态分别与受弯构件的适筋破坏与超筋破坏类似。在 DL/T 5057—2009 规范中，大、小偏心受压构件的区分界限与适筋梁与超筋梁的区分界限是一致的，都是 $\xi=\xi_b$。而在 SL 191—2008 规范中，适筋梁与超筋梁的区分界限是 $\xi=0.85\xi_b$，大、小偏心受压构件的区分界限与 DL/T 5057—2009 规范相同，仍然是 $\xi=\xi_b$。在应用时请注意这些区别。

就配筋型式而言，偏心受压构件分为非对称配筋和对称配筋两种。对于非对称配筋的偏心受压构件截面设计时，由于钢筋 A_s 与 A_s' 均未知，x 或 ξ 也不知道，无法根据 ξ_b 的界限条件判别是大偏心受压还是小偏心受压，只能根据偏心距的相对大小来判别。当然在 x 或 ξ 能够计算的情况，如承载力复核及对称配筋的偏心受压构件截面设计时，还是应根据 $\xi=\xi_b$ 的界限条件判别大、小偏心受压构件。

对于细长的偏心受压构件，在轴向压力作用下，构件会产生侧向挠度 f，这样，构件的实际偏心距就由 e_0 增加为 e_0+f，偏心距的增大将产生二阶效应使作用在截面上的弯矩也随着增大，从而使得构件的承载力降低。因此和轴心受压构件一样，对细长的偏心受压构件，同样要考虑纵向弯曲的影响。考虑二阶效应的计算方法目前主要有非线性有限单元法和偏心距增大系数法两种，可根据设计要求选择采用。偏心距增大系数法是一种传统的方法，它引入偏心距增大系数 η 考虑二阶效应，用 ηe_0 代替初始偏心距 e_0。η 值可按极限转动曲率法求得，当 $l_0/h\leqslant 8$ 时，取 $\eta=1$，$l_0/h>8$ 时，按教材式（5-11）计算 η 值。公式中考虑了截面应变对截面曲率的影响系数 ζ_1 及构件长细比对截面曲率的影响系数 ζ_2。

对这部分内容的具体要求是：深刻理解两类破坏形态的根本区别；掌握非对称配筋与对称配筋在截面设计及承载力复核时，大、小偏心受压构件的判别条件；能画出计算应力图形，借助两个平衡方程，推导出大、小偏心受压构件的基本公式，了解公式的适用范围；掌握偏心距增大系数 η 的计算表达式；能正确熟练地运用基本公式进行大、小偏心受压构件的截面设计及承载力复核；理解偏心受压构件为何还要进行垂直于弯矩作用平面的承载力复核。

3. 偏心受压构件斜截面受剪承载力计算

偏心受压构件相当于对受弯构件增加了一个轴向压力 N，压力的存在降低了主拉应力，限制了斜裂缝的开展，因而提高了混凝土的受剪承载力。这样，在受弯构件受剪承载力计算公式基础上，加上由于轴向压力 N 的存在所提高的混凝土受剪承载力值，就形成了偏心受压构件的受剪承载力计算表达式。

对这部分内容，应了解公式的由来，掌握计算公式的适用范围，能正确熟练地应用公式计算偏心受压构件的受剪承载力。

4. 偏心受压构件截面承载力 N 与 M 的关系

这部分内容在教材中是以对称配筋为例，介绍了偏心受压构件 N 与 M 的相关关系，如遇到不同的内力组合时，有助于判断出最不利的内力组合。

对这部分内容，首先应了解相关曲线图上的任意一点代表一组内力（M，N），搞清楚当点在曲线内、曲线上及曲线外时的含义。同时应掌握若遇多组内力组合，对大偏心及小偏心受压构件，应如何分别选取最不利的内力组合。

5. 双向偏心受压构件正截面承载力计算

应了解教材中提供的计算表达式是在构件截面尺寸及钢筋已知的情况下，对双向偏心受压构件正截面承载力的复核公式。同时应掌握计算公式的特点及公式中各符号的意义，会利用公式去复核双向偏心受压构件的正截面受压承载力。

对于本章来说，除了会计算受压构件的承载力外，同时还应掌握受压构件在截面形状、截面尺寸、混凝土强度、纵向钢筋及箍筋的选用等方面的构造知识。满足配筋构造要求是受压构件设计的一个重要环节。

5.1.2　本章的难点及学习时应注意的问题

本章偏心受压构件承载力设计计算的思路与受弯构件基本上是相似的。本章的难点仅在于小偏心受压构件钢筋 A_s 的应力 σ_s 的计算；偏心受压构件纵向弯曲的考虑；小偏心受压构件的截面设计和承载力复核的具体计算以及偏心受压构件截面承载能力 N 与 M 的关系等几部分。

学习本章时应注意以下问题：

(1) 对于轴心受压构件，除了掌握计算方法和构造要求以外，应着重了解细长的轴心受压柱往往发生纵向弯曲，从而使长柱的破坏荷载小于短柱。在设计中是以稳定系数 φ 来反映纵向弯曲对柱子承载力降低的影响。

应注意，轴心受压构件除了教材中所讲述的配置普通箍筋的以外，还有配置螺旋箍筋的，由于水工中不常用，所以教材中未介绍，但螺旋箍筋能提高构件的承载力，使极限变形增大，大大增加构件的延性，提高抗震能力（参见教材图 5 - 7）。对这种配筋方式的特点应该有充分的了解。螺旋箍筋柱的设计方法可参见《混凝土结构设计规范》（GB 50010—2002）或相关教材。

(2) 在第 3 章双筋受弯构件的计算中，以 A_s 表示受拉钢筋，以 A_s' 表示受压钢筋。在偏心受压构件里，将靠近轴向力一侧的受压钢筋用 A_s' 来表示，而远离轴向力一侧的钢筋不管是受拉或是受压，均用 A_s 来表示。所以在偏心受压构件里，A_s 只表示它的作用位置，并不一定表示它是受拉的。

(3) 大偏心受压构件是远离轴向力一侧的钢筋 A_s 先受拉屈服，属于延性破坏；而小偏心受压构件是靠近轴向力一侧的混凝土先压坏，属于脆性破坏。由于两者的破坏性质有根本的区别，所以在计算时应首先判别属于哪一种破坏情况。应该注意，在非对称配筋的偏心受压构件截面设计时，由于 A_s 及 A_s' 均未知，x 或 ξ 不可能求出，因此无法用 x 或 ξ 的大小来判别，需根据偏心距的大小来判别。当 $\eta e_0 > 0.3h_0$ 时，按大偏心受压计算；当 $\eta e_0 \leqslant 0.3h_0$ 时，按小偏心受压计算。而承载力复核时，则应根据 x 或 ξ 的大小来判别是大偏心受压还是小偏心受压。x 的大小由教材式（5 - 24）求得。

在学习中可以发现，本章所介绍的大偏心受压构件的破坏形态、应力图形、两个基本公式、公式的适用条件以及设计计算步骤，均与双筋受弯构件类同。因此希望大家在学习过程中注意两者之间的共同点和不同之处，从而对这两种构件的设计理念有进一步的掌握。

非对称配筋大偏心受压构件的截面设计，主要分为两种情况：一种是 A_s 及 A'_s 均不知道；另一种是 A'_s 已知，求 A_s 的用量。在第一种情况里，为使混凝土能充分利用，令 $x=\xi_b h_0$，这样可使总的用钢量（$A_s+A'_s$）最小。而在第二种情况里，由于 A'_s 已知，因此在一般情况下 $x\neq\xi_b h_0$，应充分利用受压钢筋，由教材式（5-18）求出 α_s，根据 $x=\xi h_0$ 的大小分别由教材式（5-19）或式（5-21）计算 A_s 值。

为便于记忆，下面列出非对称配筋矩形截面大偏心受压构件的配筋设计框图，以供参考，如图 5-1 所示。

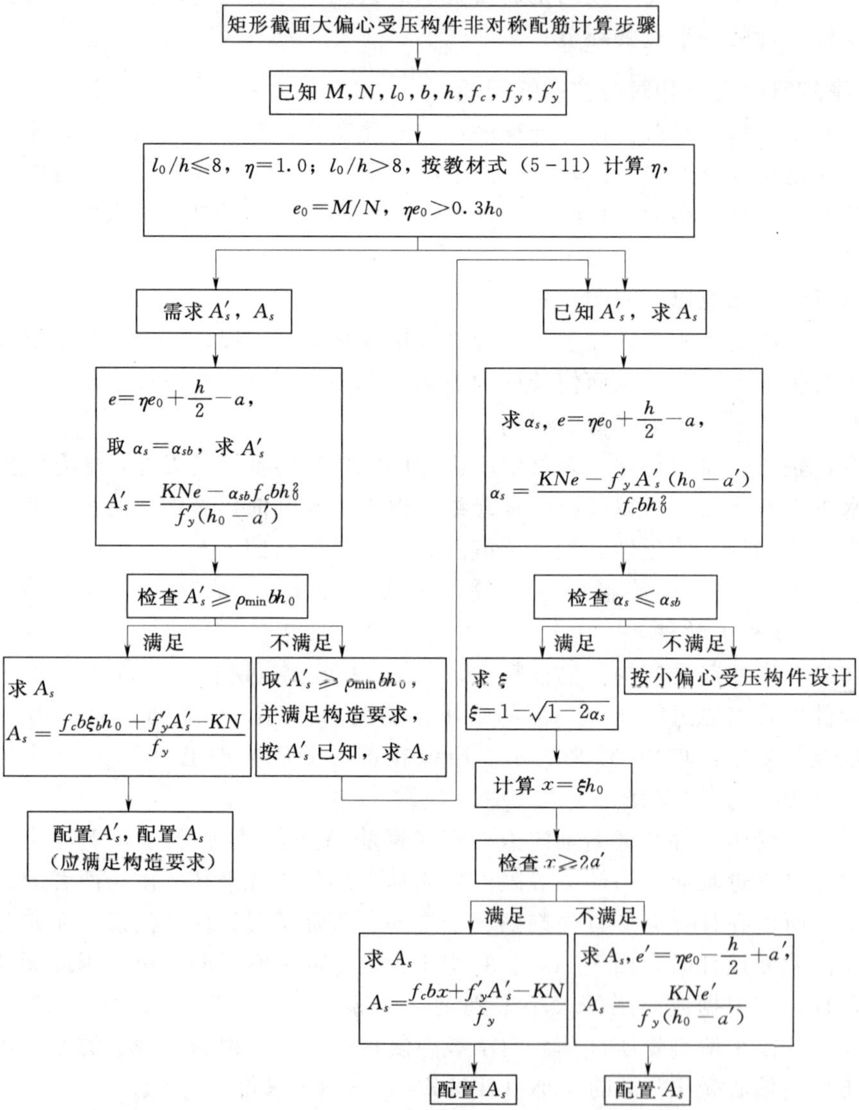

图 5-1　矩形截面大偏心受压构件非对称配筋计算步骤图

（4）小偏心受压构件的计算是本章的难点，问题的关键是远离轴向力一侧的钢筋可能受压也可能受拉，均达不到屈服强度，钢筋应力 $\sigma_s=f_y(0.8-\xi)/(0.8-\xi_b)$。$A_s$ 一般可按最小配筋率配置，即 $A_s=\rho_{\min}bh_0$，并满足构造要求，然后再计算 A_s'。同时还应验算防止远离轴向力一侧混凝土被压碎的情况。

(5) 对称配筋（$A_s=A_s'$，同时 $f_y=f_y'$）主要用于在不同荷载组合下，同一截面可能承受的正、负弯矩大小相近的偏心受压构件。对称配筋的大偏心受压构件，由于 $f_yA_s=f_y'A_s'$，因而可由教材式（5-26）直接求出 ξ，这是与非对称配筋的偏心受压构件计算的一个很大区别。因此在判别是大偏心受压破坏还是小偏心受压破坏时，理论上就可直接用 $\xi\leqslant\xi_b$ 还是 $\xi>\xi_b$ 来判别。但如果遇到截面尺寸（bh_0）比较大，荷载（N）却很小的对称配筋偏心受压构件时，用教材式（5-26）求出的 ξ 可能都小于 ξ_b，按规范应判为大偏心受压破坏（即 A_s 受拉达到屈服），但它的实际偏心距 e_0 可能很小，甚至可能趋于零，A_s 根本不会受拉。可见在这种特殊情况下（即 bh_0 较大、N 较小、e_0 很小的情况）仅用 ξ 的大小来判别大、小偏心受压是会发生矛盾的。因此教材指出："采用对称配筋时，大、小偏心的区别可先用偏心距来区分，如 $\eta e_0\leqslant0.3h_0$，就用小偏心受压公式计算；如 $\eta e_0>0.3h_0$，则用大偏心受压公式计算，但此时如果算出的 $\xi>\xi_b$，则仍按小偏心受压计算。"

(6) 弄清偏心受压构件截面承载能力 N 与 M 的关系，目的是在设计中若同一截面遇到不同的内力组合时，能很快判断出哪一组内力是最危险的，就以此来进行配筋设计。

教材中图 5-22 显示的 N—M 关系曲线表示偏心受压构件在一定的材料、一定的截面尺寸及配筋下所能承受的 N_u 与 M_u 关系的规律。图上的任一点代表外荷载使得截面承受的一组设计内力组合。若坐标点位于曲线以内，表示承载力满足要求，即满足 $KN<N_u$，$KM<M_u$；若坐标点正好落在曲线上，表示正处在极限状态；若坐标点落在曲线的外侧，就表示构件的承载力已不足。借助这一曲线还可看出，同一截面在遇到不同的内力组合时，若 N 一定，则无论大、小偏心受压总是 M 越大越不利；若 M 一定，对小偏心受压是 N 越大越不利，而对大偏心受压则是 N 越小越不利。

(7) 偏心受压构件除矩形截面外，还可能是 T 形、I 形、圆形和环形截面，因限于篇幅，教材没有一一介绍。在今后设计中如遇到，则可查阅相关设计规范或有关专著，对于 T 形或 I 形截面，同学们也可自己试行推导设计计算公式。

5.2　综　合　练　习

1. 填充题

(1) 受压构件可分为两种：轴向压力通过构件截面重心的受压构件称为____受压构件；轴向压力不通过构件截面重心，而与截面重心有一偏心距 e_0 的称为____受压构件。截面上同时作用有通过截面重心的轴向压力 N 及弯矩 M 的压弯构件，也是____受压构件。

(2) 偏心受压构件采用矩形截面时，截面长边布置在____作用方向，长边与短边的比值一般为________。

(3) 水工建筑中现浇的立柱其边长不宜小于____mm。为施工方便，截面尺寸一般采用整数。柱边长在 800mm 以下时以____mm 为模数，800mm 以上者以____mm 为模数。

(4) 受压构件的承载力主要控制于混凝土受压。因此，与受弯构件不同，混凝土的强度等级对受压构件的承载力影响很大，取用____强度等级的混凝土是经济合理的。

（5）受压构件内配置的钢筋一般可用________及________钢筋。对受压钢筋来说，不宜采用__强度钢筋，因为它的抗压强度受到混凝土__________的限制，不能充分发挥其高强度作用。

（6）纵向受力钢筋的直径不宜小于__mm。过小则钢筋骨架柔性大，施工不便，工程中常用的钢筋直径为______mm。受压构件承受的轴向压力很大而弯矩很小时，钢筋大体可沿周边布置，每边不少于__根；承受弯矩大而轴向压力小时，钢筋则沿垂直于弯矩作用平面的两个边布置。为了顺利地浇筑混凝土，现浇时纵向钢筋的净距不应小于____mm，水平浇筑（装配式柱）时净距可参照关于梁的规定。同时纵向受力钢筋的间距也不应大于__mm。偏心受压柱边长大于或等于____mm时，沿长边中间应设置直径为______mm的纵向构造钢筋，其间距不大于____mm。

（7）承重墙内竖向钢筋的直径不应小于____mm，间距不应大于__mm。当按计算不需配置竖向受力钢筋时，则在墙体截面两端应各设置不少于____根直径为__mm或__根直径为____mm的竖向构造钢筋。

（8）受压构件的纵向钢筋也不宜过多，配筋过多既不经济，施工也不方便。在柱子中全部纵向钢筋的合适配筋率为__________，荷载特大时，也不宜超过__。

（9）柱中箍筋直径不应小于__倍纵向钢筋的最大直径，亦不应小于____mm；受压构件的箍筋都应做成____式，与纵筋绑扎或焊接成一整体骨架。

（10）当柱截面短边尺寸大于____mm且各边纵向钢筋多于____根时，或当柱截面短边尺寸不大于____mm但各边纵向钢筋多于____根时，必须设置____箍筋。

（11）轴心受压构件试验时，采用配有纵向钢筋和箍筋的短柱体为试件。在荷载较小时，材料处于弹性状态，所以混凝土和钢筋两种材料应力的比值基本上符合它们的______之比。随着荷载逐步加大，混凝土的____变形开始发展，其变形模量____。因此，当柱子变形越来越大时，混凝土的应力却增加得越来越____。如果荷载长期持续作用，混凝土还有____发生，此时混凝土与钢筋之间更会引起应力的______，使混凝土的应力有所____，而钢筋的应力____。

（12）轴心受压柱比较细长时，发现它的破坏荷载____于短柱，且柱子越细长破坏荷载____得越多。

（13）必须指出，采用过分细长的柱子是不合理的，因为柱子越____，受压后越容易发生________而导致失稳，构件承载力降低越____，材料强度不能充分____。因此，对一般建筑物中的柱，常限制长细比 $l_0/b\leqslant$ 及__ $l_0/h\leqslant$____。

（14）试验结果表明，偏心受压短柱试件的破坏可归纳为两类情况。

第一类破坏情况——受拉破坏。它的破坏特征是受拉钢筋应力先达到________，然后压区混凝土被____，与配筋量适中的____受弯构件的破坏相类似。因为这种破坏一般发生于轴向压力偏心距较大的场合，因此，也称为“______受压破坏”。

第二类破坏情况——受压破坏。这类破坏可包括三种情况，三种情况破坏时的应力状态虽有所不同，但破坏特征都是靠近轴向压力一侧的受压混凝土应变先达到________而被压坏，所以称为“____破坏”。三种情况中前两种破坏发生于轴向压力偏心距较小的场合，因此也称为“______受压破坏”。

(15) 根据试验研究可知，当 $\xi \leqslant \xi_b$ 时为受拉钢筋____屈服的____偏心受压情况，当 $\xi > \xi_b$ 时为受拉钢筋______屈服的____偏心受压情况。

(16) 细长的偏心受压构件在荷载作用下，将发生结构____和构件的________，由于侧向挠曲变形，轴向压力产生____效应，引起附加____。长细比越____，其附加挠度也越____，承载力 N_u 降低也就越____。

(17) 偏心受压构件在二阶效应影响下的破坏类型可分为____破坏与____破坏两类，________破坏是构件临界截面上的____达到其极限强度而引起的破坏，____破坏则是构件________失去平衡而引起的破坏，这时____并未达到其极限强度。

(18) 矩形截面当 $l_0/h \leqslant 8$ 时，属于____柱范畴，可不考虑纵向弯曲的影响，取 η=__。

(19) 矩形截面非对称配筋的偏心受压构件的截面设计时，由于钢筋截面面积 A_s 及 A_s' 为未知数，构件截面的混凝土相对受压区高度 ξ 将无从计算，因此无法利用__判断截面属于大偏心受压还是小偏心受压。实际设计时常根据偏心距的大小来加以判定。根据对设计经验的总结和理论分析，如果截面每边配置了不少于最小配筋率的钢筋，则：

1) 若 $\eta e_0 >$______时，可按大偏心受压构件设计；

2) 若 $\eta e_0 \leqslant$______时，则可按小偏心受压构件设计。

(20) 进行偏心受压构件的承载力复核时，不像截面设计那样按________的大小来作为两种偏心受压情况的分界。因为在截面尺寸、钢筋截面面积及偏心距 e_0 均已确定的条件下，__________即已确定。所以应该根据__的大小来判别是大偏心受压还是小偏心受压。

(21) 偏心受压构件还可能由于柱子长细比较大，在与弯矩作用平面相____的平面内发生______而破坏。在这个平面内是没有____作用的，因此应按____受压构件进行承载力复核，计算时需考虑__________的影响。

(22) 采用对称配筋时，大、小偏心的区别可先用偏心距来区分，如 ηe_0 ________，就用小偏心受压公式计算；如 ηe_0 ________，则用大偏心受压公式计算，但此时如果算出的______，则仍按小偏心受压计算。

(23) 回答图 5-2 所示的受压构件截面承载能力曲线中的问题：

1) AB 段均发生__________破坏，此时 N 增大，M ____。

2) BC 段均发生__________破坏，此时 N 增大，M ____。

3) 在 B 点曲线有转折，此时发生____破坏。

4) 1 及 2 曲线的截面尺寸、材料均相同，2 曲线的配筋量比 1 曲线__。

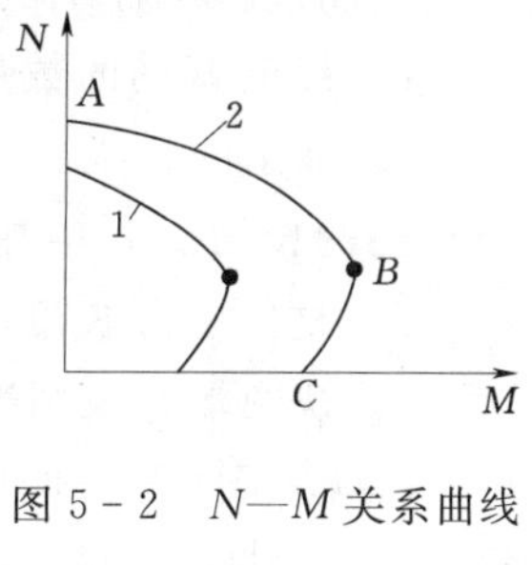

图 5-2　N—M 关系曲线

(24) 从教材图 5-22 可看出，B 点则为大、小偏心的____。曲线 ABC 表示偏心受压构件在一定的材料、一定的截面尺寸及配筋下所能承受的

____与____关系的规律。当外荷载使得截面承受的设计内力组合（KM与KN）的坐标位于曲线ABC的____时，就表示构件承载力已不足。

（25）从教材图5-22的N—M关系上可总结出：

对于同为大偏心受压的情况，如内力组合中弯矩M值相同，则轴向压力N值越__越危险。这是因为大偏心受压破坏控制于______，轴向压力越小就使______应力增大，这就削弱了承载力。同样，当内力组合中N值相同，则M值越__就越危险。

对于同为小偏心受压的情况，如M相同，则N较____者危险；如N相同，则M较____者危险。

（26）偏心受压构件相当于对受弯构件______了一个轴向压力N。轴向压力的存在能______斜裂缝的开展，____骨料间的咬合力，____混凝土剪压区高度，因而____了混凝土的受剪承载力。

偏心受压构件斜截面受剪承载力的计算公式，是在受弯构件斜截面受剪承载力计算公式的基础上，____由于轴向压力N的存在，混凝土受剪承载力的提高值得到的。根据试验资料，从偏于安全考虑，混凝土受剪承载力提高值取为______。

2. 单项选择题

（1）对任何类型的钢筋，其抗压强度设计值f'_y（　　）。

A. $f'_y=f_y$　　B. $f'_y<f_y$

C. $f'_y\leqslant 400\text{N/mm}^2$　　D. $f'_y=400\text{N/mm}^2$

（2）轴压构件中，随荷载的增加，钢筋应力的增长大于混凝土，这是因为（　　）。

A. 钢筋的弹性模量比混凝土高　　B. 钢筋的强度比混凝土高

C. 混凝土的塑性性能高　　D. 钢筋面积比混凝土面积小

（3）钢筋混凝土轴心受压短柱在持续不变的轴向压力N的作用下，经一段时间后，量测钢筋和混凝土的应力情况，会发现与加载时相比（　　）。

A. 混凝土应力减小，钢筋应力增大　B. 混凝土应力增大，钢筋应力增大

C. 混凝土应力减小，钢筋应力减小　D. 混凝土应力增大，钢筋应力减小

（4）偏心受压柱边长大于或等于（　　）时，沿长边中间应设置直径为10～16mm的纵向构造钢筋。

A. 600mm　　B. 500mm　　C. 550mm　　D. 650mm

（5）钢筋混凝土柱子的延性好坏主要取决于（　　）。

A. 纵向钢筋的数量　　B. 混凝土的强度等级

C. 柱子的长细比　　D. 箍筋的数量和形式

（6）柱的长细比l_0/b中，l_0为（　　）。

A. 柱的实际长度　　B. 楼层中一层柱高

C. 视两端约束情况而定的柱计算长度

（7）e_0/h_0相同的各偏压柱，增大l_0/h时，则（　　）。

A. 始终发生材料破坏　　B. 由失稳破坏转为材料破坏

C. 破坏形态不变　　D. 由材料破坏转为失稳破坏

(8) 偏心受压柱发生材料破坏时，大小偏心受压界限点（图 5-2 中 B 点）截面（　　）。

A. A_s 屈服，混凝土未压碎

B. A_s 屈服后，受压混凝土破坏

C. A_s 屈服同时混凝土压碎，A_s'也屈服

D. A_s 屈服，A_s'未屈服

(9) 偏心受压构件破坏始于混凝土压碎者为（　　）。

A. 受压破坏　　B. 大偏心受压破坏

C. 受拉破坏　　D. 界限破坏

(10) 钢筋混凝土大偏心受压构件的破坏特征是（　　）。

A. 远离轴向力一侧的钢筋先受拉屈服，随后另一侧钢筋压屈，混凝土压碎

B. 远离轴向力一侧的钢筋应力不定，而另一侧钢筋压屈，混凝土压碎

C. 靠近轴向力一侧的钢筋和混凝土应力不定，而另一侧钢筋受压屈服，混凝土压碎

D. 靠近轴向力一侧的钢筋和混凝土先屈服和压碎，另一侧的钢筋随后受拉屈服

(11) 钢筋混凝土偏心受压构件，其大小偏心受压的根本区别是（　　）。

A. 截面破坏时，受拉钢筋是否屈服　B. 截面破坏时，受压钢筋是否屈服

C. 偏心距的大小　　D. 混凝土是否达到极限压应变

(12) 在钢筋混凝土大偏心受压构件的正截面承载力计算中，要求受压区计算高度 $x \geqslant 2a'$，是为了（　　）。

A. 保证受压钢筋在构件破坏时达到其抗压强度设计值 f_y'

B. 保证受拉钢筋屈服

C. 避免保护层剥落

D. 保证受压混凝土在构件破坏时能达到极限压应变

(13) 何种情况下，令 $x=\xi_b h_0$ 来计算偏心受压构件。（　　）

A. $A_s \neq A_s'$且均未知的大偏心受压构件

B. $A_s \neq A_s'$且均未知的小偏心受压构件

C. $A_s \neq A_s'$且 A_s'已知时的大偏心受压构件

D. $A_s \neq A_s'$且 A_s'已知时的小偏心受压构件

(14) 何种情况下，令 $A_s=\rho_{\min} b h_0$ 计算偏心受压构件。（　　）

A. $A_s \neq A_s'$且均未知的大偏心受压构件

B. $A_s \neq A_s'$且均未知的小偏心受压构件

C. $A_s \neq A_s'$且已知 A_s'的大偏心受压构件

D. $A_s = A_s'$的偏心受压构件

(15) 何种情况下设计时可用 ξ 判别大小偏心受压构件。（　　）

A. 对称配筋时　B. 不对称配筋时　C. 对称与不对称配筋均可

△(16) 矩形截面对称配筋偏心受压构件，发生界限破坏时（　　）。

A. N_b 随配筋率 ρ 的增大而减少

B. N_b 随配筋率 ρ 的减小而减少

C. N_b 与 ρ 无关

（17）对偏心受压短柱，设按结构力学方法算得截面弯矩为 M，而偏心受压构件承载力计算时截面力矩平衡方程中有一力矩 Ne，试指出下列叙述中正确的是（　　）。

A. $M = Ne$　　B. $M = N(e - h/2 + a)$

C. $M = Ne'$　　D. $M = N(e - e')$

（18）对下列构件要考虑偏心距增大系数 η 的是（　　）。

A. $l_0/h>8$ 的构件　　B. 小偏心受压构件

C. 大偏心受压构件

（19）计算偏心距增大系数时，发现截面应变对曲率影响系数 ζ_1 及长细比对曲率的影响系数 ζ_2 均为 1，则（　　）。

A. 取 $\eta=1$　　B. 当 $l_0/h>8$ 时仍要计算 η

C. 当 $l_0/h>15$ 时才计算 η

（20）与界限受压区相对高度 ξ_b 有关的因素为（　　）。

A. 钢筋等级及混凝土等级

B. 钢筋等级

C. 钢筋等级、混凝土等级及截面尺寸

D. 混凝土等级

△（21）当 A_s、A_s'均未知，且 $\eta e_0>0.3h_0$ 时，下列哪种情况可能出现受压破坏。（　　）

A. 设 $x=\xi_b h_0$，求得的 $A_s'<0$ 时

B. 设 $x=\xi_b h_0$，求得的 $A_s<0$ 时

C. $x<\xi_b h_0$ 时

（22）对称配筋大偏心受压构件的判别条件是（　　）。

A. $e_0\leqslant 0.3h_0$　　B. $\eta e_0>0.3h_0$

C. $x\leqslant\xi_b h_0$　　D. A_s'屈服

△（23）试决定下面四组属大偏心受压时最不利的一组内力组合为（　　）。

A. N_{max}，M_{max}　　B. N_{max}，M_{min}

C. N_{min}，M_{max}　　D. N_{min}，M_{min}

△（24）试决定下面属小偏心受压时最不利的一组内力（　　）。

A. N_{max}，M_{max}　　B. N_{max}，M_{min}

C. N_{min}，M_{max}　　D. N_{min}，M_{min}

（25）大偏心受压构件截面若 A_s 不断增加，可能产生（　　）。

A. 受拉破坏变为受压破坏　　B. 受压破坏变为受拉破坏

C. 保持受拉破坏

（26）以下（　　）情况的矩形截面偏心受压构件的正截面受压承载力计算与双筋矩形截面受弯构件正截面受弯承载力计算是相似的。

A. 非对称配筋小偏心受压构件截面设计时

B. 非对称配筋大偏心受压构件截面设计时

C. 大偏心受压构件截面复核时

D. 小偏心受压构件截面复核时

△(27) 有三个矩形截面偏心受压柱，均为对称配筋，截面尺寸、混凝土强度等级均相同，均配置 HRB335 钢筋，仅钢筋数量不同，A 柱（4 Φ 16），B 柱（4 Φ 18），C 柱（4 Φ 20），如果绘出其承载力 N—M 关系图（参见教材图 5－22），各柱在大小偏心受压交界处的 N 值是（　　）。

A. $N_A > N_B > N_C$　　B. $N_A = N_B = N_C$

C. $N_A < N_B < N_C$

△(28) 上述三个偏心受压柱在大小偏心受压交界处的 M 值是（　　）。

A. $M_A > M_B > M_C$　　B. $M_A = M_B = M_C$

C. $M_A < M_B < M_C$

△(29) 轴向压力 N 对构件抗剪承载力 V_u 的影响是（　　）。

A. 构件的抗剪承载力 V_u 随 N 正比提高

B. 不论 N 的大小，均会降低构件的 V_u

C. V_u 随 N 正比提高，但 N 太大时 V_u 不再提高

D. N 大时提高构件 V_u，N 小时降低构件的 V_u

(30) 偏心受压构件混凝土受剪承载力提高值取为（　　）。

A. $0.07N$　　B. $0.2N$　　C. $0.05N$　　D. $0.10N$

3. 多项选择题

(1) 对大偏心受压构件，当 N 或 M 变化时，对构件安全产生的影响是（　　）。

A. M 不变时，N 越大越危险　　B. M 不变时，N 越小越危险

C. N 不变时，M 越大越危险　　D. N 不变时，M 越小越危险

(2) 对小偏心受压构件，当 N 或 M 变化时，对构件的安全产生的影响是（　　）。

A. M 不变时，N 越大越安全　　B. M 不变时，N 越小越安全

C. N 不变时，M 越大越安全　　D. N 不变时，M 越小越安全

(3) 如图 5－3 所示构件，在轴向力 N 及横向荷载 P 的共同作用下，AB 段已处于大偏心受压的屈服状态（构件尚未破坏），试指出在下列四种情况下，哪几种会导致构件破坏（　　）。

A. 保持 P 不变，减小 N

B. 保持 P 不变，适当增加 N

C. 保持 N 不变，增加 P

D. 保持 N 不变，减小 P

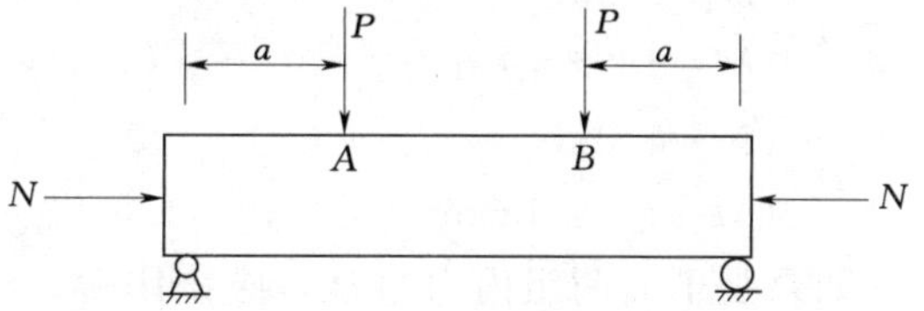

图 5－3　构件受力图

4. 问答题

☆(1) 什么叫偏心受压构件的界限破坏？

试写出界限受压承载力设计值 N_b 及界限偏心距 e_{0b} 的表达式，这些表达式说明了什么？

△(2) 试从破坏原因、破坏性质及影响承载力的主要因素来分析偏心受压构件的两种破坏特征。当构件的截面、配筋及材料强度给定时，形成两种破坏特征的条件是什么？

☆(3) 在条件式 ηe_0 等于小于或大于 $0.3h_0$ 中，$0.3h_0$ 是根据什么情况给出的，它的含义是什么？在什么情况下可以用 ηe_0 等于小于或大于 $0.3h_0$ 来判别是哪一种偏心受压？

△(4) 在偏心受压构件的截面配筋计算中，如 $\eta e_0 \leqslant 0.3h_0$，为什么需首先确定距轴力较远一侧的配筋面积 A_s，而 A_s 的确定为什么与 A_s' 及 ξ 无关？

△(5) 在计算小偏心受压构件时，若 A_s 和 A_s' 均未知，为什么可取 A_s 等于最小配筋率？在什么情况下 A_s 可能超过最小配筋率？如何计算？

(6) 设计不对称配筋矩形截面大偏心受压构件，当 A_s 及 A_s' 均未知时，根据什么条件计算 A_s？这时 A_s' 如何计算？当 A_s' 及 A_s 可能出现小于最小配筋率或负值时怎样处理？当 A_s' 已知时怎样计算 A_s？

☆(7) 对截面尺寸、配筋（A_s 及 A_s'）及材料强度均给定的非对称配筋矩形截面偏心受压构件，当已知 e_0 需验算截面受压承载力时，为什么不能用 ηe_0 大于还是小于 $0.3h_0$ 来判别大小偏心受压情况？

△(8) 为什么偏心受压构件要进行垂直于弯矩作用平面的校核？

△(9) 对称配筋矩形截面偏心受压构件大小偏心受压情况如何判别？

△(10) 对称配筋矩形截面偏心受压构件的 N—M 关系曲线是怎样导出的？它可以用来说明哪些问题？

☆(11) 在不同长细比情况下，偏心受压构件有几种破坏特征？在 N—M 相关图中是怎样表示的？

(12) 对称配筋的矩形截面偏心受压构件，其 N—M 关系如图 5-4 所示，设 $\eta=1.0$，试分析在截面尺寸、配筋面积和钢材强度均不变情况下，当混凝土强度等级提高时，图中 A、B、C 三点的位置将发生怎样的改变？

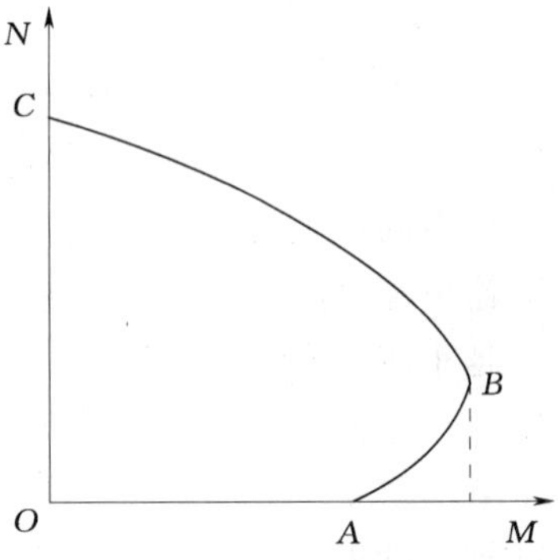

图 5-4　N—M 关系图

△(13) 某对称配筋的矩形截面钢筋混凝土柱，截面尺寸为 $b\times h=300\text{mm}\times 400\text{mm}$，$a=a'=40\text{mm}$，Ⅱ级结构安全级别，采用 C25 混凝土和 HRB335 钢筋，设 $\eta=1.0$，该柱可能有下列两组内力组合，试问应该用哪一组来计算配筋？

1) $\begin{cases} N=695\text{kN} \\ M=182\text{kN}\cdot\text{m} \end{cases}$

2) $\begin{cases} N=400\text{kN} \\ M=175\text{kN}\cdot\text{m} \end{cases}$

如果是下面两组内力组合，应该用哪一组来计算配筋？

1) $\begin{cases} N=1200\text{kN} \\ M=140\text{kN}\cdot\text{m} \end{cases}$

2) $\begin{cases} N=1350\text{kN} \\ M=135\text{kN}\cdot\text{m} \end{cases}$

5.3 设 计 计 算

(1) 某水工钢筋混凝土轴心受压柱（Ⅲ级安全级别），两端为不移动的铰支座，柱高

$H=4.5m$；在使用阶段，永久荷载标准值产生的轴心压力 $G_k=350kN$（包括自重），可变荷载标准值产生的轴心压力 $Q_k=450kN$；采用 C25 混凝土和 HRB335 钢筋。试设计柱的截面，并绘出截面配筋图（包括纵向钢筋及箍筋）。

（2）一钢筋混凝土轴心受压柱（Ⅱ级安全级别），柱子高度 $H=6m$，底端固定，顶端为不动铰支座；截面尺寸为 300mm×300mm；混凝土强度等级 C25，配置 HRB400 钢筋 8 ⌀ 20。试计算使用阶段柱底截面实际能承受的轴心压力 N。

（3）某水电站尾水闸门起吊支柱（Ⅱ级安全级别），在使用阶段，柱底截面承受的偏心压力设计值为 $N=182.7kN$（包括启门力、启闭设备重和柱子自重），偏心距 $e_0=750mm$，柱截面尺寸 $b\times h=400mm\times600mm$，支柱高 $H=6.5m$，柱下端固定，上端自由，采用 C25 混凝土和 HRB335 钢筋，$a=a'=45mm$。试配置该柱的钢筋，并绘出截面配筋图（包括纵筋和箍筋）。

（4）某抽水站厂房钢筋混凝土偏心受压柱（Ⅱ级安全级别），矩形截面尺寸 $b\times h=400mm\times600mm$，柱高为 $H=6.5m$，底端固定，顶端铰接，在使用阶段承受轴向力设计值 $N=980kN$，弯矩设计值 $M=392kN\cdot m$，采用 C25 混凝土，HRB335 钢筋。试计算纵向受力钢筋截面积，并选配钢筋。

（5）已知条件同计算题 4，并已知 $A_s'=1963mm^2$（4 ⌀ 25）。试确定受拉钢筋截面面积 A_s，然后将两题计算所得的（A_s+A_s'）值加以比较分析。

（6）已知矩形截面偏心受压柱（Ⅱ级安全级别），截面尺寸 $b\times h=400mm\times600mm$，$a=a'=40mm$，在使用阶段承受轴向压力设计值 $N=2200kN$，弯矩设计值 $M=330kN\cdot m$；混凝土强度等级为 C25，钢筋为 HRB335，构件计算长度为 $l_0=4m$。求该柱截面所需的纵向钢筋面积 A_s 及 A_s'，并选配钢筋。

（7）已知一钢筋混凝土矩形截面偏心受压柱（Ⅱ级安全级别），在使用阶段，柱顶作用一偏心压力（自重标准值引起的轴向力 $N_{Gk}=1200kN$，由楼面活荷载标准值引起的轴向力 $N_{Qk}=1085kN$），偏心距为 $e_0=26mm$，柱截面尺寸 $b\times h=400mm\times600mm$，柱在弯矩作用方向的计算长度为 $l_0=7.2m$，在垂直弯矩方向的计算长度 $l_0'=3.6m$，采用 C25 混凝土，HRB335 钢筋。取 $a=a'=40mm$，试配置该柱的钢筋，并绘出配筋图（包括纵向钢筋和箍筋）。

（8）某水电站厂房（3 级水工建筑物）边柱为钢筋混凝土偏心受压构件，承受弯矩设计值为 $M=69kN\cdot m$，轴心压力设计值为 $N=300kN$，截面尺寸为 $b\times h=300mm\times400mm$，$a=a'=45mm$。柱计算高度 $l_0=5m$，配有受压钢筋 2 ⌀ 16（$A_s'=402mm^2$），受拉钢筋 4 ⌀ 18（$A_s=1017mm^2$）；采用 C25 混凝土，HRB335 钢筋。试复核柱截面的承载力是否满足要求？

（9）某水电站厂房钢筋混凝土排架，Ⅱ级安全级别，在荷载基本组合作用下，柱底截面上作用一偏心压力（自重标准值引起的轴向压力 $N_{Gk}=150kN$，可变荷载标准值引起的轴向压力 $N_{Qk}=135kN$），偏心距为 $e_0=440mm$，下柱截面尺寸 $b\times h=400mm\times500mm$，柱高 $H=5m$，计算长度取为 $l_0=1.5H$，采用 C25 混凝土，HRB335 钢筋。由于受风荷载控制，要求采用对称配筋，试配置该柱钢筋。

（10）已知矩形截面钢筋混凝土偏心受压构件，Ⅱ级安全级别，截面尺寸 $b\times h=$

400mm×600mm，$a=a'=40$mm，在使用阶段承受轴心压力设计值 $N=2500$kN，弯矩设计值 $M=80$kN·m，柱的计算长度 $l_0=6$m，采用 C25 混凝土，HRB335 钢筋。截面为对称配筋，试求钢筋面积。

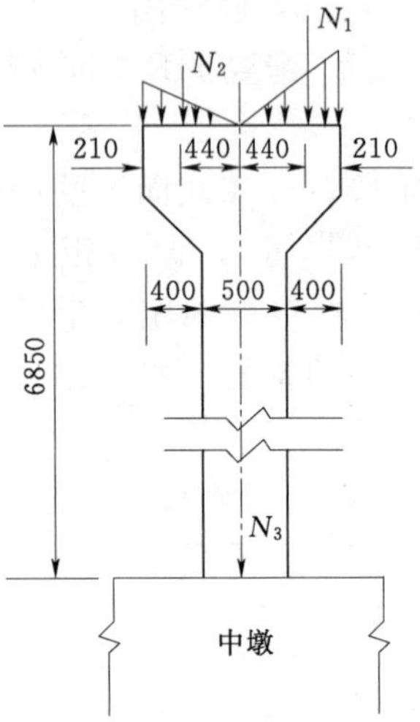

图 5-5　中墩支柱受力情况

(11) 某水闸工作桥的中墩支柱，在垂直水流方向的受力情况如图 5-5 所示，在闸门开启的闸孔一边的纵梁对支柱产生的轴向压力设计值为 $N_1=271.6$kN，在闸门未开启的闸孔一边的纵梁对支柱产生的轴向压力设计值为 $N_2=96.9$kN，支柱的自重产生的轴向压力设计值 $N_3=47$kN，支柱的截面尺寸 $b\times h=400\text{mm}\times500\text{mm}$，高度 $H=6.85$m，采用 C25 混凝土，HRB335 钢筋。试对该柱进行配筋计算。

提示： 由于水闸中墩支柱受到相邻两孔纵梁传来的力，可能是墩左一孔开启，墩右一孔未开启；也可能是与前相反。因此中墩支柱应按对称配筋的偏心受压构件计算。支柱的计算长度取为 $l_0=1.5H$，$a=a'=45$mm。

☆(12) 有一短柱，截面尺寸为 $b\times h=200\text{mm}\times200\text{mm}$，配有钢筋 4Φ10，$A_s=314\text{mm}^2$，$E_s=2.0\times10^5\text{N/mm}^2$；混凝土的弹性模量 $E_c=3.0\times10^4\text{N/mm}^2$，混凝土的自由收缩应变 $\varepsilon_{cs}=5\times10^{-4}$。试求下列近似值：

1) 该柱的实际收缩应变；

2) 混凝土和钢筋的收缩应力；

3) 如果原有钢筋不变，另外再增加 4Φ12（$A_{s1}=452\text{mm}^2$，$E_{s1}=2.0\times10^5\text{N/mm}^2$），求柱的收缩应变以及混凝土和钢筋的收缩应力。

☆(13) 有一试验短柱，如图 5-6 所示。混凝土的实际棱柱抗压强度 $f_c^0=17.1\text{N/mm}^2$，钢筋的实际屈服强度 $f_y^0=f'^0_y=350\text{N/mm}^2$，钢筋的实际弹性模量 $E_s^0=2.05\times10^5\text{N/mm}^2$，当变动纵向力 N 的偏心距 e_0（指对截面的物理形心轴的偏心距，即考虑截面上配置钢筋对截面形心轴的影响）时，柱的承载能力也随之改变，试回答：

1) 在何种偏心距情况下，试件将有最大的 N，并估算此时的 N 值；

2) 在何种情况下，试件将有最大的抗弯能力，并估算此时的 N 和 e_0 值。

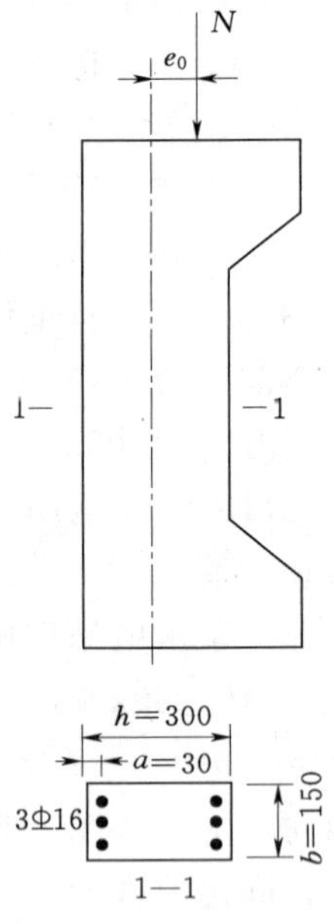

图 5-6　试验短柱示意图

第6章　钢筋混凝土受拉构件承载力计算

6.1　学　习　指　导

6.1.1　本章主要内容及学习要求

钢筋混凝土受拉构件根据力的作用位置不同分为轴心受拉构件和偏心受拉构件。本章主要介绍钢筋混凝土矩形截面偏心受拉构件正截面承载力计算与斜截面受剪承载力计算，而轴心受拉构件则作为一个特例包括在小偏心受拉构件计算中。

本章的学习内容包括以下几方面：

（1）大、小偏心受拉的界限。

（2）小偏心受拉构件正截面受拉承载力计算。

（3）大偏心受拉构件正截面受拉承载力计算。

（4）偏心受拉构件斜截面受剪承载力计算。

对以上内容应满足如下基本要求。

1．大、小偏心受拉的界限

首先了解偏心受拉构件按其受力形态分为大、小偏心受拉构件，并掌握他们各自的受力特点；深刻理解为什么以轴向力 N 的作用点在钢筋之外或在钢筋之间作为大、小偏心受拉的界限，应注意与大、小偏心受压构件判别条件的区别。

2．小偏心受拉构件正截面受拉承载力计算

首先应了解小偏心受拉构件的破坏特点，即破坏时全截面裂通，两侧钢筋均受拉并达到抗拉设计强度。应能根据计算应力图形，借助力矩平衡方程自己推导出承载力计算表达式，同时理解教材中为何将式（6－2a）展开为式（6－2b），这样做的意义是什么？

3．大偏心受拉构件正截面受拉承载力计算

首先了解大偏心受拉构件的破坏特点，能借助计算应力图形，推导出计算公式，并掌握公式的适用范围及其物理意义。要求能熟练运用基本公式及适用范围进行大偏心受拉构件的正截面承载力计算。

显然，无论是破坏特点还是计算步骤，大偏心受拉构件与大偏心受压构件几乎一样，学习时应能自行总结两者的共同点与不同之处。

4．偏心受拉构件斜截面受剪承载力计算

偏心受拉构件相当于对受弯构件增加了一个轴向拉力 N，拉力的存在会增加斜裂缝开展宽度，因而降低混凝土的受剪承载力。在原有受弯构件斜截面受剪承载力计算公式基础上减去轴向拉力 N 的存在所降低的混凝土受剪承载力，就形成了偏心受拉构件的受剪承载力计算公式。

学习时应了解公式的由来，掌握公式的适用条件，能应用公式进行偏心受拉构件斜截面受剪承载力计算。

6.1.2 学习本章应注意的问题

（1）在偏心受拉构件中，把靠近纵向力一侧的钢筋用 A_s 表示，而把远离纵向力一侧的钢筋，无论其受拉或受压，均用 A_s'表示。学习时应注意与偏心受压构件钢筋符号表示方式的不同。

（2）在偏心受拉构件中，当拉力作用在钢筋之间，由力的平衡可知截面上不可能存在受压区，两侧钢筋均受拉，这种构件称之为小偏心受拉构件；反之当拉力作用在钢筋的外侧，此时截面一定存在受压区，靠近纵向力一侧的钢筋受拉，远离纵向力一侧的钢筋受压，这种构件称之为大偏心受拉构件。可见在偏心受拉构件中是以拉力的位置作为大小偏心受拉构件的区分界限，而与受压区高度无关。学习时注意不要与偏心受压构件的区分界限混淆。

（3）小偏心受拉构件的正截面受拉承载力计算表达式是分别对两侧钢筋重心建立力矩平衡方程所得到，教材式（6－2b）反映了 A_s 及 A_s'的大小与内力（M、N）的组合有关。设计时应考虑各自的最不利内力组合分别计算 A_s 及 A_s'。

在本章中没有把轴心受拉构件作为一种独立的构件来介绍，仅把它作为小偏心受拉构件的一种特例，即在教材式（6－2b）中分别取 $M=0$，即得到用于计算轴心受拉构件钢筋的式（6－3）。分母之所以有 2，是因为将两侧钢筋 A_s、A_s'分开考虑。实际上轴心受拉构件的钢筋肯定应全截面均匀放置。如按全部钢筋面积 A_s 来计算，即可得到 $A_s=KN/f_y$。

（4）由于外力方向相反，所以教材由力的平衡方程所建立的大偏心受拉构件计算公式（6－4）与大偏心受压构件相应计算表达式（5－4）（取 $\sigma_s=f_y$）只是正负号相反，而两种构件正截面承载力计算应力图形及基本公式的形式几乎一样，公式的运用条件也一样，因此这两种构件的承载力计算步骤也基本类同。正因为如此，对大偏心受拉构件正截面承载力计算的学习，应在已掌握了大偏心受压构件正截面承载力计算基础之上，着重从破坏时截面应力状态、计算公式及计算步骤等几方面搞清楚这两种构件的相同点及不同之处，这样既掌握了大偏心受拉构件的计算方法，又复习了以前所学的内容，从而收到事半功倍的效果。但需要提醒注意的是，在大偏心受拉构件计算中，相对界限受压区计算高度应同受弯构件正截面计算一样，取为 $0.85\xi_b$；而在大偏心受压构件计算中，相对界限受压区计算高度为 ξ_b，前面没有 0.85 的系数。在计算时不要搞错。

6.2 综 合 练 习

1. 填充题

（1）构件上作用有轴向拉力 N 时，便形成受拉构件。当拉力作用在构件截面重心时，即为____受拉构件；当拉力作用点偏离构件截面重心，或构件上既作用有拉力又作用有弯矩时，则为____受拉构件。

（2）当 N 作用在 A_s 的外侧时，截面虽开裂，但必然有____存在，否则截面受力得不到平衡。既然还有压区，截面就不会____。这类情况称为__偏心受拉。

(3) 当 N 作用在 A_s 与 A_s' 之间时，在截面开裂后不会有____存在，否则截面受力不能平衡，因此破坏时必然全截面____，仅由钢筋 A_s 及 A_s' 受拉以平衡轴向拉力 N。这类情况称为__偏心受拉。

(4) 在钢筋混凝土偏心受拉构件中，将轴向拉力 N 的作用点在纵向钢筋之__或在纵向钢筋之__，作为判别大、小偏心受拉的界限。

(5) 受拉构件的纵向钢筋的接头必须采用____，并且在构件端部应将纵向钢筋可靠地锚固于____内。

(6) 偏心受拉构件相当于对受弯构件____了一个轴向拉力 N。截面上有拉应力存在时，混凝土的抗剪强度将____。此外，轴向拉力的存在会____裂缝开展宽度，使原来不贯通的裂缝有可能贯通，使剪压区面积____，因而____了混凝土的受剪承载力。

(7) 偏心受拉构件斜截面受剪承载力的计算公式，是在受弯构件斜截面受剪承载力计算公式的基础上，____由于轴向拉力 N 引起的混凝土受剪承载力的降低值得到的。根据试验资料，从偏于安全考虑，混凝土受剪承载力的降低值取为______。

2. 选择题

(1) 偏心受拉构件的抗弯承载力（　　）。

A. 随轴向力的增加而增加　　B. 随轴向力的减小而增加

C. 小偏拉时随轴向力增加而增加　　D. 大偏拉时随轴向力增加而增加

(2) 矩形截面不对称配筋大偏心受拉构件（　　）。

A. 没有受压区，A_s' 不屈服　　B. 有受压区，但 A_s' 一般不屈服

C. 有受压区，且 A_s' 屈服　　D. 没有受压区，A_s' 屈服

(3) 矩形截面对称配筋大偏心受拉构件（　　）。

A. A_s' 受压不屈服　　B. A_s' 受压屈服

C. A_s' 受拉不屈服　　D. A_s' 受拉屈服

(4) 矩形截面不对称配筋小偏心受拉构件（　　）。

A. 没有受压区，A_s' 不屈服　　B. 没有受压区，A_s' 受拉屈服

C. 有受压区，A_s' 受压屈服　　D. 有受压区，A_s' 不屈服

△(5) 在小偏心受拉构件设计中，如果遇到若干组不同的内力组合（M、N）时，计算钢筋面积时应该（　　）。

A. 按最大 N 与最大 M 的内力组合计算 A_s 和 A_s'

B. 按最大 N 与最小 M 的内力组合计算 A_s，而按最大 N 与最大 M 的内力组合计算 A_s'

C. 按最大 N 与最小 M 的内力组合计算 A_s 和 A_s'

D. 按最大 N 与最大 M 的内力组合计算 A_s，而按最大 N 与最小 M 的内力组合计算 A_s'

(6) 在非对称配筋小偏心受拉构件设计中，计算出的钢筋用量为（　　）。

A. $A_s < A_s'$　　B. $A_s = A_s'$　　C. $A_s > A_s'$

(7) 矩形截面对称配筋小偏心受拉构件（　　）。

A. A_s'受压不屈服　　B. A_s'受拉不屈服

C. A_s'受拉屈服　　D. A_s'受压屈服

（8）偏心受拉构件斜截面受剪承载力 $V_u=V_c+V_{sv}+V_{sb}-0.2N$，当计算出的 $V_u<V_{sv}+V_{sb}$ 时（　　）。

A. 取 $V_u=V_{sv}+V_{sb}$　　B. 取 $V_u=V_c$

C. 取 $V_u=0$　　D. 取 $V_{sv}=0$

3. 问答题

（1）试说明为什么大小偏心受拉构件的区分只与轴向力的作用位置有关，而与配筋率无关？

（2）为什么对称配筋的矩形截面偏心受拉构件，无论大小偏心受拉情况，均可按公式 $KNe'\leqslant f_yA_s(h_0-a')$ 计算？

6.3 设计计算

（1）一偏心受拉构件，Ⅱ级安全级别，截面尺寸 $b\times h=300\text{mm}\times500\text{mm}$，承受轴向拉力设计值 $N=615\text{kN}$，$M=92.5\text{kN}\cdot\text{m}$，采用 C25 混凝土，HRB335 钢筋，取 $a=a'=40\text{mm}$。求截面钢筋用量。

（2）试计算一偏心受拉构件截面的钢筋用量。截面尺寸 $b\times h=250\text{mm}\times500\text{mm}$，Ⅱ级安全级别，取 $a=a'=40\text{mm}$，承受轴向拉力设计值 $N=375\text{kN}$，弯矩设计值 $M=150\text{kN}\cdot\text{m}$，采用 C25 混凝土，HRB400 钢筋。

（3）一钢筋混凝土矩形水池（Ⅱ级安全级别），池壁厚 $h=150\text{mm}$，采用 C25 混凝土，HRB335 钢筋。沿池壁的垂直截面上（取 $b=1000\text{mm}$）作用的轴向拉力设计值 $N=22.5\text{kN}$，平面外的弯矩设计值 $M=16.88\text{kN}\cdot\text{m}$（池壁外侧受拉）。试确定该垂直截面中池壁内外所需的水平受力钢筋（$a=a'=30\text{mm}$），并绘配筋图。

（4）已知矩形截面钢筋混凝土偏心受拉构件，Ⅱ级安全级别，截面尺寸 $b\times h=200\text{mm}\times400\text{mm}$，经计算承受轴向拉力设计值 $N=560\text{kN}$，弯矩设计值 $M=50\text{kN}\cdot\text{m}$，$a=a'=40\text{mm}$，采用 C25 混凝土，HRB400 钢筋。求所需纵向钢筋面积 A_s 和 A_s'。

（5）有一单跨简支偏心受拉构件，Ⅱ级安全级别，净跨度 $l_n=4.5\text{m}$，承受轴向拉力设计值 $N=150\text{kN}$，在离支座 1.2m 处作用一集中力（设计值）$F=100\text{kN}$，构件截面 $b\times h=250\text{mm}\times400\text{mm}$，$a=a'=40\text{mm}$，混凝土强度等级为 C25，箍筋采用 HRB335 钢筋。试计算该构件的抗剪箍筋。

（6）已知钢筋混凝土矩形断面输水渡槽如图 6-1 所示，Ⅱ级安全级别，采用 C25 混凝土，HRB335 钢筋。槽身底板跨中Ⅰ—Ⅰ截面每米板宽（沿水流方向）承受内力设计值（按水深等于半槽水的最不利情况计算）$N=11.25\text{kN}$（正号表示受拉），$M=21.44\text{kN}\cdot\text{m}$（以板底受拉为正）；板底支座Ⅱ—Ⅱ截面每米板宽承受拉力设计值（按满槽水计算）$N=29.1\text{kN}$；$M=-26.04\text{kN}\cdot\text{m}$（负号表示底板顶面受拉）。试配置底板钢筋。如果侧墙底部截面配置钢筋Φ 8/10@140，侧墙高度一半处截断一半，为Φ 10@280。试绘出整个槽身截面配筋图（包括受力钢筋和分布钢筋）。

提示： 渡槽底板配筋计算应取跨中和支座两个计算截面，分别考虑二者的配筋，取 $a=a'=40$mm，跨中底层钢筋可以在离支座 1/4 板跨处弯起一半到支座截面上部，配筋时要注意底板与侧墙钢筋间距相协调，以便绑扎施工。所以底板钢筋间距应取为 140mm 或 280mm。侧墙与底板相交处的贴角表面应布置构造钢筋，其直径和间距可以取与侧墙截面钢筋相同。

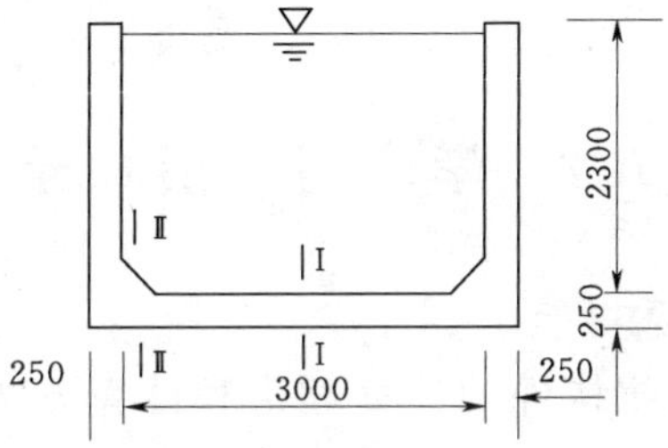

图 6－1　输水渡槽

第7章 钢筋混凝土受扭构件承载力计算

7.1 学 习 指 导

7.1.1 本章主要内容及学习要求

本章讨论了钢筋混凝土受扭构件的计算理论和计算方法，主要内容及学习要求叙述如下。

7.1.1.1 两种不同的受扭状态

受扭构件可分为平衡扭转和附加扭转（协调扭转）两大类。前者的扭矩由静力平衡条件确定，和变形无关；后者的扭矩需根据静力平衡条件和变形协调条件求得，扭矩大小会随着结构的变形而变化，甚至消失。这部分内容要求一般掌握。

7.1.1.2 钢筋混凝土受扭构件的破坏形态及开裂扭矩

1. 矩形截面纯扭构件的破坏形态

纯混凝土构件当截面长边中点剪应力形成的主拉应力达到混凝土抗拉强度时截面开裂，构件即告破坏。配置抗扭钢筋后情况显著变化。

抗扭钢筋由抗扭纵筋和抗扭箍筋构成，两者缺一不可。受扭破坏形态随这两种钢筋的配置数量和比例而不同，可以分为：

(1) 少筋破坏，抗扭钢筋配置太少，混凝土一开裂，钢筋即屈服并可能进入强化段，发生脆性破坏，与少筋梁类似，工程中不允许发生，并规定最小配筋率来加以防止。

(2) 适筋破坏，两种抗扭钢筋比例恰当，数量合适，构件破坏前这两种抗扭钢筋均先后达到屈服强度，最后混凝土被压坏，构件发生延性破坏，类似于适筋梁。这是设计受扭构件的依据。

(3) 超筋破坏，抗扭钢筋配置过量，混凝土先被压坏，抗扭钢筋达不到屈服强度，这是一种脆性破坏，和超筋梁类似。工程中必须防止，方法是校核构件截面的尺寸不能过小及混凝土强度不能过低。

(4) 部分超筋破坏，破坏时一种抗扭钢筋屈服，另一种不屈服，一般也应避免。方法是选择合适的配筋强度比 ζ。

这部分内容应深刻理解。

2. 矩形截面构件在弯、剪、扭共同作用下的破坏形态

此时破坏形态按弯、剪、扭三种内力的不同比值和不同配筋情况有三种典型情况：弯型破坏、扭型破坏和扭剪型破坏。

这部分内容只需一般了解。

3. 矩形截面及I形、T形截面纯扭构件的开裂扭矩

基于弹性理论，可导出假定混凝土为弹性材料时的开裂扭矩 T_{cr}；基于塑性理论，又

可导出假定混凝土为理想塑性材料时的开裂扭矩 T_{cu}。因为混凝土是弹塑性材料，其开裂扭矩应在两者之间，规范取纯扭构件的开裂扭矩为 T_{cu} 的 0.7 倍。

对 I 形、T 形截面采用“刚截面假定”，把这类截面在保持腹板完整性的条件下分解成若干个矩形，整个截面的受扭塑性抵抗矩为各矩形的受扭塑性抵抗矩之和。每个矩形所受扭矩按其受扭塑性抵抗矩的大小确定。

这部分内容应熟练掌握。

7.1.1.3　钢筋混凝土纯扭构件的承载力计算

1. 受扭构件配筋形式和构造要求

一定要清楚理解抗扭钢筋是由纵筋和箍筋两部分构成，缺一不可。应掌握受扭构件的配筋形式及其构造要求。

2. 矩形截面纯扭构件承载力计算

规范计算公式是根据变角空间桁架模型理论再结合试验结果而得到。公式由两项组成，第一项为核心混凝土所能承受的扭矩；第二项为修正后的薄壁空间桁架所能承担的扭矩。对理论模型只需有个概念，但对公式的构成及其应用需深刻理解，熟练掌握。

3. I 形、T 形截面纯扭构件的承载力计算

将此类截面在保持腹板完整的前提下分解为若干矩形，分别算出各矩形的 W_{ti}，截面的总的 W_t 等于各矩形 W_{ti} 之和。各矩形所受扭矩按其 W_{ti} 的大小按比例进行分配。对各矩形分别进行抗扭承载力计算，再进行组合。这部分内容也应熟练掌握。

7.1.1.4　钢筋混凝土构件在弯、剪、扭共同作用下的承载力计算

1. 矩形截面构件在剪扭作用下的承载力计算

此时应考虑混凝土抗剪和抗扭能力的相关性，予以折减。方法是引入剪扭构件的混凝土受扭承载力降低系数 β_t，相应的混凝土受剪承载力降低系数为（$1.5-\beta_t$）。这样只需在受扭和受剪承载力的计算公式中把混凝土承载力部分作相应折减就行了。与钢筋有关的那一项不可折减。

2. 矩形截面构件在弯、扭作用下的承载力计算

分别进行受弯和受扭计算，再一起配置钢筋，即不考虑两者的相关性。

3. 弯、剪、扭共同作用下的承载力计算

采用按受弯和受剪、扭分别计算，然后进行叠加的近似计算方法。即纵向钢筋应通过受弯承载力和剪扭构件受扭承载力计算所得的纵向钢筋的总和来进行配置；箍筋按剪扭构件受剪承载力和受扭承载力算得的总箍筋面积进行配置。

这部分的计算方法应该熟练掌握。

7.1.2　本章的难点及学习时应注意的问题

（1）本章的一个难点是受扭钢筋为什么需同时配置抗扭纵筋和抗扭箍筋。这要清楚地理解变角空间桁架模型或斜弯理论的模型。在没有深入理解这些模型时，也应该记住同时配置这两种钢筋是保持构件抗扭时内力平衡所必需的，缺了一种抗扭钢筋，构件抗扭时就无法达到内力平衡的状态，也就是说配置的这种抗扭钢筋也不能发挥作用。

（2）本章另一个难点是剪、扭相关性。剪力或扭矩都会在截面上产生剪应力；剪扭构

件的截面混凝土既受剪又受扭，这使得截面某一部分的剪应力会比单纯受剪或单纯受扭时产生的剪应力要大，从而使截面更易于破坏。所以混凝土的受扭承载力会随着剪力的增加而减小；构件的受剪承载力也随着扭矩的增加而减小。计算中应考虑混凝土抗剪和抗扭能力的相关性，方法是引入剪扭构件的混凝土受扭承载力降低系数 β_t，在受扭和受剪承载力的计算公式中把混凝土承载力部分作相应折减。但为什么有关钢筋那一项不考虑折减？这是因为钢筋是分别配置的，抗扭箍筋只用来抗扭，抗剪箍筋只用来抗剪，它们是“一物一用”，不像截面混凝土是“一物二用”，所以它们的承载力不用折减。同样道理，弯、扭的纵筋也是分别独立计算，不需折减。

（3）本章第三个难点是带翼缘截面的计算。计算的关键是把 I 形、T 形截面在保持腹板完整的条件下分解为若干小块矩形截面，按各小块的受扭塑性抵抗矩比值的大小来计算各小块矩形截面所应承受的扭矩，再分别独立进行各小块矩形截面的配筋计算。

（4）对于弯、剪、扭共同作用下的构件，要把纯扭构件、剪扭构件的相关性，弯扭计算的独立性和带翼缘截面的分解结合起来，这样就能比较好地掌握。

7.2 综 合 练 习

1. 填充题

（1）工程中，钢筋混凝土结构构件的扭转可分为两类：一类是由荷载直接引起的扭转，其扭矩可利用________条件求得，与构件的________无关，一般称之为平衡扭转；另一类是超静定结构中由于变形的协调使构件产生的扭转，其扭矩需根据__________条件和__________条件求得，称为附加扭转。附加扭转与构件所受的______及连接处构件各自的________有关。

（2）实际工程中一般采用垂直于构件纵轴的抗扭____和沿截面周边布置的抗扭______组成的空间钢筋骨架来承担扭矩。试验表明，配置适量的受扭钢筋能________构件的受扭承载力。

（3）钢筋混凝土构件的受扭破坏形态主要与______多少有关。

（4）抗扭钢筋包括____和____两部分，若两者用量比例不当，致使混凝土压碎时，箍筋与纵筋两者之一尚不屈服，这种破坏称为________破坏。抗扭____和抗扭____均未屈服的破坏又称________破坏。

（5）规范规定矩形截面纯扭构件的开裂扭矩 T_{cr} 可按完全塑性状态的截面应力分布进行计算，但需乘以____的降低系数。

（6）抗扭纵筋应沿截面周边________布置，截面______必须放置，其间距不应大于__mm 或截面宽度 b。抗扭纵向钢筋的两端应伸入支座，并满足锚固长度 l_a 的要求。抗扭箍筋必须____，每边都能承担拉力，采用绑扎骨架时，箍筋末端应弯成不小于____角的弯钩，且弯钩端头平直段长度不应小于__d_{sv}（d_{sv} 为箍筋直径）。

（7）抗扭纵筋和箍筋应有合理的最佳搭配。规范中引入 ζ 系数，ζ 为受扭构件纵向钢筋与箍筋的__________。试验结果表明 ζ 值在 0.5～2.0 时，纵筋和箍筋均能在构件破坏前屈服，为安全起见，规范规定 ζ 值应符合__$\leqslant\zeta\leqslant$__，当 $\zeta>$__时取 $\zeta=$__。设计时，通

常可取 ζ=__（最佳值）。

（8）教材式（7-10）等号右边第一项为开裂后的______由于抗扭钢筋使骨料间产生咬合作用而具有的受扭承载力，第二项则为______的受扭承载力。

（9）当配筋过多、截面尺寸过小时，构件会发生超筋破坏。此时，破坏扭矩主要取决于混凝土的________和构件________，而增加配筋对它几乎没有什么影响。

（10）水工混凝土结构设计规范规定，对于 HRB335 钢筋，纯扭构件抗扭纵筋的最小配筋率 $\rho_{st,\min}$=______；抗扭箍筋的最小配箍率为 $\rho_{sv,\min}$=______。

（11）试验表明，剪力和扭矩共同作用下的构件承载力比单独作用下的承载力要__。构件的受扭承载力随剪力的增大而____，受剪承载力也随着扭矩的增加而____。

（12）β_t 为剪扭构件______受扭承载力____系数。

（13）目前弯、剪、扭共同作用下的承载力计算还是采用按受弯和受剪扭____计算，然后进行____的近似计算方法。

（14）对弯、剪、扭共同作用的构件，如能符合式 $\frac{KV}{bh_0}+\frac{KT}{W_t}\leqslant 0.7f_t$ 的条件，则不需对构件进行____承载力计算，仅按构造要求配置抗____钢筋。但对____承载力仍需进行计算。

（15）对弯、剪、扭共同作用的构件，如能符合式 $KV\leqslant 0.35f_tbh_0$，则可不计______的影响，而只需分别按受弯构件的正截面受弯和纯扭构件的受扭进行承载力计算。

（16）如能符合 $KT\leqslant 0.175f_tW_t$，则可不计______的影响，而只需分别按受弯构件的正截面受弯和斜截面受剪进行承载力计算。

2. 选择题

（1）图 7-1 所示结构所受扭转为（　　）。

A. 平衡扭转　　B. 附加扭转

（2）受扭构件的配筋方式可为（　　）。

A. 仅配置受扭箍筋　　B. 仅配置受扭纵筋

C. 同时配置受扭箍筋及受扭纵筋

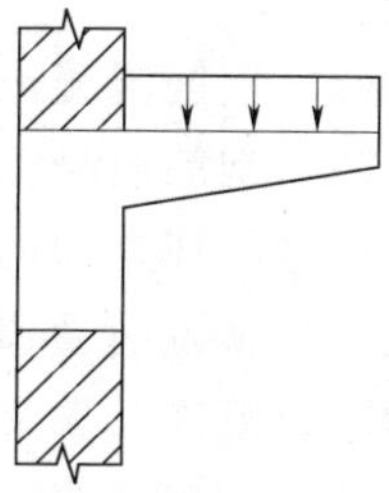

7-1　受力示意图

（3）剪扭构件的剪扭承载力相关关系影响承载力计算公式中的（　　）。

A. 混凝土承载力部分，抗扭钢筋部分不受影响

B. 混凝土和钢筋两部分均受影响

C. 混凝土和钢筋两部分均不受影响

D. 钢筋部分受影响，混凝土部分不受影响

☆（4）剪扭构件计算时，当 β_t=1.0 时（　　）。

A. 混凝土受扭承载力为纯扭时的一半

B. 混凝土受剪承载力为纯剪时的四分之一

C. 混凝土受扭承载力与纯扭时相同

D. 混凝土受剪承载力与纯剪时相同

（5）配筋强度比 ζ 的取值应使（　　）。

A. $\zeta<0.6$　　B. $0.6\leqslant\zeta\leqslant1.7$

C. $\zeta>1.7$　　D. 任意选择

(6) 钢筋混凝土受扭构件（　　）。

A. 只需要配置纵筋　　B. 只需要配置箍筋

C. 需同时配置纵筋和箍筋　　D. 需同时配置箍筋和弯起钢筋

(7) 抗扭设计要求$\frac{KV}{bh_0}+\frac{KT}{W_t}\leqslant0.25f_c$，是为了（　　）。

A. 防止构件发生少筋破坏

B. 防止构件发生超筋破坏

C. 确定是否按最小配筋率配置抗扭钢筋

D. 确定正常使用极限状态是否满足要求

☆(8) 变角空间桁架理论认为，矩形截面钢筋混凝土纯扭构件开裂后，斜裂缝与构件纵轴的夹角大小（　　）。

A. 与构件的混凝土强度等级有关　　B. 与构件配筋强度比有关

C. 与混凝土的极限压应变大小有关　　D. 与钢筋的伸长率有关

(9) 剪扭构件计算中，β_t 的取值范围为（　　）。

A. $\beta_t\leqslant1.5$　　B. $\beta_t<0.5$

C. $0.5\leqslant\beta_t\leqslant1.0$　　D. $0\leqslant\beta_t\leqslant1.5$

(10) 抗扭计算时取 $0.6\leqslant\zeta\leqslant1.7$ 是为了（　　）。

A. 不发生少筋破坏　　B. 不发生超筋破坏

C. 不发生适筋破坏　　D. 破坏时抗扭纵筋和抗扭箍筋均能屈服

3. 问答题

(1) 抗扭纵筋和抗扭箍筋是否需要同时配置？它们对于构件的承载力和开裂扭矩有何影响？

(2) 钢筋混凝土纯扭构件的破坏形态有哪几类？它们的破坏特点、性质各是怎样？

(3) 钢筋混凝土纯扭构件破坏时，在什么条件下抗扭纵筋和抗扭箍筋都会屈服，然后混凝土才压坏，即产生延性破坏？

△(4) 试说明受扭构件承载力计算中参数 ζ 的物理意义？写出它的计算公式并说明它的合理取值范围及含义。

(5) 在剪扭构件计算中，为什么要引入系数 β_t？说明它的物理意义和取值范围。

△(6) 有人说 β_t 为剪扭构件混凝土受扭承载力降低系数，所以如果一钢筋混凝土纯扭构件的抗扭承载力为 100kN·m，当它受剪扭时 $\beta_t=0.8$，则此时它的抗扭承载力为 80 kN·m。这种说法是否正确？

△(7) 在纯扭构件计算中如何避免超筋破坏和部分超筋破坏？

(8) 弯、剪、扭构件的纵向受力钢筋如何确定？一般如何布置？其箍筋面积如何确定？如何布置？

☆(9) 对于纯扭构件的箍筋能否采用四肢箍筋？为什么？

(10) 说明规范采用的弯、剪、扭构件的计算方法。

（11）T 形、I 形截面钢筋混凝土纯扭构件的抗扭承载力如何计算？

7.3 设 计 计 算

（1）某矩形截面钢筋混凝土受扭构件，Ⅱ级安全级别，截面宽度 $b=250\text{mm}$，截面高度 $h=500\text{mm}$，采用 C30 混凝土，纵筋采用 HRB335 钢筋，箍筋采用 HPB235 钢筋。一类环境条件。

1）承受扭矩设计值 $T=20\text{kN}\cdot\text{m}$ 作用，配置抗扭钢筋，并绘制配筋图；

2）承受扭矩设计值 $T=12\text{kN}\cdot\text{m}$ 作用，配置抗扭钢筋，并绘制配筋图。

（2）某矩形截面钢筋混凝土剪扭构件，Ⅱ级安全级别，截面宽度 $b=250\text{mm}$，截面高度 $h=500\text{mm}$，采用 C30 级混凝土，纵筋采用 HRB400 钢筋，箍筋采用 HPB235 钢筋。一类环境条件。承受扭矩设计值 $T=15\text{kN}\cdot\text{m}$ 和剪力设计值 $V=120\text{kN}$（均布荷载作用），试计算抗扭纵筋和抗剪扭箍筋，并绘制配筋图。

（3）一均布荷载作用下的钢筋混凝土 T 形截面剪扭构件，Ⅱ级安全级别，$b'_f=500\text{mm}$，$h'_f=200\text{mm}$，$b=200\text{mm}$，$h=800\text{mm}$。采用 C30 混凝土，箍筋采用 HPB235 钢筋，纵筋采用 HRB335 钢筋。承受剪力设计值 $V=80\text{kN}$，扭矩设计值 $T=28\text{kN}\cdot\text{m}$，一类环境条件。试设计该构件（配置钢筋并绘制配筋图）。

（4）某矩形截面钢筋混凝土弯剪扭构件，Ⅱ级安全级别，截面宽度 $b=250\text{mm}$，高度 $h=500\text{mm}$，采用 C25 混凝土，纵筋采用 HRB335 钢筋，箍筋采用 HPB235 钢筋。承受弯矩设计值 $M=80\text{kN}\cdot\text{m}$，剪力设计值 $V=750\text{kN}$ 和扭矩设计值 $T=18\text{kN}\cdot\text{m}$，一类环境条件，试设计该构件（配置钢筋并绘制配筋图）。

第8章　钢筋混凝土构件正常使用极限状态验算

8.1 学 习 指 导

8.1.1 本章主要内容及学习要求

正常使用极限状态验算的一般原则与其实用设计表达式已在第2章中作过阐释。本章则讨论钢筋混凝土结构的正常使用极限状态验算，包括抗裂验算、裂缝开展宽度验算和变形（挠度）验算的具体公式和方法。

学习本章内容，首先要明白在钢筋混凝土构件设计中为什么要进行正常使用极限状态的验算，不满足正常使用极限状态的要求，会发生哪些危害；正常使用极限状态验算时，荷载和材料强度为什么采用标准值而不采用设计值；正常使用极限状态验算时，其荷载效应为什么采用标准组合，它与承载能力极限状态计算时的基本组合的主要区别在哪里？

其次应了解：由于混凝土极限拉应变很小，在钢筋正常发挥作用时，混凝土必然已开裂。对于一般常规的钢筋混凝土构件（如房屋建筑中的板、梁、柱，水工建筑中的上部结构，桥梁、涵管等构筑物），在使用期间，总是带裂缝工作的，但只要裂缝开展得不是太宽，就不至于影响观瞻和正常使用，也不致引起耐久性的恶化。

最后还应了解，规范对“裂缝的控制”共分为三级：其中一、二两级是指严格不允许和一般不允许出现裂缝的结构，它们主要是指预应力混凝土结构而言的；三级则是允许出现裂缝的结构，但要求限制裂缝开展的宽度，它们主要是指钢筋混凝土结构和部分预应力混凝土结构而言的。裂缝控制等级显然与建筑物所处的环境条件有关。

1. 钢筋混凝土构件的抗裂验算

一般的钢筋混凝土构件总是带裂缝工作的，但在水工建筑中，有些钢筋混凝土构件是不允许发生裂缝的。水工混凝土结构设计规范规定：承受水压的轴心受拉和小偏心受拉构件以及发生裂缝后会引起严重渗漏的其他钢筋混凝土构件，就需要进行抗裂验算。应弄明白：这里所讲的是“承受水压”，凡仅与水接触而不承受水压的（例如全浸在水中的水闸底板）就无须抗裂。因此，需要抗裂验算的范围是很小的。

学习钢筋混凝土构件的抗裂验算应掌握下列几点：

（1）把钢筋面积折算为混凝土面积，由此得构件的换算截面总面积为 A_0。

（2）对于受弯构件，构件即将开裂时，应力阶段处于阶段Ⅰ的末尾，受拉区混凝土的曲线形应力分布可近似地假定为梯形应力图形，并再折换成直线分布，受拉边缘应力由 f_t 折算成 $\gamma_m f_t$。对不同的截面形状，可求得不同的截面抵抗矩塑性系数 γ_m。由试验得知，γ_m 还与截面高度 h 有关。

（3）把钢筋混凝土构件视作为截面面积为 A_0 的匀质弹性体，用材料力学公式求出抗

裂弯矩 $M_{cr}=\gamma_m f_t W_0$。

（4）偏心受拉、偏心受压构件的抗裂计算公式类似于受弯构件。

各类构件的抗裂公式不必死背，因为这些公式完全是按材料力学公式推求过来的，只要弄清概念，是不难记忆的。

2. 钢筋混凝土构件的裂缝宽度控制验算

首先必须明白：在所谓的“裂缝宽度验算”中，目前指的只是由外力（荷载）直接引起的裂缝，而且还只是其中由弯矩和轴力引起的正截面裂缝，对于剪力或扭矩引起的斜裂缝，则尚未找到计算其宽度的办法。对于非杆件体系结构，没有简便公式验算裂缝宽度，现行水工混凝土结构设计规范规定可通过限制钢筋应力的办法来间接控制结构的裂缝宽度。

正截面裂缝宽度的计算方法有半理论半经验公式和数理统计公式两大类。数理统计公式不考虑裂缝发展过程中的物理现象而只选择影响裂缝宽度的诸多因素，人为加以组合，由大量实验数据统计得出。它虽缺乏必要的物理概念，但其与实测值的符合程度却相当好。美国早些年的 ACI 规范和我国港工规范采用的就是这一类方法。半理论半经验公式所依据的计算理论有粘结滑移理论、无粘结滑移理论和综合理论等几种。水工混凝土结构设计规范公式则是在综合理论的基础上又进一步加以简化得出的。

在学习裂缝宽度计算公式时，对一些经验性的式子与系数不必死背硬记，只要能查得到用得上就可以了。但应着重弄懂裂缝宽度与哪些因素有关，哪些措施对减小裂缝宽度最为有效，怎样才能使裂缝宽度减到最小而仍能保持较高的耐久性。

学习本节内容时，对第一条、第二条裂缝发生前后，截面上混凝土及钢筋的应力变化以及应力沿构件纵轴的变化，应该有十分清楚的了解，因为这是钢筋混凝土结构中又一个很重要的新的应力图形概念。弄清楚应力图形的分布，裂缝间距与裂缝宽度的推导就比较容易理解了。

3. 钢筋混凝土受弯构件的挠度验算

学习本节内容，主要应理解如下几点：

（1）计算受弯构件的挠度实质上是要计算钢筋混凝土构件的刚度 B，刚度 B 知道后，就可用材料力学公式求出挠度 f。

（2）匀质弹性材料梁的抗弯刚度是 EI，它是一个常值，所以它的 $M—f$ 关系为一直线；钢筋混凝土梁的抗弯刚度是 B，它不是常值而是一个随荷载 M 的增加而降低的变量，所以它的 $M—f$ 关系是一曲线，并可简化为呈现三阶段特性的折线。

（3）挠度计算时，可先求出构件的短期刚度 B_s。在水工混凝土结构设计规范中，规定对不出现裂缝的构件，B_s 可由弹性体刚度 E_cI_0 打 0.85 折扣得出；对已出现裂缝的构件，B_s 可由经大量试验数据回归得出的简化公式求得。这种简化公式不必死背，但应能正确应用公式进行计算。

（4）考虑到荷载长期作用时，混凝土会发生徐变，挠度将进一步增长；同时混凝土收缩也会造成受弯构件抗弯刚度的降低。我国规范一般由试验结果确定荷载长期作用下的挠度增大系数 θ 来计算抗弯刚度 B。为简化计算，现行水工混凝土结构设计规范采用 $B=0.65B_s$。

(5) 简支梁、悬臂梁、连续梁等构件的刚度，可分别取为跨中截面的刚度、支座截面的刚度以及跨中和支座截面的平均刚度以方便计算。

4. 混凝土结构的耐久性要求

混凝土结构的耐久性是指结构在指定的工作环境中，正常使用和维护条件下，随时间变化而仍能满足预定功能要求的能力。

在有水的条件下，混凝土结构的耐久性问题就变得特别重要。本节分别介绍了水工结构的环境类别，不同环境条件下混凝土的最低强度等级、最大水灰比、最小水泥用量以及混凝土的抗渗、抗冻等级等规定。对于配筋结构还必须满足最小保护层厚度及合理的结构型式和配筋方式。

本节内容比较容易理解。通过本章的学习，应了解导致水工混凝土结构耐久性失效的主要原因有哪些，并掌握保证混凝土结构耐久性的技术措施及构造要求。

8.1.2 本章的难点及学习时应注意的问题

本章中有许多与前几章承载能力极限状态计算不同的新概念，例如抗裂计算中受拉区混凝土的塑性影响，裂缝发生前后混凝土和钢筋沿构件纵轴的应力变化，裂缝间距和裂缝宽度的关系，钢筋混凝土受弯构件的刚度变化规律等，这些新的概念一般来说也就是本章中的一些难点。

学习本章时应注意的问题如下：

(1) 一般钢筋混凝土结构构件都是不需要抗裂的，只有水工结构中规定了某些承受水压的构件需要进行抗裂验算。能满足抗裂要求的结构构件，它的截面尺寸就必定比较大，因此由承载力计算得出的配筋率就一定比较低。结果就有可能发生如下的矛盾情况：即已满足抗裂要求的结构构件，若再用裂缝宽度公式去验算，裂缝宽度反会很大，根本无法满足要求。这是因为抗裂验算公式和裂缝宽度验算公式是在两个完全不同的假定基础上各自建立起来的，相互间是不连续的。

针对这一矛盾，水工混凝土结构设计规范规定：①当钢筋混凝土构件已满足抗裂要求时，可不再进行裂缝宽度的验算；②对某些重要的构件，经论证确有必要时，可同时提出抗裂验算和限制裂缝宽度验算的要求（双重保证）；③但在抗裂验算时，若拉应力限制系数 α_{ct} 取为 0.55 后仍能满足抗裂验算要求时，则可不再进行裂缝宽度验算。

(2) 必须再次提及，本章中所讨论的抗裂验算和裂缝宽度验算只涉及荷载作用下的正截面裂缝。而工程上（特别是大体积混凝土结构），80%以上的裂缝都是非荷载因素产生的，主要是温度裂缝和干缩裂缝。防止大体积混凝土温度裂缝和干缩裂缝的设计方法涉及到混凝土拌合料的进仓温度、水泥水化热、混凝土块体的热传导过程、混凝土的收缩、混凝土分块大小、基础对结构的约束、结构间的相互约束、周围介质的温度变化等诸多因素，问题就非常复杂（请参阅教材 12.2 节）。因此，不能简单地以为只要按本章的公式进行了验算就能把裂缝问题解决了。

即便是荷载引起的正截面裂缝，它的发生发展的机理也不是完全搞得十分清楚了，各规范给出的验算公式各不相同，其结果会有很大的差异。已满足裂缝宽度验算公式的构件，在实际上仍可能出现很宽的裂缝；而验算中不满足要求的构件，在实际中可能只出现很细的裂缝。所以要防止裂缝的产生或开展过宽，除了必要的验算外，更重要的是严格选择原材料，优化级配，特别是认真施工，长期保温保湿养护，加上合理的配筋，才是避免发生过大裂缝的关键。

（3）从裂缝宽度验算公式可以看出，影响裂缝宽度的因素有：钢筋应力 σ_s、保护层厚度 c、钢筋直径 d、钢筋表面形状、配筋率 ρ_{te} 等。其中，增加配筋量和采用变形钢筋是减小裂缝宽度的有效措施。采用细钢筋（增加配筋根数）也能减小裂缝宽度，但应注意在梁、柱类构件中，钢筋配置过密过多，有时会使混凝土浇筑不密实，反会严重影响耐久性。保护层厚度越薄，构件表面的裂缝宽度就越细，但千万不能为了满足裂缝宽度的限制而任意减小保护层厚度（至少不应小于不同环境条件下的保护层最小厚度），否则会造成严重的耐久性恶化。

（4）在水工建筑中，由于稳定和使用要求，构件的截面尺寸常设计得较大，变形一般较小，能满足设计要求。因此在水工建筑物中，除了有严格限制变形要求的构件以及截面尺寸特别单薄的装配式构件需要进行变形验算外，其他构件的变形验算有时可不再进行。

（5）对钢筋混凝土结构构件，其耐久性问题主要是钢筋的锈蚀，因此最不利的环境是时干时湿的环境以及海水浪溅区和盐雾作用区。一直处于水下的结构，钢筋锈蚀的程度反而并不严重。应注意，提高钢筋混凝土构件耐久性的主要措施是加大保护层厚度和提高其密实性。在海水等恶劣环境下，不应采用薄肋型结构及配置过细的钢筋。

8.2　综　合　练　习

1. 填充题

（1）钢筋混凝土结构设计首先应进行________极限状态计算，以保证结构构件的安全可靠，然后还应根据构件的使用要求进行________极限状态验算，以保证结构构件能正常使用。正常使用极限状态验算包括____（不允许裂缝出现）或________验算和____验算。

（2）正常使用极限状态验算与承载能力极限状态计算相比，两者所要求的目标可靠指标不同。对于正常使用极限状态验算，可靠指标 β 通常可取为____。

（3）进行正常使用极限状态验算时荷载与材料强度均取其____值，而不是它们的____值。

（4）承受水压的______构件、__________构件，由于整个截面受拉，混凝土开裂后裂缝有可能贯穿整个截面，引起水的渗漏，因此水工混凝土结构设计规范规定，应进行抗裂验算。对于发生裂缝后会引起严重渗漏的其他构件，也应进行抗裂验算。

（5）对于一般钢筋混凝土构件，在使用荷载作用下，截面的拉应变总是大于混凝土的__________的，要求构件在正常使用时不出现裂缝是不现实的。因此，一般的钢筋混凝土构件总是带____工作的。

（6）钢筋混凝土轴心受拉构件在即将发生裂缝时，混凝土的拉应力达到其实际轴心抗拉强度__，拉伸应变达到其极限拉应变______。这时由于钢筋与混凝土保持共同变形，因此钢筋拉应力 σ_s 可根据钢筋和混凝土变形相等的关系求得。在混凝土在开裂前或即将开裂时，钢筋应力只是混凝土应力的__倍，约______倍。

（7）对钢筋混凝土构件的抗裂能力而言，钢筋所起的作用不大。混凝土即将开裂时钢筋的拉应力 $\sigma_s \approx$______N/mm^2，可见此时的钢筋应力是很低的。所以用增加钢筋面积的方法来提高构件的抗裂能力是极不合理的。构件抗裂能力主要靠加大__________或提高_________保证，也可采用在局部混凝土中掺入_______等措施，最根本的方法则是采用__________构件。

(8) 抗裂验算时，可以把钢筋面积 A_s 折算为 $\alpha_E A_s$ 的混凝土面积，α_E 是钢筋和混凝土的_______ 的比值。对轴心受拉构件，总的换算截面面积 $A_0=$________；对受弯构件，$A_0=$_____________。

(9) 混凝土产生裂缝的原因十分复杂，归纳起来有________引起的裂缝和__________引起的裂缝两大类。

(10) 混凝土的收缩变形随着时间而增长，____收缩变形发展较快，____可完成全部收缩量的 25%，_____约可完成 50%，______后增长缓慢，一般____后趋于稳定。

(11) 防止和减少收缩裂缝的措施是，合理地设置______，改善____性能，降低____，____用量不宜过多，______不宜过高，在梁的支座下设置四氟乙烯垫层以减小____约束，合理设置______ 使收缩裂缝分布均匀，尤其要注意加强混凝土的____养护。

(12) SL 191—2008 规范规定：对于重要的钢筋混凝土结构构件，经论证确有必要时，还应进行裂缝宽度控制验算；但当取 α_{ct} 为____进行抗裂验算并能满足抗裂验算要求时，则可不再进行裂缝宽度验算。

(13) 试验表明，对 $e_0/h_0\leqslant$____的偏心受压构件，在正常使用阶段，裂缝宽度很小，可不必验算裂缝宽度。

(14) 钢筋混凝土梁不是弹性体，具有一定的____性质，这主要是因为混凝土材料的应力—应变本构关系为非线性的，变形模量不是____；另外，钢筋混凝土梁随着受拉区裂缝的产生和发展，截面有所____，使得截面的惯性矩不断地____，也不再保持为____。因此，钢筋混凝土梁随着荷载的增加，其刚度值逐渐____。

(15) 为保证结构具有良好耐久性，首先应正确选用混凝土原材料。例如环境水对混凝土有硫酸盐侵蚀性时，应优先选用_______水泥；有抗冻要求时，应优先选用____水泥及____水泥并掺用______；位于水位变化区的混凝土宜避免采用_________水泥等。对于骨料应控制杂质的含量。对水工混凝土而言，特别应避免含有__________以致会引起碱-集料反应的骨料。

(16) 影响耐久性的一个重要因素是混凝土本身的质量，因此混凝土的配合比设计、拌和、运输、浇筑、振捣和养护等均应严格遵照施工规范的规定，尽量提高混凝上的____和______，从根本上提高混凝土的耐久性。

(17) 混凝土强度等级越__、水泥用量越__，微裂缝就不容易出现，混凝土密实性就越__。同时，混凝土强度等级越__，抗风化能力越强；水泥用量越__，混凝土碱性就越__，抗碳化能力就越强。水灰比越__，水分蒸发形成的毛细孔和水隙就越__，混凝土密实性越差，混凝土内部越容易受外界环境的影响。试验证明，当水灰比小于__时，钢筋就不会锈蚀。国外海工混凝土建筑的水灰比一般控制在__以下。

(18) 氯离子含量是海洋环境或使用除冰盐环境钢筋锈蚀的主要因素，氯离子含量越高，显然混凝土越容易____，钢筋越易____。

(19) 大气中的二氧化碳或其他酸性气体，通过混凝土中的毛细孔隙，渗入到混凝土内，在有水分存在的条件下，与混凝土中的碱性物质发生中性化的反应，就会使混凝土的碱度（即 pH 值）降低，这一过程称为混凝土的____。

（20）钢筋的锈蚀会引起____，导致混凝土沿钢筋出现______，严重时会发展到混凝土保护层____，最终使结构承载力______，严重影响结构的______。

2. 单项选择题

（1）钢筋混凝土受弯构件，抗裂验算时截面的应力阶段是（　　）；裂缝宽度验算时截面的应力阶段是（　　）。（填序号）

A. 第Ⅱ阶段　　B. 第Ⅰ阶段末尾

C. 第Ⅱ阶段开始　　D. 第Ⅱ阶段末尾

（2）下列表达中，错误的一项是（　　）。

A. 规范验算的裂缝宽度是指钢筋重心处构件侧表面的裂缝宽度

B. 提高钢筋混凝土板抗裂性能的最有效办法是增加板厚或提高混凝土的强度等级

C. 解决混凝土裂缝问题的最根本措施是施加预应力

D. 凡与水接触的钢筋混凝土构件均需抗裂

（3）下列表达中正确的一项是（　　）

A. 同一构件，如果配筋量太少，就可能出现裂缝，配筋量增多时，裂缝就可能不出现。

B. 一构件经抗裂验算已满足抗裂要求，那么它必然能满足裂缝宽度的验算。

C. 一钢筋混凝土板，为满足限制裂缝宽度的要求，最经济的办法是改配直径较细的带肋钢筋同时还必须提高混凝土的强度等级。

D. 裂缝控制等级分为三级：一级是严格要求不出现裂缝的构件；二级是一般要求不出现裂缝的构件；三级是允许出现裂缝但应限制裂缝开展宽度的构件。

（4）甲、乙两人设计同一根屋面大梁，甲设计的大梁出现了多条裂缝，最大裂缝宽度约为 0.15mm；乙设计的大梁只出现一条裂缝，但最大裂缝宽度达到 0.43mm。你认为（　　）。

A. 甲的设计比较差　　B. 甲的设计比较好

C. 两人的设计各有优劣　　D. 两人的设计都不好

（5）为减小构件的裂缝宽度，当配筋率为一定时，宜选用（　　）。

A. 大直径钢筋　　B. 带肋钢筋

C. 光圆钢筋　　D. 高强钢筋

（6）一钢筋混凝土梁，原设计配置 4Φ20，能满足承载力、裂缝宽度和挠度要求。现根据等强度原则用了 3Φ25 替代，那么钢筋代换后（　　）。

A. 仅需重新验算裂缝宽度，不需验算挠度

B. 不必验算裂缝宽度，而需重新验算挠度

C. 两者都必须重新验算

D. 两者都不必重新验算

（7）若提高 T 形梁的混凝土强度等级，在下列各判断中你认为（　　）是不正确的。

A. 梁的承载力提高有限　　B. 梁的抗裂性有提高
C. 梁的最大裂缝宽度显著减小　　D. 梁的挠度影响不大

△(8) 对于露天环境的钢筋混凝土梁，原设计梁的截面尺寸为300mm×600mm；混凝土强度等级为C30；因承载力需配置受拉钢筋 $A_s=1500mm^2$，实际配置了5Φ20。经验算，荷载效应标准组合下最大裂缝宽度达到了0.35mm，为此提出了下列几种修改意见，你认为比较合适有效的是（　　）。

A. 把混凝土强度等级提高为C40　B. 配筋改为10Φ14
C. 把保护层改小为25mm　　D. 配筋改为5Φ20
E. 配筋改为5Φ22　　F. 把截面尺寸改为250mm×700mm

3. 多项选择题

△(1) 下列结构中，需要抗裂的有（　　），需要验算裂缝宽度的有（　　），需要验算挠度的有（　　）。

A. 梁式矩形渡槽底板　　B. 水电站吊车梁
C. 墙背有地下水的重力式挡土墙　D. 圆形压力水管
E. 水闸工作桥桥面大梁　　F. 水闸底板

△(2) 为提高构件的抗裂性能，你认为下列措施中哪些是有效的，请把序号填在（　　）内。

A. 增加配筋量　　B. 提高混凝土强度等级
C. 加大截面尺寸　　D. 加掺钢纤维
E. 把HRB335钢筋改为HRB400钢筋
F. 施加预应力

△(3) 为减小裂缝宽度，你认为下列措施中哪些是有效的，请把序号填在（　　）内。

A. 增加配筋量　　B. 提高混凝土强度等级
C. 施加预应力　　D. 采用细的带肋钢筋
E. 认真保温保湿养护　　F. 在结构表面加配钢筋网片

△(4) 下列表达中，请把“不正确”说法的序号填在（　　）内。

A. 在荷载长期作用下，受弯构件的刚度随时间而降低
B. 加配受压钢筋 A_s' 可提高受弯构件的抗弯刚度
C. 提高钢筋混凝土构件抗裂能力的有效措施包括提高混凝土抗拉强度、加大截面尺寸及增加受拉钢筋面积
D. 受拉钢筋应变不均匀系数 ψ 越大，表示裂缝间混凝土参与承受拉力的程度越大

△(5) 荷载长期作用下，钢筋混凝土梁的挠度会持续增长，其主要原因是（　　）。

A. 受拉钢筋产生塑性变形
B. 受拉区裂缝持续开展和延伸
C. 受压混凝土产生徐变
D. 受压区未配钢筋，受压区混凝土可较自由地收缩

4. 问答题

(1) 构件的配筋用量一般均是由承载能力极限状态计算确定的，在哪些情况下，配筋量不再由承载力控制？

(2) 有 A、B、C、D 四个轴心受拉构件，采用的混凝土强度等级相同。A、B 的截面尺寸为 200mm×200mm；C、D 的截面尺寸为 400mm×400mm。A 与 C 各配置 4 Φ 20；B 与 D 各配置 8 Φ 20。请指出承受轴力后，四个构件出现裂缝和最终达到破坏的先后顺序，并作解释。

△(3) 钢筋混凝土受弯构件中，截面抵抗矩的塑性系数 γ_m 反映了混凝土的什么性质？主要与哪些因素有关？它与轴心受拉、偏心受拉和偏心受压的塑性系数 $\gamma_{轴拉}$、$\gamma_{偏拉}$、$\gamma_{偏压}$ 相比，哪个最大，哪个最小，为什么？

△(4) 一个能满足抗裂要求的钢筋混凝土构件，在使用荷载作用下受拉钢筋应力 σ_s 大致只有 20～30N/mm²，所以承载能力肯定没有问题，不必再进行承载能力极限状态计算，这种说法对不对？为什么？

△(5) 为什么钢筋混凝土构件在荷载作用下一出现裂缝就会有一定宽度？

△(6) 垂直于钢筋纵轴的受力裂缝对钢筋混凝土构件的耐久性有什么影响？提高构件耐久性的主要措施是什么？为什么配置高强钢丝的预应力混凝土构件必须抗裂？

△(7) 试分析纵向钢筋配筋量对受弯构件正截面的承载力、抗裂性、裂缝宽度及挠度的影响。

△(8) 提高受弯构件刚度的措施有哪些？最有效的措施是什么？

△(9) 试描述在钢筋混凝土梁的等弯矩区段内，第一条裂缝出现前后直到第二条裂缝产生，受拉混凝土应力与钢筋应力沿梁轴变化的情况，并画出其应力分布图形。

△(10) 试描述钢筋混凝土梁的 $M—f$ 关系曲线，它与弹性匀质梁的 $M—f$ 关系曲线有哪些不同？

☆(11) 水工混凝土结构设计规范中，求解短期抗弯刚度 B_s 的公式，即教材式 (8-45) 中，配筋率 ρ 应该取构件中哪个截面的钢筋用量？为什么？

☆(12) 试分析水工混凝土结构设计规范求解短期刚度 B_s 的公式，在物理概念上有哪些不足之处？在实用计算中又有什么优点？

△(13) 水工 SL 191—2008 规范的裂缝宽度验算公式为什么不能用来计算弹性地基梁或隧洞衬砌的裂缝？这些结构的裂缝宽度应该如何验算？

△(14) 水电站吊车梁裂缝宽度验算时，为什么可将求得的最大裂缝宽度乘以 0.85？

8.3 设 计 计 算

(1) 钢筋混凝土压力水管，内半径 $r=1000$mm，管壁厚度 $h=150$mm；采用 C25 混凝土，HRB335 钢筋；水管内水压力标准值 $p_k=0.20$N/mm²；水管为 3 级水工建筑物。试计算该水管环向钢筋截面面积并验算该水管是否满足抗裂要求？

(2) 某钢筋混凝土渡槽，槽身横向计算时，在槽内水压力标准值作用下，槽底板端部截面每米长度（顺水流方向）承受由荷载产生的轴向拉力 $N_k=39.2$kN；弯矩 $M_k=$

18.9kN·m；已知槽底板厚 $h=300$mm，采用 C25 混凝土，HRB335 钢筋；该端部截面配有受力钢筋 $A_s=890\text{mm}^2$（Φ 12/14@150），$A'_s=262\text{mm}^2$（Φ 10@300），$a=a'=30$mm。试对该截面进行抗裂验算。

（3）已知某钢筋混凝土渡槽，槽身侧墙厚为 $h=300$mm；在经常作用的水压力标准值作用下，侧墙底部每米长度内承受的弯矩为 $M_k=35$kN·m；经承载能力计算配置受力钢筋（HRB335 钢筋）Φ 12@125，$a=30$mm，混凝土强度等级为 C25。试验算其抗裂能力是否满足要求？

（4）有一矩形截面钢筋混凝土轴心受拉构件，截面尺寸 $b\times h=400\text{mm}\times400\text{mm}$；已配置 HRB335 受拉钢筋 4Φ 25；混凝土强度等级 C25，保护层厚度 $c=30$mm。要求：

1）计算裂缝刚出现时所能承受的轴向拉力 N_{cr} 是多少？

2）刚开裂时裂缝截面处的混凝土和钢筋的应力各是多少？

3）当荷载效应标准组合下的轴心拉力值 $N_k=500$kN 时，其最大裂缝宽度 w_{max} 是多少？

（5）一处于露天环境的 T 形吊车梁，$b'_f=600$mm，$b=300$mm，$h'_f=100$mm，$h=800$mm；承受自重及吊车荷载标准值产生的弯矩 $M_k=440$kN·m；采用 C30 混凝土；经计算，配置 HRB335 钢筋 6Φ 25；混凝土保护层厚 $c=35$mm，$a=75$mm，$h_0=725$mm。试验算裂缝宽度是否满足要求？

（6）已知某矩形截面偏心受压柱，计算长度 $l_0=5$m，矩形截面尺寸 $b\times h=400\text{mm}\times600\text{mm}$；混凝土强度等级为 C25；保护层厚度 $c=30$mm，对称配筋 $A_s=A'_s=1520\text{mm}^2$（各为 4Φ 22）；承受荷载标准值产生的轴向压力 $N_k=350$kN；偏心距为 $e_0=514$mm，裂缝最大宽度限值 $w_{lim}=0.3$mm，试验算最大裂缝宽度是否满足要求。

（7）已知某 I 字形截面受弯构件，截面尺寸 $b'_f=b_f=800$mm，$h'_f=h_f=150$mm，$b=200$mm，$h=1200$mm；混凝土强度等级为 C30，配置 HRB335 钢筋，受拉区配置 6Φ 20（$A_s-1884\text{mm}^2$），受压区配置 6Φ 12（$A'_s=678\text{mm}^2$）；混凝土保护层厚度 $c=30$mm，均布荷载标准值作用下的弯矩 $M_k=479$kN·m，计算跨度 $l_0=9$m，梁的允许挠度为 $[f]=l_0/300$。验算该梁的最大挠度是否满足要求。

第 9 章　钢筋混凝土肋形结构及刚架结构

9.1　学　习　指　导

本章是在学习前面几章板、梁、柱等基本构件设计计算的基础上，进一步讨论由板、梁、柱组合在一起的肋形结构及刚架结构的受力特点、结构分析、配筋计算和构造要求。本章讨论的受力结构分为两类：一类是由板和梁组成的承受竖向荷载的肋形结构，如屋面结构及楼面结构，又称梁板结构；另一类是由梁和柱组成的刚架结构，它既承受结构传来的竖向荷载，同时又承受风荷载或地震力等水平力的作用。由水平的肋形结构和竖向的刚架结构就构成了完整的空间建筑结构。

9.1.1　本章主要内容及学习要求

（1）肋形结构中单向板与双向板的判别。

（2）单向板肋形结构的结构布置和计算简图。

（3）单向板肋形结构按弹性理论的内力计算。

（4）单向板肋形结构考虑塑性内力重分布的内力计算。

（5）单向板肋形结构的截面设计和构造要求。

（6）双向板肋形结构的设计。

（7）钢筋混凝土刚架结构。

（8）钢筋混凝土牛腿设计。

（9）钢筋混凝土柱下基础。

以上各部分内容中，（1）～（6）部分属于肋形结构的内容，是本章的主要学习内容，（7）～（9）部分内容属于刚架结构计算，可根据教学大纲的要求有选择性地加以学习。为此各部分内容的学习要求不尽相同。

1. 肋形结构中单向板与双向板的判别

根据梁格布置的不同，肋形结构分为单向板及双向板两种不同的结构类型。应首先了解两种类型肋形结构的判别条件，并着重掌握两种类型肋形结构在竖向荷载作用下，荷载传递方式的不同。

2. 钢筋混凝土单向板结构布置和计算简图

梁格布置的好坏不仅影响板梁的受力特性，同时影响工程的经济性与技术上的合理性。应知道梁格布置的一般原则，在单向板肋形结构中板的跨度就是次梁间距，次梁跨度就是主梁间距，而主梁跨度也就是柱距。应了解常用的单向板的厚度及主、次梁尺寸。对于连续板、连续梁的计算简图，应弄清楚支座的性质，荷载的形式、大小及作用位置以及各跨的计算跨度。重点搞清在将连续板梁的各中间支座简化为铰支座时存在的问题及解决的办法；掌握按弹性方法计算连续板梁的内力时，计算跨度的取值方法。

3. 单向板肋形结构按弹性理论的内力计算

水工建筑中的连续板、梁内力一般是按弹性理论计算的，所以这部分内容是本章的重点。

所谓按弹性理论计算内力，就是把钢筋混凝土板梁看作匀质弹性构件，用结构力学的方法计算内力。对于等跨度、等刚度的连续板梁，多利用现成图表进行计算。应重点掌握多跨连续梁板在求跨中最大正弯矩、支座处最大负弯矩及支座处最大剪力时活荷载最不利布置方式，熟练地利用教材附录中的图表计算在均布荷载及集中荷载作用下多跨连续梁板的内力，并能绘制出连续梁的内力包络图。当连续板梁与支座整体浇筑时，最危险截面在支座边缘，所以应将按弹性方法算得的支座弯矩经修正后取支座边缘处弯矩作为配筋计算弯矩。

同时要弄清楚在求板与次梁内力时为何要对荷载进行调整，荷载的调整方法又是怎样的。

4. 单向板肋形结构考虑塑性变形内力重分布的计算

考虑塑性变形内力重分布的计算，是针对具有一定塑性性能的超静定结构，利用材料的塑性变形引起结构构件的内力重分布，最大限度地发挥材料的潜能，从而收到一定的经济效果。在学习时应弄懂塑性变形内力重分布的基本原理，搞清楚塑性铰的特点是什么，理想铰与塑性铰有什么区别，在采用塑性变形内力重分布方法计算钢筋混凝土连续梁板的内力时应遵守的哪些原则等。学习后应能掌握在均布荷载及集中荷载作用下按考虑塑性变形内力重分布计算等跨连续板梁内力的方法。

5. 单向板肋形结构的截面设计和构造要求

无论是连续板或连续梁，其正截面及斜截面承载力计算，裂缝宽度和变形验算等，均按前面几章所述方法进行。教材在这里主要介绍了连续板、梁设计时应注意的几个问题。

连续板只需进行正截面承载力计算。其配筋形式有弯起式及分离式两种，应了解不同配筋形式的特点及适用场合；掌握钢筋在弯起或切断时应满足的必要的构造要求；掌握板与周边墙体相交处，板与主梁相交处及板的孔洞周边处的配筋构造要求。

连续梁应分别进行正截面及斜截面的承载力计算。在正截面承载力计算时，应理解为何连续梁跨中按 T 形截面计算而支座处按矩形截面计算。应掌握主梁支座截面处截面有效高度 h_0 如何取值，主、次梁交接处附加箍筋或附加吊筋的计算方法及相应的构造要求。

6. 双向板肋形结构的设计

双向板的内力计算也有按弹性方法和考虑塑性变形内力重分布方法两种。教材中只介绍了按弹性方法计算内力。

应了解双向板的破坏形态。对于单块的双向板，应掌握根据四边支承情况利用现成图表查出跨中弯矩及支座中点弯矩的方法。

对于连续双向板，是将其简化为单块板来求相应的跨中或支座弯矩。应掌握在求跨中弯矩时活荷载的布置方式，并理解在画计算简图时为何荷载要分为满布及一上一下两种方式。应掌握在求连续板的支座中点弯矩时的荷载布置方式，理解此时计算简图的特点，并能通过查表求出不同板块的支座弯矩。应掌握双向板的截面设计与构造要求的特点，理解配筋计算时短跨方向与长跨方向 h_0 取值的不同及如何划分边缘板带与中间板带。

对于支承双向板的梁，首先应了解板上荷载如何传递给周边的梁，短跨梁及长跨梁计算简图的特点。进而理解如何将梯形、三角形荷载折算为相等支座弯矩的等效均布荷载，并相应地计算出支承双向板的梁的支座弯矩。需要强调的是，所谓等效荷载只是在求支承双向板的梁的支座弯矩时是等效的，而梁的跨中弯矩及支座剪力则应在支座弯矩求得后，再按已知端弯矩并承受实际（梯形或三角形）荷载的单跨简支梁由平衡条件求得。

7. 钢筋混凝土刚架结构

应了解刚架结构的计算简图，弄清楚刚架结构内力计算与截面设计的特点；特别是刚架结构的节点构造和立柱与基础不同连接方式的构造要求。

8. 钢筋混凝土牛腿设计

应了解牛腿的受力特点、破坏形态及计算简图的特点。牛腿的设计包括截面尺寸的确定、纵向受力钢筋的计算及必要的构造要求三方面。其中牛腿的截面尺寸是由裂缝控制条件确定的，所以验算公式中荷载及材料强度均取标准值；纵向受力钢筋由承载力计算确定，而箍筋及弯起钢筋则由构造要求确定。

9. 钢筋混凝土柱下基础

教材着重介绍了柱下独立基础的计算要求，并简单介绍了当两个独立基础连成一起后所形成的条形基础的地基反力计算。

对于柱下独立基础，应了解基础的形式及必要的构造要求。柱下独立基础的设计包括三方面：由地基土反力确定基础底面积；由冲切承载力确定基础高度；由受弯承载力计算基础底板钢筋。要求能运用教材中相关公式分别计算轴心受压、偏心受压基础的底面积，确定基础高度并计算底板所需钢筋。

9.1.2　本章的难点及学习时应注意的问题

本章学习时的难点有以下几方面：

（1）连续梁弹性计算时的荷载最不利布置和内力包络图的绘制。

（2）按塑性变形内力重分布计算连续梁板内力的基本原理。

（3）本章内容过多，特别是有太多的构造规定，学习时感觉太零碎，不容易记住。

学习本章时应注意以下问题：

（1）在肋形楼盖中，板分别支承在周边的主梁与次梁上，主梁的间距为 l_2，次梁的间距为 l_1，当 $l_2/l_1>3$ 时，板所承受的荷载几乎全部传递给两侧的次梁，主梁尽管也与板相交，但承受板传来的荷载所占的比例极小。此时荷载的传递途径可假定为：板→次梁→主梁→柱→基础。而当 $l_2/l_1\leqslant 2$ 时，板上的荷载部分传给次梁，部分传给主梁，此时荷载的传递途径为：

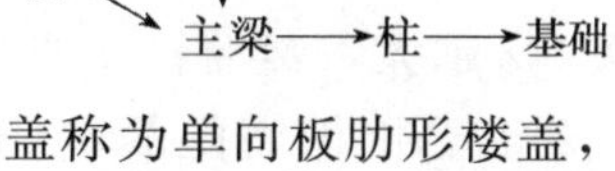

正因如此，将 $l_2/l_1\geqslant 3$ 的楼盖称为单向板肋形楼盖，而将 $l_2/l_1\leqslant 2$ 的楼盖称为双向板肋形楼盖。当 $2<l_2/l_1<3$ 时，因板上仍有少量荷载传给主梁，所以宜按双向板计算；当将其作为沿短跨方向受力的单向板计算时，则应沿长跨方向配置足够数量的构造钢筋。

（2）单向板肋形楼盖中，在连续板及连续次梁内力计算时，一般假设其中间支座均为铰接，亦即忽略支座对板梁的转动约束作用。当连续梁板搁置在砖墙上时，这样的假设是接近实际的。但在肋形楼盖中，板与主、次梁是浇筑为整体的，连续板的中间支座为次梁，连续次梁的中间支座为主梁。将连续板和连续次梁的中间支座假设为理想铰接，与实际就不完全符合。

当活荷载隔跨布置时，板的变形将使支承次梁发生扭转。由于次梁两端被主梁所约束，次梁的抗扭刚度将部分地阻止板的自由转动。对于次梁，主梁是它的支座，同样有这个影响。这个影响反映在支座处的转角 θ 比铰支座的转角 θ 要小，其效果是减少了板（或次梁）中的弯矩，即减弱了活荷载的不利影响。这种影响难以精确计算，通常采用调整荷载（加大恒载减少活载）的方法加以考虑。也就是说，在进行荷载最不利组合及内力计算时，仍按铰支座假定，但用折算荷载（加大恒载减少活载）代替实际的荷载。采用折算荷载可使跨中最大正弯矩和支座处负弯矩减小，与实际结构的受力状态趋于吻合。

（3）按照弹性理论计算的内力包络图进行配筋，这样可以保证结构的安全。这种计算方法是认为结构上任一截面的内力达到该截面承载能力极限时，整个结构即达破坏。这个概念对于静定结构来说基本符合。对于钢筋混凝土超静定结构来说，某一截面的内力达到承载能力极限时，并不一定导致整个结构的破坏，结构还具有一定的强度储备。考虑塑性变形的计算可以将结构的潜力进一步发挥出来。

在静定结构中，当某一截面出现塑性铰后，结构就变为一个几何可变体系，已不能继续加载，结构的承载力达到极限。

对于超静定结构，如钢筋混凝土连续梁，由于存在多余约束，某一截面出现塑性铰并不能使结构立即成为破坏机构，而还能承受继续增加的荷载。当继续加荷时，先出现塑性铰的截面所承受的弯矩 M_u 维持不变，产生转动，没有出现塑性铰的截面所承受的弯矩继续增加（即结构的内力分布规律与出现塑性铰前的弹性计算不再一致），直到结构形成几何可变体系。这就是塑性变形引起的结构内力的重新分布。塑性铰转动的过程就是内力重分布的过程。

考虑塑性变形内力重分布计算连续梁的内力，就是先按弹性计算方法求出弯矩包络图，然后人为地调整某截面的弯矩，再由平衡条件计算其他截面相应的弯矩。这个方法称为弯矩调幅法。由于按弹性计算的结果，一般支座截面负弯矩较大，这就使得支座配筋密集，造成施工不便。所以一般都是将支座截面的最大负弯矩值调低，即减少支座弯矩，但减少的程度必须遵守以下原则：

1）调整后的支座弯矩应大于或等于按弹性计算的弯矩的 75%，也就是通常所说的调幅不大于 25%。这是考虑到如果调幅过大，即内力重分布的过程过长，结构产生的裂缝及变形过大，这将影响结构正常使用，所以必须规定调幅的范围。

2）塑性铰的转动能力应能保证所要求的内力重分布的充分实现。塑性铰的转动能力与该截面的受拉钢筋配筋率 ρ 有关，ρ 越大，塑性转动能力越小。为保证先形成的塑性铰有足够的转动能力，根据试验，规定受拉钢筋配筋率应满足 $\rho \leqslant 0.35 f_c / f_y$ 或 $\xi = x/h_0 \leqslant 0.35$。

3）为保证结构的安全，弯矩调幅后，板、梁各跨两支座弯矩平均值的绝对值与跨中弯矩之和，不应小于按简支梁计算的跨中最大弯矩 M_0 的 1.02 倍，各控制截面的弯矩值

不宜小于 $M_0/3$，以保证结构在形成破坏机构前能达到设计要求的承载力。

4）为了保证结构在实现弯矩调幅所要求的内力重分布之前不发生剪切破坏，连续梁在下列区段内应将计算得到的箍筋用量增大20%。对集中荷载，取支座边至最近集中荷载之间的区段；对均布荷载，取支座边至距支座边 $1.05h_0$ 的区段，其中 h_0 为梁的有效高度。此外，还要求配箍率 $\rho_{sv} \geqslant 0.3f_t/f_{yv}$，其中 f_t 为混凝土轴心抗拉强度设计值，f_{yv} 为箍筋抗拉强度设计值。

应注意，在设计中采用塑性内力重分布的计算方法，由于利用了塑性铰出现后的强度储备，可比用弹性方法设计节省材料，但也不可避免地会导致在正常使用状态下构件的变形较大，应力较高，裂缝宽度也较宽。为此一般只有房屋建筑中的连续板梁才用此方法，而对于裂缝控制要求较高的水工建筑中的连续板梁仍宜按弹性方法进行设计。

（4）双向板按弹性理论内力计算比较复杂，属于弹性力学课程中所讨论的问题。但为实用方便，已编制有相应的表格。

对于承受均布荷载的单块矩形双向板，按板的四边支承情况的不同，在教材附录10中，共列出了7种板的计算简图，供计算时查用。这些计算简图分别为：①四边简支；②一边固定，三边简支；③两对边固定，两对边简支；④两邻边固定，两邻边简支；⑤三边固定，一边简支；⑥四边固定；⑦三边固定，一边自由。根据四边支承情况及沿 x 方向及沿 y 方向板的跨度之比，利用教材附录10表格查得弯矩系数后，即可按下式直接算得有关弯矩

$$M = \alpha p l_x^2$$

需要提醒注意的是，不管计算的是沿 x 方向或沿 y 方向板的跨中及支座弯矩，公式中的 l_x 始终是板的短边方向的跨度。

另外应提醒注意的是，在《水工钢筋混凝土结构学》教材附录10表中的系数均已考虑泊松比 $\nu=1/6$，所以表中系数可直接用于钢筋混凝土板的计算。这与其他许多钢筋混凝土教材或相关的设计手册是不一样的。

（5）在本章学习中，荷载的最不利布置、内力包络图的绘制和大量的构造要求都是学习的难点，光靠课堂教学很难对这些知识有很透彻的了解。为此在教学大纲中规定学完本章后有1.5学分的单向板肋形楼盖的课程设计。在课程设计中，要求能应用荷载最不利布置原则求出连续梁板的内力，并作出主梁的弯矩包络图和剪力包络图。同时在课程设计中将接触到大量的连续板梁的构造知识，要求能将所学过的构造要求正确地应用于设计中，这样，内力包络图的绘制和大量零碎的构造知识等学习难点将通过课程设计得到全面系统的了解和掌握，从而进一步巩固课堂所学知识。

9.2 综 合 练 习

1. 填充题

（1）当板的长边与短边的跨度比 $l_2/l_1>2$ 时，沿长跨方向传递的荷载仅为全部荷载的__以下，为简化计算，可不考虑沿____方向传递荷载。但当 $l_2/l_1\leqslant 2$ 时，计算时就应考虑板上荷载沿____方向的传递。

(2) 当梁格布置使板的长、短跨之比______时，则板上荷载绝大部分沿______方向传到次梁上，因此，可仅考虑板在____方向受力，故称为______。

当梁格布置使板的长、短跨之比______时，则板上荷载将沿____方向传到四边的支承梁上，计算时应考虑____方向受力，故这种板称为______。

(3) 在肋形楼盖中，板的面积较大，其混凝土用量约占整个楼盖混凝土用量的____，所以一般情况是板较薄时，材料较省，造价也较低。

(4) 根据经验，次梁的跨度一般以______为宜，主梁的跨度一般以______为宜。梁的截面尺寸种类不宜过多，梁高与跨长的比值，次梁为______，主梁为________，梁截面宽度为高度的______。

在一般肋形结构中，板的跨度以________为宜，一般不宜超过______；板的常用厚度为______。按刚度要求，板厚不宜小于其跨长的______（连续板）、______（简支板）和____（悬臂板）。

(5) 在单向板肋形楼盖的计算简图中，将板与次梁的中间支座简化为铰支座，可以自由转动，实际上是忽略了次梁对板的________能力，其效果是相当于______板的弯矩值，也就是说，如果假定板的中间支座为铰支座，就把板的弯矩值算__了。类似情况也会发生在次梁与主梁之间。

精确计算这种次梁（或主梁）的抗扭刚度对连续板（或次梁）内力的有利影响颇为复杂，实际上都采用调整荷载的办法来加以考虑。所谓调整荷载，就是加大____减小____，以调整后的____荷载代替实际作用的荷载进行荷载最不利组合和内力计算。

(6) 当按弹性方法计算内力设计值时，计算弯矩用的计算跨度 l_0 一般取支座中心线间的距离 l_c；当支座宽度 b 较大时，按下列数值采用：

对于板，当 $b>0.1l_c$ 时，取________；对于梁，当 $b>0.05l_c$ 时，取________。

计算剪力时，计算跨度取为____。

(7) 按弹性理论计算单向板肋形结构时，对于超过__跨的等刚度连续板梁，由于中间各跨的内力与第__跨的内力非常接近，设计时可按__跨连续板梁计算，将所有中间跨的内力和配筋都按第__跨来处理，这样既简化了计算，又可得到足够精确的结果。

如果连续梁（板）的跨度不相等，但跨度相差不超过__时，也可采用等跨度的图表计算内力。当求支座弯矩时，计算跨度取该支座相邻两跨计算跨度的______；当求跨中弯矩时，则用该跨的____跨度。如梁（板）各跨的截面尺寸不同，但相邻跨截面惯性矩的比值不大于__时，可作为等刚度梁计算内力，即可不考虑不同刚度对内力的影响。

(8) 多跨连续梁、板活荷载最不利布置方式是：

1) 求某跨跨中最大正弯矩时，活载在____布置，然后再____布置；

2) 求某跨跨中最小弯矩时，活载在____不布置，在其____布置，然后再____布置；

3) 求某支座截面的最大负弯矩时，活载在该支座________布置，然后再____布置；

4) 求某支座截面的最大剪力时，活载的布置与求该支座__________时的布置相同。

(9) 在静定结构中，只要有一个截面形成塑性铰便不能再继续加载，因为此时静定结构已变成____机构。但在超静定结构中则不然，每出现一个塑性铰仅意味着减少____超静定次数，荷载仍可继续增加，直到塑性铰陆续出现使结构变成____机构为止。

(10) 塑性铰与理想铰的不同之处在于：①理想铰不能传递弯矩，而塑性铰能承担相当于该截面__________的弯矩；②理想铰可以在两个方向自由转动，而塑性铰却是____铰，不能____转动，只是在弯矩__作用下沿弯矩作用方向作____的转动。塑性铰的转动能力与________及混凝土________有关，ρ 越小塑性铰转动能力____；塑性铰不能________转动，当截面受压区混凝土被压碎时，转动幅度也就达到其____值；③理想铰集中于一点，塑性铰不是集中于一点而是有一个________。

(11) 采用塑性变形内力重分布的方法计算钢筋混凝土连续板梁的内力时，应遵守以下原则：

1) 为保证先形成的塑性铰具有足够的转动能力，必须限制截面的配筋率，即要求调幅截面的相对受压区高度__________。同时宜采用塑性较好的 HPB235、HRB335 和 HRB400 热轧钢筋，混凝土强度等级宜在________范围内。

2) 为防止塑性铰过早出现而使裂缝过宽，截面的弯矩调幅系数 β 不宜超过____，即调整后的截面弯矩不宜小于按弹性方法计算所得弯矩的____。

3) 弯矩调幅后，板、梁各跨两支座弯矩平均值的绝对值与跨中弯矩之和，不应小于按简支梁计算的跨中最大弯矩 M_0 的____倍，各控制截面的弯矩值不宜小于____，以保证结构在形成破坏机构前能达到设计要求的承载力。

4) 为了保证结构在实现弯矩调幅所要求的内力重分布之前不发生剪切破坏，连续梁在下列区段内应将计算得到的箍筋用量增大____。对集中荷载，取支座边至最近集中荷载之间的区段；对均布荷载，取支座边至距支座边__h_0 的区段，其中 h_0 为梁的有效高度。此外，还要求配箍率 $\rho_{sv} \geqslant$______。

(12) 按考虑塑性变形内力重分布的方法设计的结构，在使用阶段，钢筋应力____，裂缝宽度及变形____。故下列结构不宜采用这种方法：

1) 直接承受____荷载和____荷载的结构。

2) 在使用阶段______有裂缝产生或对裂缝开展及变形有____要求的结构。

3) 处于____环境中的结构。

4) ______结构和________的叠合结构。

5) 要求有____安全储备的结构。

(13) 对于承受均布荷载的等跨连续板，当相邻各跨跨度相差不超过__时，则一般可不画抵抗弯矩图，钢筋布置方式可按____要求处理。

肋形结构中的连续板可不进行____承载力计算，也即板的____由混凝土承受，不设置____。

(14) 整体式肋形结构中次梁和主梁是以板为翼缘的连续 T 形梁。但在支座截面承受__弯矩，上面受__、下面受__，受压区在梁肋内，因此应按____截面进行设计；而跨中截面大多承受__弯矩，所以应按____截面设计。

(15) 计算主梁支座截面时，由于在柱上次梁和主梁纵横相交，而且板、次梁及主梁的支座钢筋又互相交叉重叠，主梁钢筋位于最__层，所以主梁支座截面的有效高度 h_0 应根据实际配筋的情况来确定。当支座负弯矩钢筋为单层时，取 $h_0=h-a=h-$____mm；当为双层时，取 $h_0=h-a=h-$____mm。

(16) 在肋形结构中，板中受力钢筋的常用直径为6mm、8mm、10mm、12mm等，为了施工中不易被踩下，支座上部承受负弯矩的钢筋直径一般不少于____mm。受力钢筋的间距不应大于__mm。

板中下部受力钢筋伸入支座的锚固长度不应小于____d，d为伸入支座的钢筋直径。当连续板内温度收缩应力较大时，伸入支座的锚固长度宜适当增加。

当板较薄时，支座上部承受负弯矩的钢筋端部可做成____弯钩，向下直伸到____，以便固定钢筋。

(17) 在单向板肋形结构中，板单位长度上的分布钢筋截面面积不应小于单位长度上的受力钢筋截面面积的__。分布钢筋的间距不宜大于____mm，直径不宜小于____mm。

(18) 板边嵌固于砖墙内的板，实际上有部分嵌固作用，在支承处会产生一定的负弯矩。若计算时按简支考虑，则在嵌固支承处，板顶面沿板边应布置垂直板边的附加短钢筋，伸出支座边界的长度不应小于板的短边计算跨度l_1的__。在墙角附近，板顶面往往产生与墙大约成45°角的弧形裂缝，故在其____范围内，应在板顶面沿双向配置构造钢筋网。沿板的受力方向配置的上部构造钢筋，其截面面积不宜小于该方向跨中受力钢筋截面面积的__，并且一般不小于______；另一方向的数量一般不小于______。

板与主梁梁肋连接处实际上也会产生一定的负弯矩，计算时却没有考虑。故应在与主梁连接处板的顶面，沿与主梁垂直方向配置附加钢筋。其单位长度内的总截面面积不少于板中单位长度内受力钢筋截面面积的__，且每米宽度内不少于____，伸过主梁边缘的长度不宜小于板计算跨度的__。

(19) 在主梁与次梁交接处，主梁的两侧承受次梁传来的集中荷载，因而可能在主梁的中下部引起____裂缝。为了防止这种破坏，应在次梁两侧设置________钢筋（__筋或__筋）。

(20) 双向板上的荷载是沿两个方向传递到四边的支承梁上，精确地计算双向板传递给支承梁的荷载较为困难，在设计中多采用近似方法分配。即对每一区格，从四角作与板边成__角的斜线与平行于长边的中线相交，将板的面积分为四小块，每小块面积上的荷载认为就近传递到相邻的梁上。因此，短跨方向的支承梁将承受板传来的______分布荷载，长跨方向的支承梁将承受板传来的____分布荷载。

(21) 刚架立柱与基础的连接一般有____和____两种。

(22) 试验表明，影响牛腿承载力的因素很多，当其他条件相同时，剪跨比a/h_0对牛腿的破坏影响____。a/h_0比值越大，牛腿承载力越__。

(23) 当剪跨比$a/h_0<0.2$时，牛腿的破坏呈现出明显的混凝土被____破坏的特征，顶部纵向受力钢筋已达不到____强度。在相同荷载作用下，随着剪跨比a/h_0的减小，顶部纵向受力钢筋及箍筋的应力都在不断____。此时，再将牛腿近似看作是以纵向受力钢筋为水平拉杆，混凝土为斜压杆的三角形桁架显然已不合理。试验表明，这时的牛腿承载力由顶部__________、水平____与________三者共同提供。因而，当$a/h_0<0.2$时，牛腿应在____范围内设置水平钢筋。

(24) 当牛腿的剪跨比$a/h_0\geqslant0.3$时，宜设置弯起钢筋A_{sb}。弯起钢筋宜采用________或______钢筋，其截面面积不应少于承受________的受拉钢筋截面面积的__，根数不应少于____根，直径不应小于__mm。

(25) 按施工方法，柱下独立基础可分为预制柱下基础和现浇柱下基础两种。预制柱下基础一般采用____基础。

2. 单项选择题

(1) 对于四边均有支承的板，当梁格布置使板的长、短跨之比（　　）时，则板上荷载绝大部分沿短跨 l_1 方向传到次梁上，因此，可仅考虑板在短跨方向受力，故称为单向板。

A. $l_2/l_1<2$　　B. $l_2/l_1\geqslant 3$　　C. $l_2/l_1\geqslant 2$　　D. $l_2/l_1<3$

(2) 弹性方法设计的连续梁、板各跨跨度不等，但跨度相差不超过10%时，仍作为等跨计算，这时，当计算支座截面弯矩时，则应按（　　）计算。

A. 相邻两跨计算跨度的最大值　　B. 相邻两跨计算跨度的最小值

C. 相邻两跨计算跨度的平均值　　D. 无法确定

(3) 关于折算荷载的叙述，哪一项不正确（　　）。

A. 为了考虑支座抵抗转动的影响，采用增大恒载和相应减少活荷载的办法来处理

B. 对于板，其折算荷载取：折算恒载 $g'=g+q/2$，折算活载 $q'=q/2$

C. 对于次梁，其折算荷载取：折算恒载 $g'=g+q/4$，折算活载 $q'=3q/4$

D. 对于主梁，其折算荷载按次梁的折算荷载采用

(4) 关于塑性铰，下面叙述正确的是（　　）。

A. 塑性铰不能传递任何弯矩而能任意方向转动

B. 塑性铰转动开始于混凝土开裂

C. 塑性铰处弯矩不等于零而等于该截面的受弯承载力 M_u

D. 塑性铰与理想铰基本相同

(5) 对于 n 次超静定的钢筋混凝土多跨连续梁，出现（　　）个塑性铰，将因结构成为机动可变体系而破坏。

A. $n-1$　　B. n　　C. $n-2$　　D. $n+1$

(6) 连续梁、板按塑性内力重分布方法计算内力时，截面的相对受压区高度应满足（　　）。

A. $0.10\leqslant\xi\leqslant\xi_b$　　B. $0.10\leqslant\xi\leqslant 0.35$

C. $\xi>\xi_b$　　D. $\xi>0.35$

(7) 为防止塑性铰过早出现而使裂缝过宽，应控制弯矩调幅值，在一般情况下不超过按弹性理论计算所得弯矩值的（　　）。

A. 30%　　B. 25%　　C. 0%　　D. 15%

(8) 用弯矩调幅法计算，调整后每个跨度两端支座弯矩 M_A、M_B 与调整后跨中弯矩 M_C，应满足（　　）。

A. $\dfrac{M_A+M_B}{2}+M_C\geqslant\dfrac{M_0}{2}$

B. $\frac{|M_A|+|M_B|}{2}+M_C \geqslant \frac{M_0}{2}$

C. $\frac{|M_A|+|M_B|}{2}+M_C \geqslant 1.02M_0$

D. $\frac{|M_A|+|M_B|}{2}+M_C < M_0$

(9) 弯矩调幅后，各控制截面的弯矩值不宜小于（　　），M_0 为按简支梁计算的跨中最大弯矩，以保证结构在形成破坏机构前能达到设计要求的承载力。

A. $2M_0/3$　　B. $M_0/4$　　C. $M_0/3$　　D. M_0

(10) 连续单向板按考虑塑性内力重分布计算时，求跨中弯矩 M_2 的弯矩系数 α_{mp} 为（　　）。

A. 1/11　　B. 1/12　　C. 1/14　　D. 1/16

(11) 在一般肋形结构中，楼面板的最小厚度 h 可取为（　　）

A. $h \geqslant 50$mm　B. $h \geqslant 60$mm　　C. $h \geqslant 80$mm　　D. 没有限制

(12) 对于板内受力钢筋的间距，下面哪条是错误的（　　）。

A. 间距 $s \geqslant 70$mm

B. 当板厚 $h \leqslant 200$mm 时，间距不应大于 200mm

C. 当板厚 $h \leqslant 200$mm 时，间距不应大于 250mm

D. 当板厚 $h > 1500$mm 时，间距不应大于 300mm

(13) 对于连续板受力钢筋，下面哪条是错误的（　　）。

A. 连续板受力钢筋的弯起和截断，一般可不按弯矩包络图确定

B. 连续板跨中承受正弯矩的钢筋可在距离支座 $l_n/6$ 处切断，或在 $l_n/10$ 处弯起

C. 连续板支座附近承受负弯矩的钢筋，可在距支座边缘不少于 $l_n/4$ 或 $l_n/3$ 的距离处切断

D. 连续板中受力钢筋的配置，可采用弯起式或分离式

(14) 对嵌固在承重砖墙内的现浇板，在板的上部应配置构造钢筋，下面哪条是错误的（　　）。

A. 钢筋间距不大于 200mm，直径不小于 8mm 的构造钢筋，其伸出墙边的长度不应小于 $l_1/5$（l_1 为板的短边计算跨度）

B. 对两边均嵌固在墙内的板角部分，应双向配置上述构造钢筋，其伸出墙边的长度不应小于 $l_1/4$

C. 沿板的受力方向配置的上部构造钢筋，其截面面积不宜小于该方向跨中受力钢筋截面面积的 2/3

D. 沿板的受力方向配置的上部构造钢筋，其截面面积不宜小于该方向跨中受力钢筋截面面积的 1/3

(15) 当现浇板的受力钢筋与梁的肋部平行时，应沿梁肋方向配置板面附加钢筋，下面哪条是错误的（　　）。

A. 板面附加钢筋间距不大于 200mm 且与梁肋垂直

B. 构造钢筋的直径不应小于 8mm

C. 单位长度的总截面面积不应小于板中单位长度内受力钢筋截面面积的 1/2

D. 伸入板中的长度从肋边缘算起每边不小于板计算跨度的 1/4

(16) 在单向板肋形楼盖设计中，对于次梁的计算和构造，下面叙述中哪一个不正确(　　)。

A. 承受正弯矩的跨中截面，按 T 形截面考虑

B. 承受负弯矩的支座截面，T 形翼缘位于受拉区，则应按宽度等于梁宽 b 的矩形截面计算

C. 次梁可按塑性内力重分布方法进行内力计算

D. 次梁的高跨比 $h/l=1/8\sim1/4$，一般不必进行使用阶段的挠度验算

(17) 单向板肋形楼盖设计中，对于主梁的计算，下面叙述中哪一个不正确(　　)。

A. 截面设计时与次梁相同，跨中正弯矩按 T 形截面计算，支座负弯矩则按矩形截面计算

B. 主梁内力计算，可按弹性理论方法进行

C. 在主梁支座处，次梁与主梁支座负弯矩钢筋相互交叉，通常次梁负弯矩钢筋放在主梁负弯矩钢筋上面

D. 计算主梁支座负弯矩钢筋时，其截面有效高度取：单层钢筋时，$h_0=h-40$mm；双层钢筋时 $h_0=h-60$mm

3. 多项选择题

(1) 单向板肋梁楼盖按弹性理论计算时，关于计算简图的支座情况，下面哪些说法是正确的(　　)。

A. 计算时对于板和次梁不论其支座是墙还是梁，均将其支座视为铰支座

B. 对于两边支座为砖墙，中间支座为钢筋混凝土柱的主梁，若 $i_{梁}/i_{柱}>5$ 时，可将梁视作以柱为铰支座的连续梁进行内力分析，否则应按框架横梁计算内力

C. 当连续梁板各跨跨度不等，如相邻计算跨度相差不超过 20%，可作为等跨计算

D. 当连续梁板跨度不等时，计算各跨跨中截面弯矩时，应按各自跨度计算；当计算支座截面弯矩时，则应按相邻两跨计算跨度的最大值计算

(2) 单向板肋梁楼盖按弹性理论计算时，连续梁板的跨数应按(　　)确定。

A. 对于各跨荷载相同，其跨数超过五跨的等跨等刚度连续梁板将所有中间跨均以第三跨来代替

B. 对于超过五跨的等跨等刚度连续梁板，可按五跨来计算其内力

C. 当梁板跨数少于五跨时，按五跨来计算内力

D. 当梁板跨数少于五跨时，按实际跨数计算

(3) 钢筋混凝土超静定结构内力重分布的说法哪些是正确的(　　)。

A. 对于 n 次超静定钢筋混凝土多跨连续梁，出现 $n+1$ 个塑性铰后成为机动可变体系而破坏

B. 钢筋混凝土超静定结构中某一截面的“屈服”，并不是结构的破坏，其中还有强度储备可以利用

C. 超静定结构的内力重分布贯穿于裂缝产生到结构破坏的整个过程

D. 从开裂到第一个塑性铰出现这个阶段的内力重分布幅度较大

(4) 塑性铰的转动限度主要取决于（　　）。

A. 钢筋种类　　B. 配筋率

C. 混凝土的极限压缩变形　　D. 截面的尺寸

(5) 对弯矩进行调整时，应遵循的原则是（　　）。

A. 宜采用具有较好塑性的 HPB235、HRB335 和 HRB400 热轧钢筋

B. 控制弯矩调幅值，截面的弯矩调幅系数 β 不宜超过 0.25

C. 截面相对受压区高度 $\xi=x/h_0\leqslant\xi_b$

D. 调整后每个跨度两端支座弯矩 M_A、M_B 绝对值的平均值与调整后的跨中弯矩 M_C 之和，应不小于简支梁计算的跨中弯矩 M_0 的一半

(6) 对下列结构在进行承载力计算时，不应考虑内力塑性重分布，而按弹性理论方法计算其内力（　　）。

A. 处于侵蚀环境中的结构　　B. 直接承受动荷载作用的结构

C. 使用阶段允许出现裂缝的构件　　D. 要求有较高安全储备的结构

4. 问答题

(1) 钢筋混凝土楼盖结构有哪几种类型？说明它们各自受力特点。

(2) 什么叫单向板？什么叫双向板？它们是如何划分的？它们的受力情况有何主要区别？

(3) 单向板肋形楼盖结构设计的一般步骤是什么？

(4) 试说明单向板肋形楼盖的传力途径？楼盖中的板和梁与单跨简支板、梁有区别吗？

(5) 整浇单向板肋形楼盖中的板、次梁和主梁，当其内力按弹性理论计算时，如何确定其计算简图？

(6) 为什么连续板梁内力计算时要进行荷载最不利布置？

(7) 连续板梁活荷载最不利布置的原则是什么？

(8) 什么是连续梁的内力包络图？

(9) 单向板肋形楼盖按弹性方法计算内力时，梁板的计算简图和实际结构有无差别？为使计算能更与实际相一致，在内力计算中如何加以调整？

(10) 什么叫塑性铰？钢筋混凝土中的塑性铰与力学中的理想铰有何异同？

(11) 什么叫塑性内力重分布？塑性铰与内力重分布有何关系？

(12) 什么叫弯矩调幅？考虑塑性内力重分布计算钢筋混凝土连续梁的内力时，为什么要控制弯矩调幅？

(13) 按考虑塑性内力重分布计算钢筋混凝土连续梁的内力时，为什么要限制截面受压区高度？

(14) 确定弯矩调幅时应考虑哪些原则？

(15) 试说明塑性内力重分布计算方法的特点及其适用范围。

(16) 单向板有哪些构造钢筋？为什么要配置这些钢筋？

（17）主梁的计算和配筋构造与次梁相比较有些什么特点？

（18）为什么在计算整浇连续板梁的支座截面钢筋时，应取支座边缘处的弯矩？

（19）在主梁设计中，为什么在主次梁相交处需设置附加吊筋或附加箍筋？

（20）如何计算连续双向板的跨中最大弯矩和支座中点最大弯矩？

9.3 设 计 计 算

（1）图 9-1 为钢筋混凝土三跨连续板的计算简图。板承受的恒载设计值 $g=4kN/m$，活荷载设计值 $q=6kN/m$。试利用内力计算表，计算该连续板各支座和跨中截面的最大弯矩值。

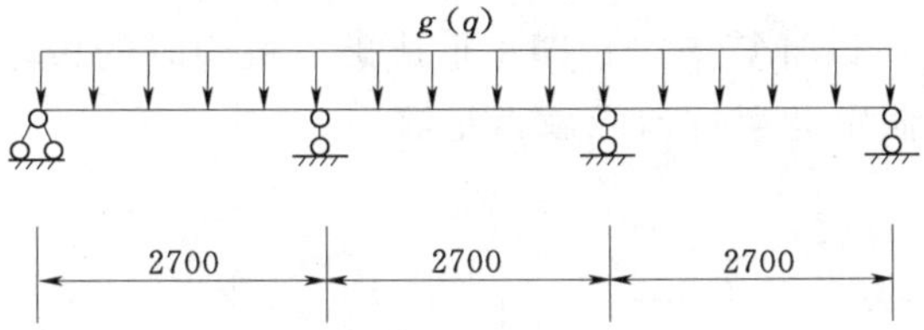

图 9-1　三跨连续板计算简图

（2）图 9-2 为钢筋混凝土三跨连续主梁的计算简图。主梁承受的恒载设计值 $G=12kN$，活荷载设计值 $Q=100kN$。试利用内力影响线系数表（教材附录 8），计算该梁各支座和集中荷载作用处的截面最不利内力值。

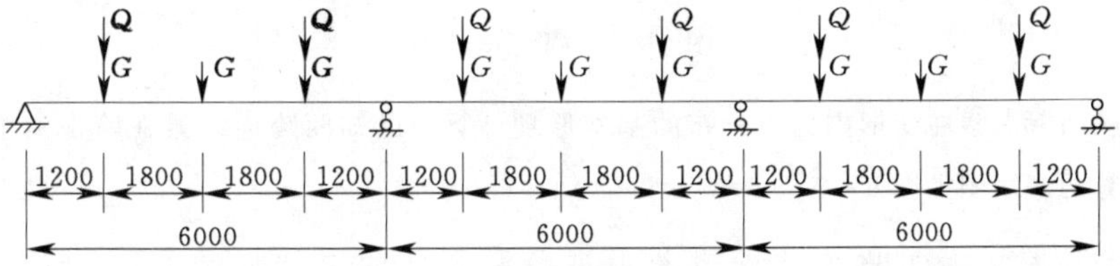

图 9-2　三跨连续梁计算简图

（3）两端带悬臂的两跨连续板的计算简图如图 9-3 所示。板承受的恒载设计值 $g=4kN/m$，活荷载设计值 $q=7.5kN/m$。试利用内力计算表，计算该连续板各支座和跨中截面的最大弯矩值。

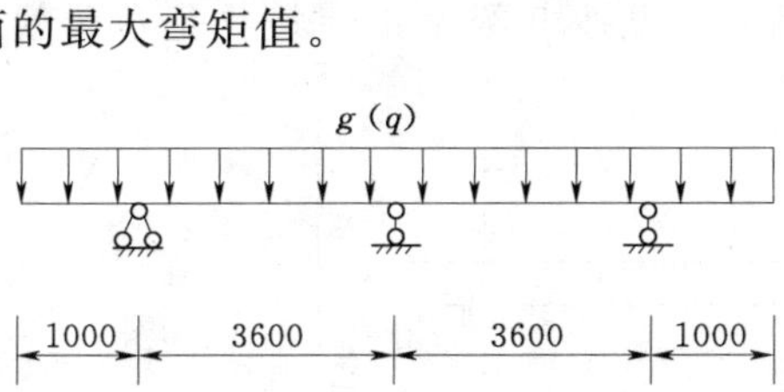

图 9-3　带悬臂的两跨连续板计算简图

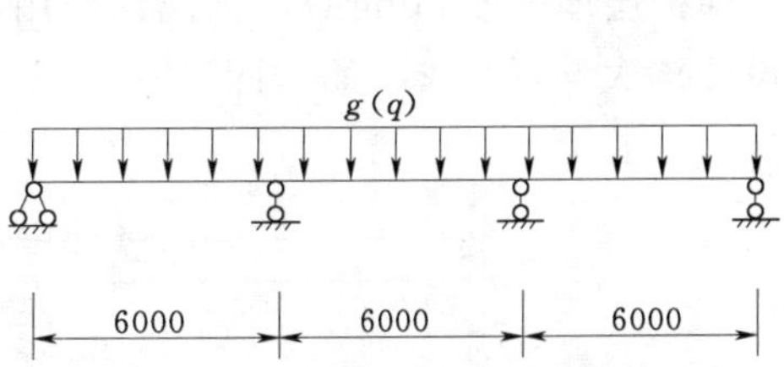

图 9-4　三跨连续梁计算简图

（4）图 9-4 为钢筋混凝土三跨连续梁的计算简图。梁承受的恒载设计值 $g=8kN/m$，活荷载设计值 $q=15kN/m$。试作该梁的内力包络图（梁的净跨取 $l_n=5700mm$）。

(5) 图 9-5 为钢筋混凝土三跨连续主梁的计算简图。图中恒载设计值 $G=40\text{kN}$，活荷载设计值 $Q=100\text{kN}$。试作该主梁的内力包络图（梁的净跨取 $l_n=6700\text{mm}$）。

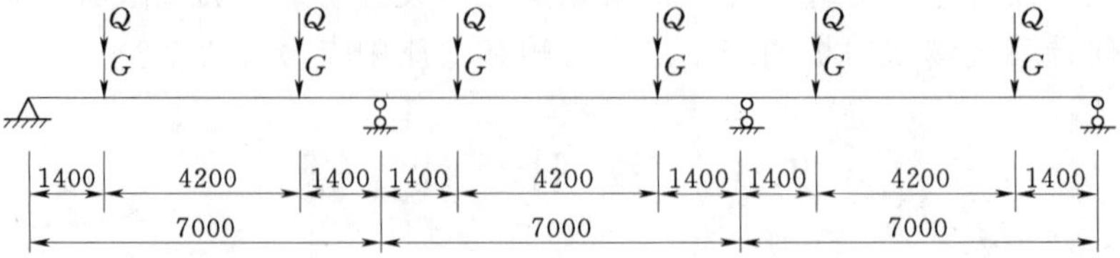

图 9-5　三跨连续主梁计算简图

(6) 图 9-6 (a) 为钢筋混凝土两跨连续梁，截面尺寸 $b\times h=250\text{mm}\times500\text{mm}$，材料选用 C25 混凝土和 HRB335 钢筋，混凝土保护层厚度为 30mm。支座和跨中截面按 $x=0.35h_0$ 配置等量的钢筋。试计算该梁在即将形成破坏机构时的极限荷载 P_{max} 的数值。（计算时不考虑梁自重，并假定此梁抗剪承载力足够）。

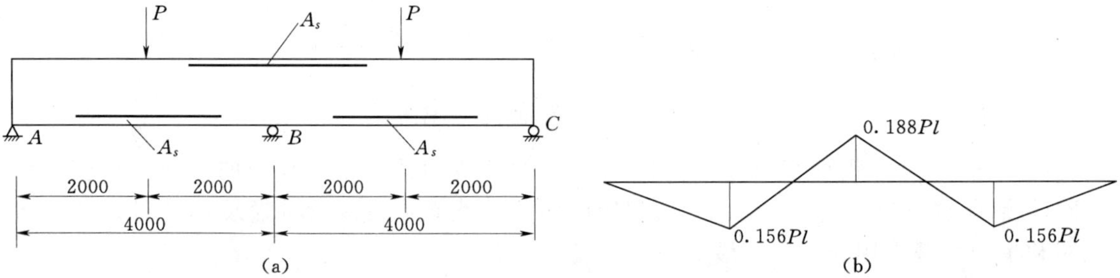

图 9-6　两跨连续梁

提示： 应用考虑塑性变形内力重分布的基本原理计算。已知两跨连续梁在跨中集中荷载作用下，按弹性方法计算的弯矩图如图 9-6 (b) 所示。

(7) 某钢筋混凝土四跨连续次梁的支承情况及几何尺寸如图 9-7 所示。现浇板厚 80mm，板跨（即次梁的间距）为 2500mm。次梁的截面尺寸 $b\times h=200\text{mm}\times450\text{mm}$，主梁的截面尺寸 $b\times h=250\text{mm}\times600\text{mm}$。次梁承受均布恒载设计值 $g=8.5\text{kN/m}$（含自重），活荷载设计值 $q=10.5\text{kN/m}$。采用 C25 混凝土，纵向受力钢筋用 HRB335 钢筋（混凝土保护层厚度取 30mm），其他钢筋用 HPB235 钢筋。试按 3 级水工建筑物基本荷载组合设计该次梁，并作配筋详图。

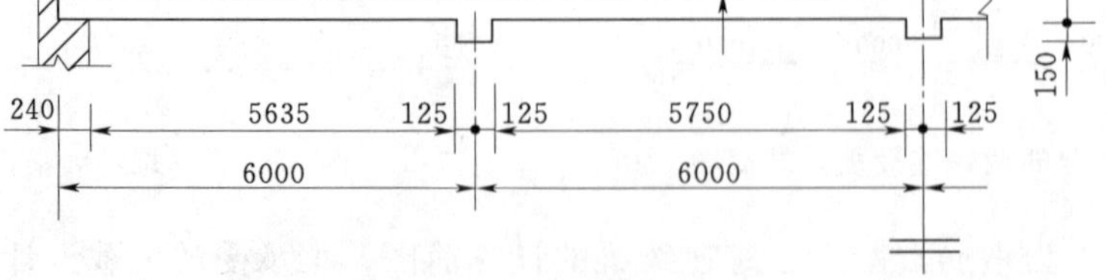

图 9-7　四跨连续次梁

(8) 试用考虑塑性变形内力重分布方法设计计算题 7 的次梁，并把计算结果进行比较，可得出什么结论？

(9) 单块双向板的支承情况如图 9-8 所示。计算跨度：$l_x=2.4$m，$l_y=3.0$m。作用于板上的均布荷载 $p=g+q=6.8$kN/m^2。试计算该板的内力。

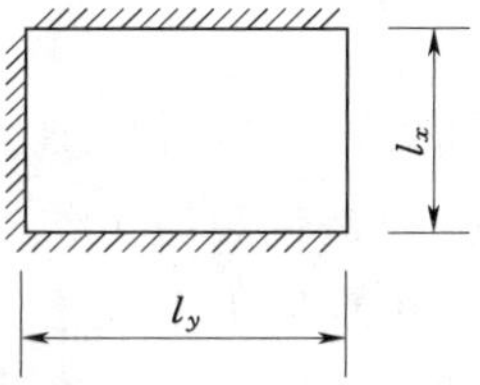

图 9-8　单块双向板

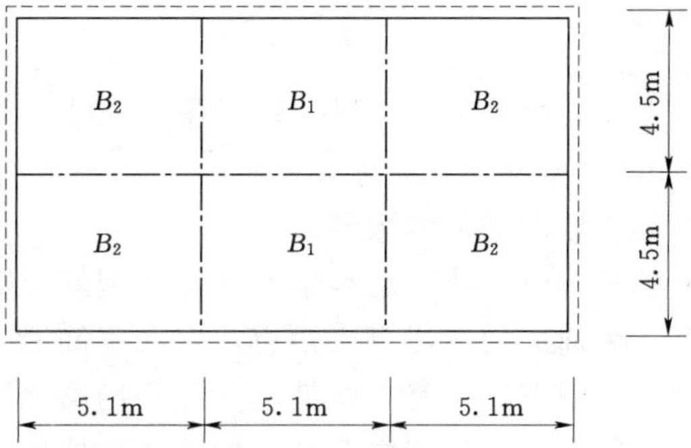

图 9-9　双向板楼盖

(10) 试求图 9-9 所示双向板楼盖中各板的跨中及支座单位板宽的弯矩设计值。已知楼面永久荷载设计值 $g=4$kN/m^2，活荷载设计值 $q=8$kN/m^2。

(11) 图 9-10 为钢筋混凝土四跨连续梁的计算简图。图中恒载设计值 $g=15$kN/m，活荷载设计值 $q=25$kN/m。试计算其各支座和跨中截面的最大弯矩值。

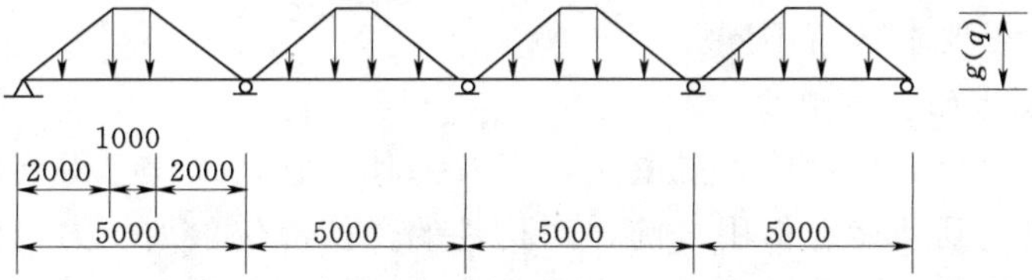

图 9-10　四跨连续梁计算简图

(12) 图 9-11 为钢筋混凝土三跨连续梁的计算简图。图中恒载设计值 $g=15$kN/m，活荷载设计值 $q=25$kN/m。试计算各支座及跨中截面的最不利内力。

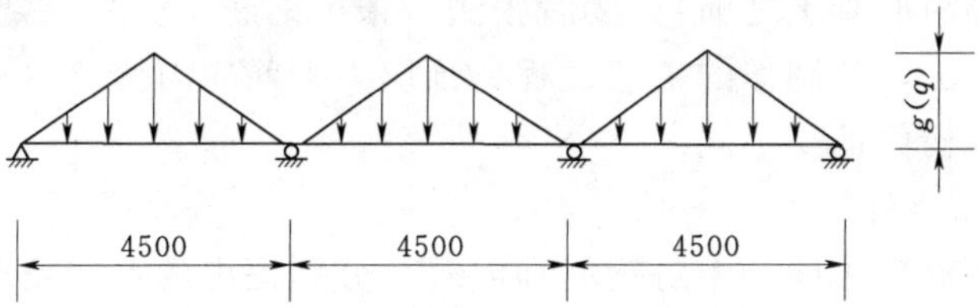

图 9-11　三跨连续梁计算简图

第10章 预应力混凝土结构

10.1 学 习 指 导

10.1.1 本章主要内容及学习要求

在教材前几章中，读者已经学习了普通钢筋混凝土构件的承载力计算、裂缝宽度验算及变形验算。由前面的学习可以知道：普通钢筋混凝土构件一般是带裂缝工作的，为了控制裂缝宽度，普通钢筋混凝土构件就不能采用高强度钢筋。采用预应力混凝土，可以从根本上解决裂缝问题，不仅能提高结构构件的抗裂性能或减小裂缝宽度，而且能采用高强度钢筋及高强度混凝土，节约钢材，还能减轻结构构件自重，适应大跨度、重荷载的结构需要。因此，预应力混凝土结构构件应用是广泛的。本章研究的是预应力混凝土结构构件的设计计算问题。

本章所要解决的问题是：①建立预应力混凝土的基本概念；②张拉控制应力及预应力损失值的确定；③预应力混凝土轴心受拉构件应力分析及设计；④预应力混凝土受弯构件应力分析及设计；⑤预应力混凝土构件的一般构造要求。

上述内容的学习要求各有不同。

1. 预应力混凝土的基本概念

应能清晰地理解什么是预应力混凝土，以及为什么它在工程上得到广泛的应用。预应力混凝土构件是在受到外荷载作用之前，对构件的受拉部位预加压力，以提高构件在外荷载作用下的抗裂性能或减小裂缝宽度。由于预应力混凝土结构有一系列优点，所以应用广泛。特别是它可根本解决裂缝问题，对水工建筑物的意义尤为重大。

2. 施加预应力的方法

熟悉对构件预加压力的办法。按张拉钢筋和浇筑混凝土的先后次序分为两大类：①先张法（张拉钢筋在浇灌混凝土之前）；②后张法（张拉钢筋在浇灌混凝土之后）。应理解不同的施加预压力的方法，其制作的工艺过程，预应力钢筋应力传给混凝土的途径，预应力损失的大小、适用的构件都是不同的。

3. 预应力混凝土的材料

应熟悉在预应力混凝土构件中对钢筋和混凝土分别提出的一些要求，在设计中，学会正确选用材料。

4. 预应力钢筋张拉控制应力及预应力损失

能理解张拉控制应力的定义，以及张拉控制应力不能定得过高或过低的原因。能分析引起预应力损失的六种原因，会计算每项预应力损失，并能了解减小各种预应力损失的相应措施及预应力构件在不同阶段预应力损失的组合。知道为确保构件的安全，预应力损失的总和（即计算得出的总损失值）不能低于最低数值的规定。

5. 预应力混凝土轴心受拉构件的应力分析

这是本章的重点内容，也是本章的难点。由于轴心受拉构件相对比较简单，所以教学中常先以轴心受拉构件为例来讲解预应力构件各阶段受力状态的变化。应熟练掌握先张法和后张法构件在施工阶段、使用阶段和破坏阶段的应力分析，深入了解预应力混凝土构件的受力特点。对先张法轴心受拉构件，应能对三个阶段六种应力状态熟练地推理、说明，画出相应的应力图形；对后张法轴心受拉构件，应着重理解它的工作特点与先张法的不同之处，以及其产生的原因。同时还应通过预应力构件与非预应力构件的比较，进一步领会预应力构件的受力特点。

6. 预应力混凝土轴心受拉构件设计

预应力混凝土轴心受拉构件的设计，包括使用阶段承载力计算、抗裂验算或裂缝宽度验算，以及施工阶段的验算。

预应力混凝土轴心受拉构件使用阶段承载力计算与普通混凝土轴心受拉构件一样，不考虑混凝土的作用，构件正截面受拉承载力完全由钢筋承担。当然，对预应力混凝土轴心受拉构件而言，钢筋为预应力钢筋及非预应力钢筋之和。

使用阶段的抗裂验算或裂缝宽度验算是预应力混凝土轴心受拉构件设计的重要内容。对于正截面抗裂验算，应学会根据裂缝控制等级的不同而分别按严格要求不出现裂缝的构件（一级控制）和一般要求不出现裂缝的构件（二级控制）进行验算，并知道应满足的限值条件。能从验算公式了解预应力混凝土构件抗裂能力大为提高的原因。掌握使用阶段允许出现裂缝（裂缝控制等级为三级）的预应力混凝土轴心受拉构件裂缝宽度验算方法，知道应满足的限值条件。应了解最大裂缝宽度的计算公式与普通钢筋混凝土构件基本相同，但公式中 σ_{sk} 符号的物理意义和计算方法与普通钢筋混凝土构件是不同的。

为了加快施工进度，可在混凝土强度仅达到设计强度的75%时就放松（先张法）或张拉（后张法）预应力钢筋，因此应验算施工阶段构件承载力是否满足要求。预应力混凝土施工阶段的验算包括张拉（或放松）预应力钢筋时构件的承载力验算及后张法构件端部锚固区局部受压承载力的验算。要求会利用教材中的公式进行这两部分计算；了解局部受压区内配置间接钢筋（方格网式或螺旋式）提高局部受压承载力的措施；掌握混凝土局部受压时的强度提高系数 β_l 的物理意义，并掌握局部受压时计算底面积 A_b 的取值原则；熟悉在构件端部布置方格网式或螺旋式间接钢筋时的局部受压承载力验算的方法；注意了解端部配有间接钢筋的构件对局部受压区的截面尺寸要求。

7. 预应力混凝土受弯构件的应力分析

预应力混凝土受弯构件各阶段的应力变化规律基本上与预应力混凝土轴心受拉构件所述类同。以先张法为例也分为三个工作阶段及六种应力状态。但因受力方式不同，预应力混凝土受弯构件相对于轴心受拉构件而言有它自己的特点：①受弯构件的截面经常设计成上、下翼缘不对称的I形截面；②受弯构件预应力钢筋的重心布置在靠近梁的底部（即偏心布置），因此预应力钢筋回缩时的压力对受弯构件截面是偏心受压作用；③通常在梁上部设置预应力钢筋 A'_p，以防止放张预应力钢筋时截面上部开裂；④在梁的受拉区和受压区常设置非预应力钢筋 A_s 和 A'_s，以适当减少预应力钢筋的数量，增加构件的延性，满足施工、运输和吊装各阶段的受力及控制裂缝宽度的需要。学习时首先应对预应力混凝土轴心受拉构件三个工作阶段的不同应力状态有全面的理解和掌握，这样在进行预应力混凝土受弯构件各阶段的应力分析时就不会感到吃力。

8. *预应力混凝土受弯构件设计*

这也是本章的重点内容。预应力混凝土受弯构件的设计与预应力混凝土轴心受拉构件相同，也包括使用阶段承载力计算、抗裂验算或裂缝宽度验算以及施工阶段的验算、但增加了斜截面承载力计算、斜截面抗裂验算和挠度验算。

要求熟练掌握正截面承载力和斜截面承载力计算理论和方法。充分了解预应力混凝土受弯构件界限破坏时的相对受压区计算高度 ξ_b 值与非预应力受弯构件（即普通钢筋混凝土受弯构件）的差别，以及破坏时受压区预应力钢筋有可能受拉，即使受压也达不到其抗压强度设计值 f'_{py}。至于预应力混凝土受弯构件正截面受弯承载力计算公式的建立和公式适用条件、计算方法都类同于普通钢筋混凝土受弯构件。

充分理解预应力混凝土受弯构件斜截面受剪承载力比钢筋混凝土受弯构件要高的原因。在具体计算公式中，其他各项均与钢筋混凝土受弯构件斜截面受剪承载力的计算公式相同，只不过增加了两项：一项是预应力所提高的受剪承载力；另一项是预应力弯起钢筋的受剪承载力。应重点明确的是对先张法预应力混凝土受弯构件，计算预应力作用时需考虑端部预应力钢筋的有效预应力在传递长度 l_{tr} 范围内的变化。

预应力混凝土受弯构件的正截面抗裂验算及裂缝宽度验算的原则与要求基本同预应力混凝土轴心受拉构件。应掌握预应力混凝土受弯构件的斜截面抗裂验算方法，学会根据裂缝控制等级的不同要求对斜截面上混凝土主拉应力和主压应力进行验算，并知道应满足的限值条件。应当指出，对先张法预应力混凝土构件，在验算构件端部预应力传递长度 l_{tr} 范围内的正截面及斜截面抗裂时，也应考虑 l_{tr} 范围内实际预应力值的降低。

掌握预应力混凝土受弯构件使用阶段的挠度验算方法。理解预应力受弯构件使用阶段的挠度是由外荷载产生的挠度减去预加应力引起的反拱值，学会利用材料力学公式计算外荷载引起的挠度和预加应力引起的反拱值。

了解预应力混凝土受弯构件施工阶段验算包括两部分内容：一是后张法构件锚固端局部受压承载力计算，与轴心受拉构件相同。二是混凝土法向应力的验算，指构件吊装时，自重及施工荷载在吊点截面产生负弯矩，与预压力产生的负弯矩方向相同，使吊点截面成为最不利的受力截面，因此，必须进行施工阶段混凝土法向应力的验算，按是否允许出现裂缝而分为两类构件，分别验算控制截面边缘的应力值不超过规定的允许值。

9. *预应力混凝土构件的一般构造要求*

能一般性地了解针对预应力混凝土构件提出的张拉工艺、锚固方式、配筋种类、数量、布置形式、放置位置等方面的一些构造要求。如预应力梁的截面形式和尺寸、预应力钢筋和非预应力钢筋的布置以及端部配筋构造等。构造措施是预应力混凝土结构设计与施工的重要问题，对此应足够重视。

10.1.2 学习本章时应注意的问题

（1）对本章的学习，读者可能会感到内容头绪比较多，公式及符号多。但在学好前面几章普通钢筋混凝土结构构件设计计算理论和方法的基础上再来学习本章，应该说困难也不大。与学习前面章节内容一样，在学习本章时同样要对概念问题的理解积极开动脑筋，多加思考，追根求源，直到彻底弄懂。对预应力构件的学习，应尽可能与非预应力构件进行对比，找出它们的异同点，这将有助于增加学习深度。在学习过程中，无论是理论概念还是计算公式，一定要做到先理解它，然后再去记忆它，这样才能印象深刻而记得牢。切勿在搞清道理之前死记硬背一些概念和公式。注意归纳、总结学习的内容。总之，不要有畏难情绪，迎难而上，就完全能达到学好本章内容的目的。

（2）对预应力混凝土建立基本概念是很重要的。因此了解预应力混凝土的基本知识是必要的。例如，预应力混凝土的定义以及它的使用范围；建立预应力的方法；先张法与后张法两者相同与不同之处；对所选用的钢筋和混凝土材料的要求等，这些都是本章先要解决的问题，应该搞得十分清楚。对制作预应力混凝土构件时采用的各种各样的锚具（夹具），包括它们的锚固原理，不同的一些张拉设备及其特点，学习时只需作一般性了解，今后在实际工程设计时再去深入了解。

（3）中小型的预应力构件，大多数采用先张法制作，一般能比较容易看到它的制作工序，因此学习本章时可结合在预制构件厂现场参观，了解预应力张拉场地所使用的张拉设备、锚（夹）具种类以及选用的钢筋和混凝土品种、规格。而后张法构件主要用于较大型工程，一般在现场就地施工，制作过程较为复杂。

（4）在实际工程中需要考虑是采用先张法构件还是采用后张法构件的问题，因为这两类构件除了制作工序和张拉预应力筋方法不同之外，在预应力筋布置方式、构造要求、张拉控制应力、预应力损失计算、各受力阶段的钢筋与混凝土应力等方面都有明显的差别，两者应用范围也是不同的。实际工程选用哪种张拉方法和哪种锚具（夹具）有时还需根据施工单位已有的张拉设备和实际操作经验而定。

（5）预应力钢筋张拉控制应力的确定和预应力损失的计算，是分析构件在受荷载前应力状态和进行预应力构件设计的重要内容及前提。学习时要弄清楚：①预应力钢筋在进行张拉时必须控制它达到的最大应力值，规范所规定的张拉控制应力的取值，以及张拉控制应力允许值与预应力钢筋种类以及施加预应力方法之间的关系（包括其中的理由）；②引起每种预应力损失的原因及相应的计算方法以及减小预应力损失的措施；③各阶段预应力损失值的组合，预应力总损失及为了构件安全所规定的最小数值。

（6）学习过程中，必须对预应力混凝土构件从张拉制作、加载使用直到破坏的整个过程中的工作特性和应力状态有充分的认识，深入了解各阶段的变化和特点，这是本章内容的基础。学过以后，自己应能写出和画出预应力混凝土轴心受拉构件三个阶段六种应力状态（先张法）的相关公式和相应的应力图形，以帮助自己深刻认识预应力构件的应力变化情况。这一部分内容所使用的符号比较多，一定要分辨清楚符号代表的意义。在学习时宜对相关的计算公式加以整理和系统化，以便于掌握。

（7）预应力混凝土轴心受拉构件与受弯构件的设计是本章的主要内容。预应力混凝土轴心受拉构件的设计包括使用阶段正截面承载力计算、抗裂验算或裂缝宽度验算以及施工阶段的验算。预应力混凝土受弯构件的设计与预应力混凝土轴心受拉构件相比，增加了斜截面承载力计算、斜截面抗裂验算、挠度验算以及施工吊装时混凝土法向应力的验算。由于在计算过程中要用到混凝土和钢筋在各阶段的应力值，所以还要进行应力计算。学习这一部分内容时，可以采取与普通钢筋混凝土结构构件相比较的方法进行。例如，对正截面受弯承载力计算，预应力混凝土受弯构件正截面破坏时应力情况类似于普通钢筋混凝土受弯构件，应力图形相似，但多出了预应力钢筋的部分；然后由力和力矩平衡条件得出计算基本公式，基本公式的适用条件亦与普通钢筋混凝土受弯构件相同。不同的是：①破坏时受压区的预应力钢筋的应力值并不是预应力钢筋的抗压强度设计值；②预应力混凝土受弯构件的 ξ_b 值除与钢材性质有关外，还与预应力值大小有关。当配有非预应力钢筋时，ξ_b 取预应力钢筋与非预应力钢筋 ξ_b 的较小值。不同之处还要特别注意：预应力受弯构件在吊运安装时，吊点截面受到与使用时相反方向的弯矩，所以还需要对吊运安装情况进行验算，使吊点截面上、下边缘混凝土应力分别不超过允许值。

除上述正截面承载力计算以外，在其他计算内容方面与普通钢筋混凝土构件的差异，请同学们自行比较，得出结论。

(8) 在学习预应力混凝土构件的一般构造要求时，要了解有哪些方面的规定，并重在掌握各项规定的道理，至于规定的具体数值则可结合例题来加深了解，没有必要死记硬背。

前面已提到，读者看过本章内容以后可能会觉得头绪多、公式多，所以希望同学们认真学习本章计算例题，从头至尾详细阅读，自己总结出计算方法和步骤，这样是不难掌握本章全部内容的。

10.2 综 合 练 习

1. 填充题

(1) 在普通钢筋混凝土结构中，为了不影响正常使用，常需将裂缝宽度限制在________ mm 以内，由此钢筋的工作应力要控制在________ N/mm^2 以下。所以，虽然采用高强度钢筋是降低造价和节省钢材的有效措施，但在普通钢筋混凝土中采用高强度钢筋是______的，因为这时高强度钢筋的强度无法________。

(2) 所谓预应力混凝土结构，就是在外荷载作用之前，先对混凝土预加______，造成人为的应力状态。它所产生的______应力能部分或全部抵消外荷载所引起的______。这样，在外荷载作用下，裂缝就能______或________，即使发生了，裂缝宽度也不会开展______。

(3) 施加预应力能使裂缝推迟出现或根本不发生，所以就有可能利用______钢材，提高经济指标。预应力混凝土与普通混凝土比较，可节省钢材________。由于采用的混凝土强度高，可使截面减小、自重减轻，就有可能建造______承重结构。同时因为混凝土不开裂，也就提高了构件的______，在预加偏心压力时又有反拱度产生，从而可减少构件的______。特别是由于可根本解决______问题，对水工建筑物的意义尤为重大。

(4) 在我国，预应力混凝土结构是根据裂缝控制等级来分类设计，规定预应力混凝土结构构件设计时，应根据环境类别选用不同的裂缝控制等级：

1) 一级——______要求不出现裂缝的构件，要求构件受拉边缘混凝土______产生拉应力；

2) 二级——______要求不出现裂缝的构件，要求构件受拉边缘混凝土的拉应力

______混凝土抗拉强度；

3）三级——________裂缝的构件，要求构件正截面最大裂缝宽度计算值不超过规定的______。

上述一级控制的预应力混凝土结构也常称为________混凝土结构，二级与三级控制的也常称为________混凝土结构。

（5）若按预应力钢筋与混凝土的粘结状况，预应力混凝土结构可分为______预应力混凝土与________预应力混凝土两种。

（6）有粘结预应力混凝土是指预应力钢筋与周围的混凝土有可靠的________，使得预应力钢筋与混凝土在荷载作用下有相同的______。________和______的预应力混凝土都是有粘结预应力混凝土。

（7）在构件上建立预应力的方法有多种，目前一般是通过________来实现的，也就是将钢筋____，______在混凝土构件上，由于钢筋________，就使混凝土受到______。根据张拉钢筋与混凝土浇筑的先后关系，可将建立预应力的方法分为______与______两大类。

（8）在先张法构件中，预应力是靠钢筋与混凝土之间的______传递的。

（9）在后张法构件中，钢筋内的预应力是靠构件两端的______传给混凝土的。

（10）在预应力混凝土构件中对预应力钢筋有下列一些要求：______高；与混凝土有较好的________；具有足够的______和良好的________。

目前我国常用的预应力钢筋有：______、________、________、________、______等。

（11）在预应力混凝土构件中，对混凝土有下列一些要求：______要高，以与高强度钢筋相适应，保证钢筋充分发挥作用，并能有效地减小构件截面尺寸和减轻自重。______、______要小，以减少预应力损失。______、______，使能尽早施加预应力，加快施工进度，提高设备利用率。

预应力混凝土结构构件的混凝土强度等级不应低于______；当采用钢绞线、钢丝作预应力钢筋时，混凝土强度等级不宜低于______。

（12）在教材表10-1中，张拉控制应力限值［σ_{con}］，是以预应力钢筋的强度______给出的。

（13）对同一钢种，先张法的钢筋张拉控制应力σ_{con}较后张法__一些。

（14）为了减少锚具变形损失，应尽量减少垫板的______，并在施工时注意认真操作。

（15）钢筋在高应力作用下，变形具有随时间而增长的特性。当钢筋长度保持不变时，则应力会随时间增长而降低，这种现象称为钢筋的______。

（16）实测表明，混凝土收缩和徐变引起的预应力损失很大，约占全部预应力损失的________。为了减轻此项损失，可采用________水泥，减少______用量，降低________，振捣______，加强______。

（17）通常把在混凝土________出现的损失称为第一批应力损失$\sigma_{l\mathrm{I}}$，混凝土________出现的损失称为第二批应力损失$\sigma_{l\mathrm{II}}$。总的损失$\sigma_l=$________。

（18）填写表10-1。已知各项预应力损失分别为：锚具损失σ_{l1}、摩擦损失σ_{l2}、温差损失σ_{l3}、松弛损失σ_{l4}、收缩与徐变损失σ_{l5}、螺旋式钢筋对混凝土的挤压损失σ_{l6}。

表 10-1　　预应力损失值组合

预应力损失值组合	先张法	后张法
混凝土预压前（第一批）损失	$\sigma_{l\,\mathrm{I}}=$	$\sigma_{l\,\mathrm{I}}=$
混凝土预压后（第二批）损失	$\sigma_{l\,\mathrm{II}}=$	$\sigma_{l\,\mathrm{II}}=$
预应力总损失	$\sigma_{l}=$	$\sigma_{l}=$

（19）先张法构件的预应力总损失值至少应取____N/mm²，后张法构件的预应力总损失值至少应取____N/mm²。

（20）先张法轴心受拉构件中，$\sigma_{pe\mathrm{II}}$为全部应力损失完成后，预应力钢筋的______应力；$\sigma_{pc\mathrm{II}}$为在混凝土中所建立的“____应力”。由上可知，在外荷载作用以前，预应力构件中钢筋及混凝土的应力都不等于零，混凝土受到很大的____应力，而钢筋受到很大的__应力，这是预应力混凝土构件与钢筋混凝土构件本质的差别。

（21）先张法轴心受拉构件中，当轴向拉力 N 产生的拉应力正好抵消截面上混凝土的预压应力$\sigma_{pc\mathrm{II}}$时，该状态称为______状态，此时的轴向拉力 N 也称______轴力______。

（22）消压状态是预应力轴心受拉构件中混凝土应力将由__应力转为__应力的一个标志。若 $N<N_0$ 则构件的混凝土始终处于______状态；若 $N>N_0$ 则混凝土将出现__应力。

（23）预应力混凝土轴心受拉构件，除了进行使用阶段______计算，______验算或________验算以外，还要进行施工阶段张拉（或放松）预应力钢筋时构件的________验算，以及对采用锚具的后张法构件进行端部锚固区______的验算。

（24）当放张预应力钢筋（先张法）或张拉预应力钢筋完毕（后张法）时，混凝土将受到最大的预压应力σ_{cc}，而这时混凝土强度通常仅达到设计强度的____，构件承载力是否足够，应予验算。

（25）为了防止混凝土因局部受压强度不足而发生脆性破坏，通常需在局部受压区内配置________或________间接钢筋，以约束混凝土的________，从而提高________承载力。

（26）在预应力混凝土受弯构件中，对施工阶段要求在预拉区不能开裂的构件，通常还在梁上部设置________，以防止放张预应力钢筋时截面________。同时在受拉区和受压区设置非预应力钢筋____和____，其作用是：适当减少______钢筋的数量，增加构件的______，满足施工、运输和吊装各阶段的______及控制________的需要。

（27）预应力混凝土受弯构件在消压弯矩 M_0 作用下，截面下边缘__应力刚好抵消下边缘混凝土____应力。与轴心受拉构件不同的是，消压弯矩 M_0 仅使____边缘处的混凝土应力为零，截面上______的应力均不为零。

（28）对预应力混凝土受弯构件，当外荷载增大至构件破坏时，截面受拉区________钢筋 A_p 和________钢筋 A_s 的应力先达到屈服强度 f_{py} 和 f_y，然后受压区边缘混凝土应变达到极限压应变致使混凝土被____，构件达到________。此时，受压区________钢筋A_s'的应力可达到受压屈服强度 f_y'。而______钢筋 A_p'的应力σ_p'可能是____应力，也可能是____应力，但________达到受压屈服强度 f_{py}'。

（29）试验表明，由于混凝土的预压应力可使斜裂缝的出现____，骨料咬合力____，裂缝开展____，混凝土剪压区高度____。因此，预应力混凝土构件斜截面受剪承载力比钢筋混凝土构件要____。

(30) 预应力受弯构件使用阶段的挠度是由两部分组成：①________产生的挠度；②________引起的反拱值。两者可以互相____，故预应力构件的挠度比钢筋混凝土构件__得多。

2. 选择题

(1) 当先张法构件和后张法构件采用相同钢种的预应力钢筋时，先张法构件预应力钢筋的张拉控制应力取值应（　　）。

A. 等于后张法的　B. 大于后张法的　C. 小于后张法的

(2) 若先张法构件和后张法构件的预应力钢筋采用相同的张拉控制应力，则（　　）。

A. 在先张法构件中建立的预应力值较大

B. 在后张法构件中建立的预应力值较大

C. 在两种构件中建立的预应力值相同

(3) 以下有关预应力混凝土的表述，何项为不正确：（　　）。

A. 预应力钢筋的张拉控制应力允许值［σ_{con}］均以其强度设计值给出

B. 由于后张法的张拉控制应力是已扣除构件混凝土弹性压缩后的钢筋应力，故后张法构件的［σ_{con}］取值应适当低于先张法构件

C. 为了部分抵消由于应力松弛、摩擦、钢筋分批张拉以及预应力钢筋与张拉台座之间的温差等因素产生的预应力损失，规范规定的［σ_{con}］取值尚可适当提高

(4) 张拉控制应力允许值［σ_{con}］不宜取得过低，否则会因各种应力损失使预应力钢筋的回弹力减小，不能充分利用钢筋的强度。因此，预应力钢筋的σ_{con}应不小于（　　）。

A. $0.45f_{ptk}$　B. $0.5f_{ptk}$　C. $0.55f_{ptk}$　D. $0.4f_{ptk}$

(5) 减少由于锚具变形和预应力钢筋回缩引起的预应力损失的措施不正确的是：（　　）。

A. 尽量少用垫板

B. 选择锚具变形小的或使预应力筋内缩小的锚具

C. 增加台座长度

D. 在钢模上张拉预应力钢筋

(6) 减少由于混凝土收缩、徐变引起的预应力损失的措施不正确的是（　　）。

A. 提高水灰比、增加水泥用量

B. 采用高强度等级水泥、减少水泥用量、降低水灰比

C. 振捣密实、加强养护

D. 控制混凝土的压应力σ_{pc}、σ'_{pc}值不超过$0.5f'_{cu}$

(7) 通过对钢筋预拉，对混凝土施加预压应力，则受弯构件（　　）。

A. 承载力提高　B. 挠度减少

C. 承载力提高、变形也减少　D. 挠度增大

(8) 先张法和后张法预应力混凝土构件，其传递预应力方法的区别是（　　）。

A. 先张法靠钢筋与混凝土间的粘结力来传递预应力，而后张法则靠锚具来传递预应力

B. 后张法是靠钢筋与混凝间的粘结力来传递预应力，而先张法则靠锚具来传递预应力

C. 先张法依靠传力架传递预应力，而后张法则靠千斤顶来传递预应力

(9) 配置非预应力钢筋的先张法预应力混凝土轴心受拉构件，完成第二批预应力损失之后，在混凝土中建立的有效预压应力 $\sigma_{pc\,\mathrm{II}}$ 为（　　）。

A. $[(\sigma_{con}-\sigma_l)A_p-\sigma_{l5}A_s]/A_0$

B. $(\sigma_{con}-\sigma_l)A_p/A_0$

C. $(\sigma_{con}-\sigma_l-\alpha_E\sigma_{pc\,\mathrm{II}})/A_0$

(10) 配置非预应力钢筋的先张法预应力混凝土轴心受拉构件，在外荷载作用下，当截面上混凝土应力为零时，所施加的轴向拉力 N 为（　　）。

A. $(\sigma_{con}-\sigma_l-\alpha_E\sigma_{pc\,\mathrm{II}})A_p$

B. $(\sigma_{con}-\sigma_l)A_p$

C. $(\sigma_{con}-\sigma_l)A_p-\sigma_{l5}A_s$

(11) 先张法预应力混凝土轴心受拉构件，当加荷至构件上裂缝即将出现时，预应力筋的拉应力 σ_p 为（　　）。

A. $\sigma_{con}-\sigma_l+\alpha_E f_{tk}$

B. $\sigma_{con}-\sigma_l-\alpha_E\sigma_{pc\,\mathrm{II}}+\alpha_E f_{tk}$

C. $\sigma_{con}-\sigma_l+2\alpha_E f_{tk}$

D. $\sigma_{con}-\sigma_l-\alpha_E f_{tk}$

(12) 在先张法预应力混凝土轴心受拉构件中，混凝土受到的最大预压应力是发生在（　　）。

A. 第一批预应力损失出现时

B. 预应力损失全部出现时

C. 放松预应力筋混凝土受到预压时

D. 预应力筋的应力达到控制应力时

(13) 对后张法预应力混凝土轴心受拉构件，混凝土受到的最大预压应力是发生在（　　）。

A. 张拉预应力筋达到控制应力时

B. 第一批损失出现后

C. 第二批损失出现后

(14) 配置非预应力钢筋的后张法预应力混凝土轴心受拉构件在施工阶段全部预应力损失出现后，预应力筋的合力 $N_{p\mathrm{II}}$ 为（　　）。

A. $(\sigma_{con}-\sigma_l)A_p-\sigma_{l5}A_s$

B. $\sigma_{pc\,\mathrm{II}}A_0$

C. $\sigma_{pc\,\mathrm{II}}A_n$

D. $(\sigma_{con}-\sigma_l)A_p$

(15) 当后张法预应力混凝土轴心受拉构件加荷至混凝土应力为零时，所施加的外荷载 N_{p0} 为（　　）。

A. $(\sigma_{con}-\sigma_l+\alpha_E\sigma_{pc\,\mathrm{II}})A_p$

B. $(\sigma_{con}-\sigma_l+\alpha_E\sigma_{pc\,\mathrm{II}})A_p-\sigma_{l5}A_s$

C. $(\sigma_{con}-\sigma_l)A_p-\sigma_{l5}A_s$

D. $\sigma_{pc\,\mathrm{II}}A_0$

(16) 当先张法和后张法预应力混凝土轴心受拉构件施工阶段预应力损失全部出现后，在计算混凝土受到的有效预压应力 $\sigma_{pc\,\mathrm{II}}$ 时，所用表达式不完全相同的原因是（　　）。

A. 因为此时后张法构件尚未对孔道进行灌浆，需扣除预留孔道面积所致

B. 因为后张法构件混凝土受到预压应力 $\sigma_{pc\mathrm{II}}$ 时，预应力筋的应力不减少 $\alpha_E\sigma_{pc\mathrm{II}}$ 这一项所致

C. 因为后张法构件此时虽对孔道进行了灌浆，但认为预应力筋与混凝土尚未完全粘结在一起，不能共同变形所致

D. 因为后张法构件与先张法构件的预应力损失组合不同所致

（17）钢筋施加预应力对于预应力混凝土受弯构件正截面开裂弯矩和破坏弯矩的影响是（　　）。

A. 受拉钢筋施加预应力会提高开裂弯矩和破坏弯矩，而受压钢筋施加预应力则将降低开裂弯矩和破坏弯矩

B. 受拉钢筋和受压钢筋施加预应力都会提高开裂弯矩和破坏弯矩，其中前者的效果更好些

C. 受拉钢筋施加预应力会提高开裂弯矩，但不影响破坏弯矩；受压钢筋施加预应力将降低开裂弯矩和破坏弯矩

（18）两个轴心受拉构件，其截面形状、大小、配筋数量及材料强度完全相同，但一个为预应力混凝土构件，另一个为普通钢筋混凝土构件，则（　　）。

A. 预应力混凝土构件比普通钢筋混凝土构件的承载力大

B. 预应力混凝土构件比普通钢筋混凝土构件的承载力小

C. 预应力混凝土构件与普通钢筋混凝土构件的承载力相等

（19）条件相同的钢筋混凝土轴心受拉构件和预应力混凝土轴心受拉构件相比较（　　）。

A. 前者的承载能力高于后者

B. 前者的抗裂度比后者差

C. 前者的承载力和抗裂度均低于后者

D. 前者与后者的承载力和抗裂度均相同

（20）所谓“一般要求不出现裂缝”的预应力混凝土受弯构件，在荷载效应标准组合下（　　）。

A. 允许存在拉应力　B. 拉应力小于零　C. 拉应力为零

（21）“严格要求不出现裂缝”的预应力混凝土受弯构件，在荷载效应标准组合下，正截面抗裂验算应满足（　　）。

A. $\sigma_{ck}-\sigma_{pc\mathrm{II}}\leqslant\alpha_{ct}\gamma_m f_{tk}$　　B. $\sigma_{ck}-\sigma_{pc\mathrm{II}}\leqslant 0$

C. $\sigma_{ck}-\sigma_{pc\mathrm{II}}\leqslant f_{tk}$　　D. $\sigma_{ck}-\sigma_{pc\mathrm{II}}\leqslant\gamma_m f_{tk}$

（22）在预应力混凝土受弯构件使用阶段的受压区布置预应力钢筋 A_p' 的目的是（　　）。

A. 为了防止施工阶段预拉区发生裂缝

B. 为了增加构件的受弯承载能力

C. 为了减少受压区高度，保证受拉区钢筋应力能达到其强度设计值

D. 为了增加构件使用阶段的抗裂性

（23）“严格要求不出现裂缝”的预应力混凝土受弯构件，在荷载效应标准组合下，斜截面抗裂验算应满足（　　）。

A. $\sigma_{tp} \leqslant 0.85 f_{tk}$　　B. $\sigma_{tp} \leqslant 0.95 f_{tk}$

C. $\sigma_{tp} \leqslant 0.75 f_{tk}$　　D. $\sigma_{tp} \leqslant 0.65 f_{tk}$

(24) 验算后张法预应力混凝土轴心受拉构件端部局部承压时，局部压力设计值 F_l 取为（　　）。

A. $1.2\sigma_{con}A_p$　　B. $\sigma_{con}A_p$　　C. $1.05\sigma_{con}A_p$

(25) 关于先张法构件预应力钢筋的预应力传递长度 l_{tr}，下列叙述哪一个不正确（　　）。

A. 预应力传递长度 l_{tr} 与放张时预应力钢筋的有效预应力成正比

B. 采用骤然放松预应力钢筋的施工工艺时，l_{tr} 的起点应从距构件末端 $0.5l_{tr}$ 处开始计算

C. 预应力传递长度 l_{tr} 与预应力钢筋的公称直径成正比

D. 对先张法预应力混凝土构件端部进行斜截面受剪承载力计算以及正截面、斜截面抗裂验算时，应考虑预应力钢筋在其预应力传递长度 l_{tr} 范围内实际应力值的变化

(26) 后张法预应力钢筋预留孔道间的净距应满足（　　）。

A. 不应小于 30mm　　B. 不应小于 25mm

C. 不应小于 50mm　　D. 不应大于 50mm

(27) 后张法预应力混凝土构件两端及跨中设置灌浆孔或排气孔，其孔距（　　）。

A. 不宜大于 15m　　B. 不宜大于 12m

C. 不宜大于 20m　　D. 没有限制

3. 问答题

(1) 什么是预应力混凝土结构？为什么要对构件施加预应力？为什么预应力混凝土结构必须采用高强度钢筋及高强度等级混凝土？

(2) 预应力混凝土结构的主要优缺点是什么？

(3) 什么是部分预应力混凝土？它的优点是什么？

(4) 什么是无粘结预应力混凝土？它的主要受力特征是什么？

(5) 什么是先张法和后张法预应力混凝土？它们的主要区别是什么？其特点及适用的范围如何？

(6) 预应力混凝土结构对材料的性能分别有哪些要求？为什么？

(7) 什么是张拉控制应力 σ_{con}？为什么要规定张拉控制应力的上、下限值？σ_{con} 与哪些因素有关？

(8) 哪些原因会引起预应力损失？分别采取什么措施可以减少这些损失？对先张法、后张法预应力构件通常分别发生的是哪几种预应力损失？

(9) 先张法、后张法构件的第一批预应力损失 $\sigma_{l\,\mathrm{I}}$ 及第二批预应力损失 $\sigma_{s\,\mathrm{II}}$ 分别是如何组合的？

(10) 先张法预应力混凝土轴心受拉构件在施工阶段，当混凝土受到预压应力作用后，为什么预应力钢筋的拉应力除因预应力损失而降低之外，还将进一步减少？

（11）什么是混凝土的有效预压应力？先张法、后张法的混凝土有效预压应力 $\sigma_{pc\,\mathrm{II}}$ 值是否一样？

（12）完成填写表10－2配有预应力钢筋和非预应力钢筋的先张法轴心受拉构件应力分析中的截面应力图形以及预应力筋、混凝土、非预应力钢筋的应力值。

表10－2　　先张法预应力轴心受拉构件的应力分析

应力状态				应力图形
施工阶段	1	刚张拉好预应力钢筋混凝土，并进行养护，第一批预应力损失出现	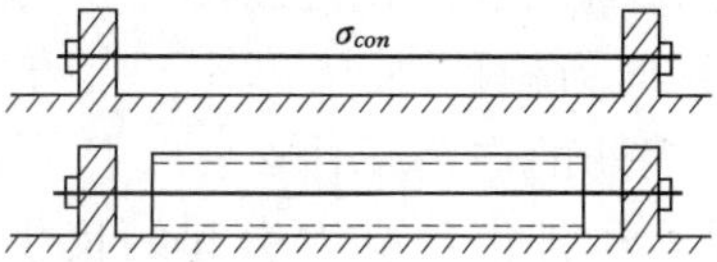	
	2	从台坐上放松预应力钢筋，混凝土受到破坏	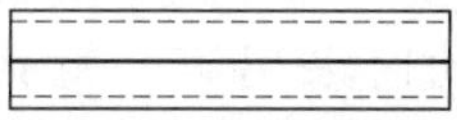	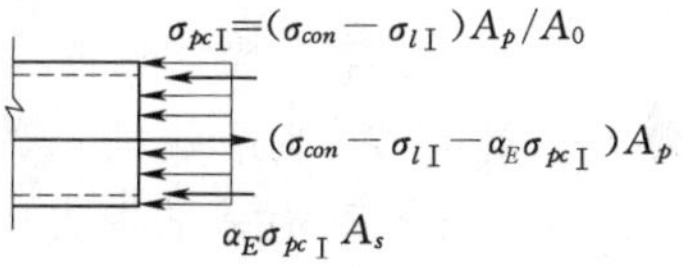
	3	预应力损失全部出现	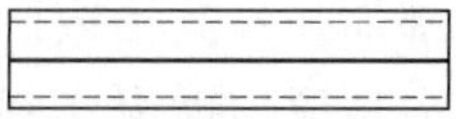	
使用阶段	4	荷载作用（加载至混凝土应力为零）	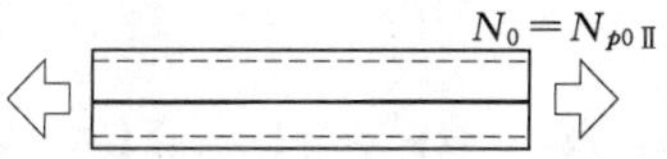	
	5	裂缝即将出现	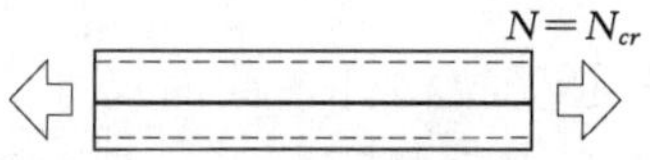	
		荷载作用（开裂后）	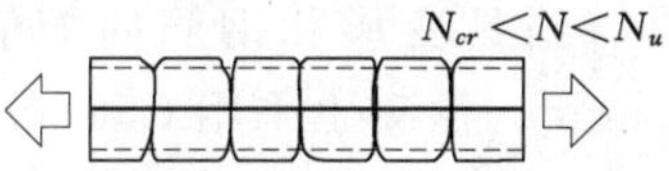	
破坏阶段	6	破坏时	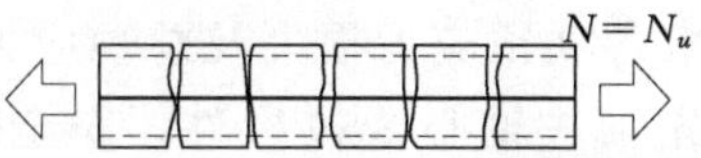	

（13）什么是预应力构件的换算截面面积 A_0 和净截面面积 A_n？为什么计算先张法预应力轴心受拉构件在施工阶段的混凝土预压应力时用 A_0，而计算后张法轴心受拉构件在相应阶段的混凝土预压应力时用 A_n？为什么后张法预应力轴心受拉构件在计算外荷载产生的应力时又改用 A_0？

（14）在受弯构件截面受压区配置预应力钢筋对正截面受弯承载力有何影响？受拉区和受压区设置非预力钢筋的作用是什么？

（15）受拉区配置有屈服点预应力钢筋的预应力混凝土受弯构件和普通钢筋混凝土受弯构件，在计算相对界限受压区计算高度 ξ_b 时，为什么不同？对配置无屈服点预应力钢筋的预应力受弯构件，ξ_b 的计算为何与配置有屈服点预应力钢筋的构件有所不同？

(16) 预应力受弯构件正截受弯承载力计算的基本公式的适用条件是什么？为何要规定这样的适用条件？

(17) 为什么预应力受弯构件的斜截面受剪承载力比普通钢筋混凝土受弯构件的高？什么情况下不考虑因预应力而提高的受剪承载力 V_p？

(18) 什么情况下应考虑预应力钢筋在其预应力传递长度 l_{tr} 范围内实际应力值的变化影响？这种应力的变化如何取值？

(19) 预应力混凝土构件正截面抗裂验算是以哪一应力阶段为依据？试用计算式比较说明预应力构件的抗裂度比非预应力构件高。

(20) 预应力曲线（弯起）钢筋的作用是什么？

(21) 计算预应力混凝土受弯构件由预应力引起的反拱和因外荷载产生的挠度时，是否采用同样的截面刚度？为什么？

(22) 为什么要对预应力混凝土受弯构件施工阶段的混凝土法向应力进行验算？一般应取何处作为计算截面？为什么此时采用第一批损失出现后的混凝土法向应力 $\sigma_{pc\,\mathrm{I}}$ ($\sigma'_{pc\,\mathrm{I}}$)，而不采用全部损失出现后的 $\sigma_{pc\,\mathrm{II}}$ ($\sigma'_{pc\,\mathrm{II}}$)？

(23) 为什么要对后张法构件的端部进行局部受压承载力计算？

(24) 为什么要对构件的端部局部加强？其构造措施有哪些？

(25) 学完本章内容之后，你认为预应力混凝土与普通钢筋混凝土之间的主要异同点是什么？

10.3 设 计 计 算

(1) 某 24m 预应力混凝土轴心受拉构件，截面尺寸 240mm×240mm，先张法直线一端张拉，消除应力钢丝 8 Φ^{H} 5 ($A_p=157\text{mm}^2$，$E_s=2.05\times10^5\text{N/mm}^2$，$f_{ptk}=1570\text{N/mm}^2$)。采用钢丝束镦头锚具（锚具变形和钢筋内缩值 $a=1$），张拉控制应力 $\sigma_{con}=0.75f_{ptk}=0.75\times1570=1178\text{N/mm}^2$，混凝土采用 C50 ($E_c=3.45\times10^4\text{N/mm}^2$)，混凝土加热养护时，受张拉的钢筋与承受拉力的设备之间的温差为 20℃。混凝土达到 80%设计强度时，放松预应力钢筋。试求各项预应力损失及总预应力损失。

(2) 已知一预应力混凝土先张法轴心受拉构件，安全级别为Ⅱ级，截面尺寸280mm×220mm，预应力钢筋采用 $f_{ptk}=1570\text{N/mm}^2$ 的刻痕钢丝 16 Φ^{I} 6，$A_p=453\text{mm}^2$，$\sigma_{con}=0.75f_{ptk}=0.75\times1570=1178\text{N/mm}^2$，预应力总损失值为 $\sigma_l=150.67\text{N/mm}^2$，混凝土采用 C60 ($f_{tk}=2.85\text{N/mm}^2$)，永久荷载标准值 $N_{Gk}=300\text{kN}$，可变荷载标准值 $N_{Qk}=100\text{kN}$。试求：

1) 开裂荷载 N_{cr} 是多少？

2) 验算使用阶段承载力是否满足要求？

(3) 已知：24m 预应力混凝土屋架下弦拉杆，如图 10－1 所示。混凝土采用 C60 ($E_c=3.60\times10^4\text{N/mm}^2$)，截面 280mm×180mm，每个孔道布置 4 束 Φ^{S} 1×7，$d=12.7\text{mm}$ ($A_p=790\text{mm}^2$) 普通松弛钢绞线 ($f_{ptk}=1860\text{N/mm}^2$)，非预应力钢筋采用 HRB335 ($f_y=300\text{N/mm}^2$)，4 Φ 12 ($A_s=252\text{mm}^2$)，采用后张法一端张拉钢筋，张拉控制应力 $\sigma_{con}=0.75f_{ptk}$，孔道直径为 2ϕ45mm，采用夹片式锚具，钢管抽芯成型，混凝土

强度达到设计强度的 80%时施加预应力。试计算：

1）净截面面积 A_n、换算截面面积 A_0。

2）预应力的总损失值为多少？

（4）截面尺寸、配筋及材料强度同题 3。该构件处于一类环境。求：

1）当该构件永久荷载标准值 $N_{Gk}=650kN$，可变荷载标准值 $N_{Qk}=200kN$ 时，试验算此构件的正截面是否抗裂。

2）若该构件不满足抗裂要求，其最大裂缝宽度 w_{max} 为多少？

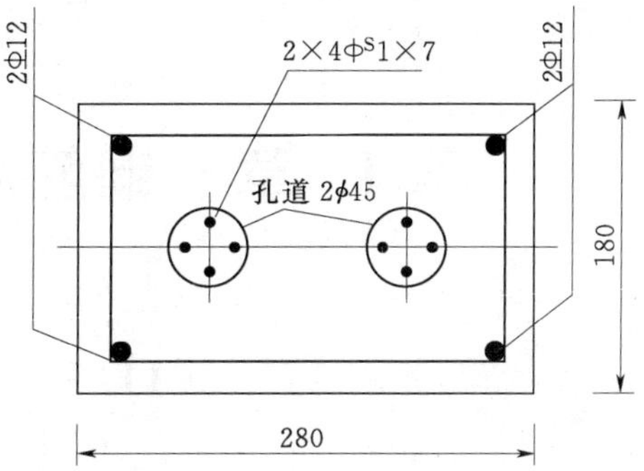

图 10－1 屋架下弦拉杆

（5）某 12m 后张法预应力混凝土 I 形等截面简支梁如图 10－2 所示。荷载作用下跨内最大弯矩和支座受剪危险截面的弯矩与剪力见表 10－3。采用 C40 混凝土，预应力钢筋用ϕ^s 15（截面面积 139.98mm^2）低松弛钢绞线，$f_{ptk}=1860N/mm^2$，张拉控制应力取 $\sigma_{con}=0.7f_{ptk}$，非预应力筋采用 HRB335 钢筋。按一级裂缝控制要求设计，计算正截面承载力、斜截面承载力。

表 10－3 内力标准值

荷载类型	最大弯矩（Ⅱ－Ⅱ）	受剪危险截面（Ⅰ－Ⅰ）	
	M_{kmax}（kN·m）	M_k（kN·m）	V_k（kN）
自重	175	50	50
楼面活荷载	1630	550	600

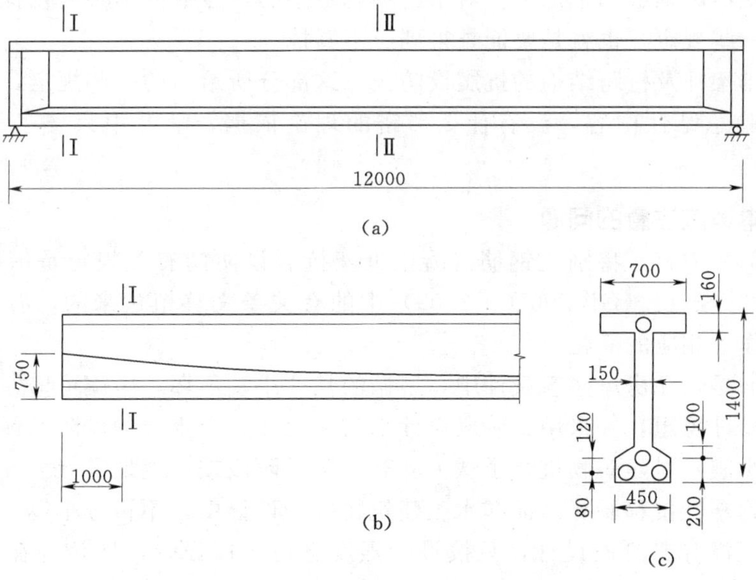

图 10－2 预应力混凝土 I 形等截面简支梁

（a）I 形等截面简支梁；（b）预应力筋布置方案；（c）截面尺寸

第11章　钢筋混凝土构件的抗震设计

11.1　学　习　指　导

11.1.1　本章主要内容及学习要求

本章的内容包括五个部分：

(1) 地震和地震设防的一些基本概念——震级、烈度、地面加速度峰值、抗震设防的原则等，这些基本概念并不复杂，是比较容易理解的。

(2) 抗震的概念设计——这是本章中一个重要内容。在许多场合，它比抗震分析计算更为重要，必须认真领会和掌握，特别对怎样增强钢筋混凝土结构构件的延性和避免发生柱铰机构两点要能透彻地了解。

(3) 地震作用效应的计算——作用效应的计算，原不属于钢筋混凝土课程的范畴，但对其中的一些工程实用的简化计算方法如底部剪力法、水工抗震规范给出的质点动态分布系数图等，应该加以了解和掌握。

(4) 钢筋混凝土框架的抗震设防——这是本章中的主要内容，列出了框架梁、框架柱的许多设防措施的规定。初看起来，这些规定显得零乱繁琐，但这些规定都是环绕着增强梁柱塑性铰处的延性和贯彻“强剪弱弯”、“强柱弱梁”的原则而设的。只要紧紧抓住这一点，这些规定就不难理解和记忆了。对于这些规定中的具体数值不必去死背硬记，但应该做到知道有哪一些规定，也就是要能查得到、不漏掉。

(5) 铰接排架柱及桥跨结构的抗震设防——这部分所给出的一些规定，主要是一些工程实践中的经验总结性内容，没有什么严密的理论依据，学习中只要了解其大概就可以了。

11.1.2　学习本章应注意的问题

本章的大部分内容，特别是钢筋混凝土框架抗震设防的有关规定是依据房屋建筑的《混凝土结构设计规范》(GB 50010—2002) 中的有关条文移植过来的，有的地方则结合水利工程实际作了相应的简化。

但应注意的是，在房屋建筑设计中，遵循的是“小震不坏，中震可修，大震不倒”三个水准的抗震设计思想，并采用二阶段设计来实现上述三个水准的设防目标，即第一阶段按众值烈度（小震）对建筑物进行承载力验算，第二阶段按罕遇地震（大震）对某些结构的薄弱层进行弹塑性位移验算。而在水工建筑物抗震设计中，不再分小震、中震和大震三个水准要求，也没有二阶段设计，只按设计烈度进行抗震设计，即认为在遭遇设计烈度（一般取基本烈度）的地震时，允许结构有一定的塑性变形或损坏，但要求不需修理或经一般修理仍可正常使用。根据工程实践经验，这一设计准则也就隐含了“小震不坏”的要求。关于“大震不倒”的要求主要依赖抗震结构构造措施来保证，这是因为水工建筑物很难给出与“大震不倒”的要求相适应的弹塑性变形极限状态和判断准则。

另外，对于工程抗震设防类别为乙类、丙类与丁类的水工建筑物，可用拟静力法计算地震作用效应：首先由教材表 11－7 查出各类结构的地震加速度沿高度分布系数 α_i，代入教材式（11－23）就可直接计算各质点地震作用效应 F_{ik}，从而使设计过程大为简化。

11.2 综 合 练 习

1. 填充题

（1）结构在地震中损坏的程度不仅取决于地震作用效应及与其他荷载效应组合的大小，更取决于结构的____能力和____能力。

（2）震级的大小表明某次地震释放____的大小，用符号__表示。

（3）烈度__是指某一地区感受到的地面加速度及建筑物损坏程度的____。对应于一次地震，震级虽然只有____，但由于各地区距震源远近不同，地质情况及建筑物条件不同，所感受的烈度是____的。一般离震中愈近，烈度愈____。

（4）我国目前采用______度烈度表。烈度大小是根据人的____、家具的____、房屋和构筑物的____情况及________分级的。

（5）烈度 I 的概率分布大体如教材图 11－1 所示。其中概率密度函数曲线的峰值称为众值烈度，其 50 年内超越概率约为________；50 年超越概率为________的烈度称为罕遇烈度，基本烈度 I_0 的 50 年超越概率为______。众值烈度比基本烈度约低______度，罕遇烈度比基本烈度大____度左右。

（6）对于一般工程，抗震设计烈度就取为该地区的____烈度，对特别重大的工程和可能引起严重次生灾害的工程建筑，其设计烈度常按____烈度提高__度采用，如水工建筑物中的 1 级壅水建筑物的设计烈度可较基本烈度提高__度。

（7）所谓地震反应谱，是指在给定的地震______作用期间内，单质点弹性体系的最大______反应、最大______反应或最大________反应随质点______周期变化的曲线。

（8）反映结构振动加速度的动力系数 β 与结构的自振周期 T 有关，当 T 和场地的特征周期 T_g 相近时，将发生______，这时结构 β 值将明显______；当 $T>T_g$ 后，β 随 T 的增大而____。

（9）延性好的结构，能通过结构的塑性变形来____和____地震的能量，抗震性能__。

（10）在房屋建筑的二阶段抗震设计中，第一阶段设计是______验算，第二阶段设计是________验算。

（11）《水工建筑物抗震设计规范》（DL 5073—2000）规定，对于水工结构可不再分小震、中震和大震三个水准要求，而只按________进行抗震设计。

（12）在抗震设防时，不能完全依赖于计算，更重要的要有一个良好正确的______（方案）设计。

（13）体形复杂、平立面特别不规则的建筑结构，可按实际需要在适当部位设置______，形成多个较规则的抗侧力结构单元。

（14）防震缝应根据抗震设计烈度、结构材料种类、结构类型、单元结构的高度和高差情况，留有足够的____，其两侧的上部结构应________。

(15) 建筑物所受到的地震作用和它的质量成____。采用____材料，____建筑物质量是减少地震作用反应的有效措施。建筑物的重心应尽量____，以减少结构所承受的地震弯矩。

(16) 抗震结构体系还应具备必要的抗震______、良好的____能力和____能力。

(17) 在钢筋混凝土结构构件的抗震设计中，应合理地选择尺寸，配置纵向受力钢筋和箍筋，避免____破坏先于弯曲破坏、混凝土的____先于钢筋的屈服、钢筋的____破坏先于构件破坏。

(18) 为了使塑性铰发生在框架梁梁端而不发生在框架柱柱端，设计时应体现________的原则。

(19) 底部剪力法适用于高度不超过__m，以____变形为主，且____与____沿高度分布比较均匀的结构，以及近似于______体系的结构。

(20) 对于钢筋混凝土框架及铰接排架等结构，为增加抗震时结构的延性，当设计烈度为9度时，混凝土强度等级不宜低于____，也不宜超过____；设计烈度为7度、8度时，混凝土强度等级不应低于____。

(21) 对设计烈度为8度、9度的各类框架结构，在施工时必须检验钢筋的实际强度，要求纵向受力钢筋的实测抗拉强度与屈服强度的比值不小于____。同时，为保证框架结构的塑性铰发生在设计者所预定的部位，要求纵向钢筋的屈服强度实测值与屈服强度标准值的比值不大于____。在施工中，原设计中的主要钢筋也不宜以强度等级____的钢筋来替代，以避免原定发生在梁内的塑性铰不适当地转移到柱内。当必须替换时，应按钢筋受拉承载力设计值____的原则进行代换。

(22) 规范规定，当设计烈度为8度、9度时，纵向受拉钢筋最小抗震锚固长度 l_{aE} 应取为 $l_{aE}=$____l_a；7度设防时，$l_{aE}=$____l_a；6度设防时，$l_{aE}=$____l_a。l_a 为纵向受拉钢筋的最小锚固长度。

(23) 为了实现强剪弱弯要求，在框架梁斜截面受剪承载力计算中，人为地____了梁的剪力设计值 V_b 和____了梁斜截面受剪承载力的计算值。

(24) 为增大塑性铰区的延性，在框架梁两端的箍筋加密区范围内，纵向受压钢筋和纵向受拉钢筋的截面面积的比值 A_s'/A_s 不应小于____（设计烈度9度）或____（设计烈度为7度、8度）。

(25) 为保证框架柱的延性不过分降低，抗震设计时要限制框架柱承受的轴向压力，当设计烈度为9度、8度和7度时，其轴压比分别不宜大于____、____和____。

2. 问答题

(1) 什么是基本烈度？什么是设计烈度？

△ (2) 什么是抗震的概念设计？概念设计包括哪几方面的内容？

△ (3) 延性对结构抗震有哪些影响？怎样才能使钢筋混凝土构件有较大的延性？

△ (4) 为什么在框架的抗震设计中要贯彻“强剪弱弯”和“强柱弱梁”的原则？

△ (5) 请画出水工建筑物抗震设计规范所采用的设计反应谱，即 $\beta-T$ 曲线，并说明当

结构较柔或较刚时，β 值的变化规律。当结构的自振周期 T 与场地的特征周期 T_g 相接近时，β 值又会发生怎样的变化？

（6）什么是地震作用惯性力 F_k？它与其他外力荷载在性质上有什么不同？

（7）用底部剪力法计算多质点体系的地震作用时，为什么不取结构的总重力荷载 G 而取结构的等效总重力荷载 G_{eq}（$G_{eq}=0.85G$）？

（8）在教材式（11－11）中，考虑地震效应折减系数 ξ 的原因是什么？

△（9）在水工抗震设计中，水平地震力 $F_k=\beta a_h \xi G/g$，$\xi=0.35$；在《建筑抗震设计规范》（GB 50011—2001）中，$F_k=\alpha G=\beta a_h G/g$，式中没有 ξ 值，这是否说明，这两种方法所得出的地震力相差 1/3 左右？

△（10）对 8 度、9 度设防的框架结构，在施工时必须检验钢筋的实际强度，要求实测的抗拉极限强度不小于 1.25 倍的实测屈服强度，这是为什么？同时，又要求实测的屈服强度超过钢筋强度标准值 f_{yk} 不能太大，这又是为什么？

△（11）什么叫轴压比？为什么要限制轴压比？

△（12）考虑地震作用的铰接排架柱一般在哪些区段箍筋应加密加粗？

△（13）对于一般简支梁，要不要与框架梁一样，在梁的两端加密箍筋？为什么？

△（14）桥跨结构的抗震设防要点有哪些？

第12章　水工大体积混凝土结构设计中的若干问题

12.1　学　习　指　导

12.1.1　本章主要内容及学习要求

本章共有三部分内容，它们好像是各自独立的，相互间似乎没有什么内在的联系，但它们都是与水工混凝土结构本身的特点有关。

所谓水工建筑物，其首要特点就是与水接触，在配筋设计时，就形成了独有的一些问题，与常见的房屋建筑有相当大的差异，这在设计时应特别加以注意。

在很大的水平向水压力作用下，水工混凝土结构就必然要有巨大的体积，靠本身自重来维持结构抗滑移、倾覆或上浮的稳定。

因为是大体积，由承载力计算得出的配筋率常常极低，所以结构的最小配筋率就成为设计中的一个极为重要的指标；因为是大体积，混凝土水化热所产生的内部温升特别大，所以与外界的温差所形成的温度应力就十分严重；因为是大体积，常常成为形状复杂的块体，与一般的杆件不同，不能用极限内力理论来计算配筋。本章汇集了上述几个问题给予介绍，学习时，应注意它们与一般梁、板、柱的不同之处。

1. 纵向钢筋的最小配筋率

因为水工结构截面尺寸很大，按承载力计算所需的纵向钢筋配筋率常常会小于最小配筋率，所以合理确定最小配筋率是水工混凝土结构设计中的一个相当关键的问题。和《水工混凝土结构设计规范》(SL/T 191—96)（简称“水工96规范”）一样，现行规范一方面对一般钢筋混凝土结构构件采用了固定的最小配筋率，另一方面对承受垂直荷载为主、卧置在地基上厚度大于2.5m的厚板，以及厚度大于2.5m的厚墩墙采用了随内力设计值与承载力比值变化的最小配筋率。但现行规范适当提高了一般钢筋混凝土结构构件的最小配筋率（见教材附录4表3），取值更为合理，与国际主流规范的差距也有所缩小；对厚板与厚墩墙直接给出纵向钢筋最小截面面积的计算表达式，使计算更为简单明了。要求同学们认真阅读教材，了解现行规范最小配筋率的确定原则，并在设计中正确掌握。

2. 温度作用下混凝土抗裂验算及温度配筋

大体积混凝土的温度抗裂验算是水工混凝土大坝坝体结构设计和施工设计中的一个专门性问题，内容众多，问题复杂，在专业课程中还会有详细的讲述。

本节内容仅限于对现行《水工混凝土结构设计规范》中有关条文的简明介绍，内容包括混凝土的热学性能指标、浇筑温度、水化热绝热温升、块体温度场、热传导基本方程式、板块的温度分布概念、块体温度应力的变化、温度应力的松弛等。

本节教材字数虽不多，但内容却极为丰富。对本节内容不要求全面掌握，只要求能够看懂教材，了解基本概念。但对一些关键性的概念和问题则应该有清晰的了解，例如表层温度裂缝与深层基础裂缝的区分，控制温度和改善约束的措施，混凝土的弹性模量 E_c 随时间变化对温度应力的影响，混凝土徐变对温度应力的松弛作用，温度钢筋不能提高结构的抗裂性只能起到限制裂缝宽度的作用等，在一些概念上不要搞混弄错。

3. 非杆件体系结构的配筋设计

水工结构的型体十分复杂，常常不能用结构力学的方法求得截面的内力（M、N、V 等），因此无法按教材第 3 章～第 7 章的极限内力理论计算配筋用量，也无法用第 8 章介绍的裂缝宽度公式来验算裂缝宽度。对这种非杆件体系的结构，目前的配筋设计方法有三种，其中深梁、牛腿一类小型非杆件体系结构构件，已根据试验结果总结出极限承载力配筋计算公式；教材对另外两种设计方法“按弹性应力图形面积配筋法”和“钢筋混凝土非线性有限单元法”作了概略性的阐述。

应力图形法的概念是：结构在使用荷载作用下，按弹性理论求得的截面主拉应力在配筋方向分量所形成的总拉力扣除混凝土能承担的拉力后，剩余的拉力全部由钢筋来承担。当弹性应力图形的受拉区高度大于结构截面高度的 2/3 时，应按总拉力计算受拉钢筋截面积。应力图形法的概念比较简单，也比较容易掌握，但学习时应注意该方法存在的问题和它的局限性。

在水工 96 规范中，总拉力是指主拉应力的合力。由于在结构截面上，各点的主拉应力方向不同，且也不可能与配筋方向一致，用主拉应力的合力来计算钢筋用量，是无法确定各方向的配筋量的。因而现行水工混凝土结构设计规范将总拉力改成主拉应力在配筋方向分量的合力，即用主拉应力在配筋方向分量的合力来计算钢筋用量，解决了水工 96 规范这一缺陷。

钢筋混凝土非线性有限单元法是一种全新的设计方法，理论比较深，涉及面很广。它是一门研究生的专业课程。在本课程中，限于学时，对此只要求了解该方法的大概以及该方法在目前的发展情况。

12.1.2　本章的难点及学习时应注意的问题

本章的难点主要是温度作用下的抗裂验算和钢筋混凝土非线性有限元计算两部分，但对于这两部分只要求了解其基本概念，详细的内容将在后续课程或研究生课程中学习。

在学习本章内容时应注意下列几个问题：

（1）最小配筋率的确定实际上与当时的经济发展水平有关，它是一个政策性很强的指标。关于最小配筋率确定的理论基础至今尚有较大的争议，并没有一个公认的准则。因此，同学们在学习时可以敞开思想，深入讨论，提出自己的看法。

（2）按弹性应力图形面积配筋方法是工程设计中常用的传统设计方法，但应注意其方法本身在理论上是不严密的。虽然在一般情况下，按应力图形法计算得到的配筋量偏于保守，但对开裂前后应力状态有明显改变的结构有时也会偏于不安全。同时，应力图形法还无法对裂缝控制作出应有的估计，而裂缝的控制在水工结构中常常是十分关键的。对开裂前后应力状态有显著变化的结构，按弹性应力图形面积配筋方法有时会偏于不安全，因此，对于配有钢筋的非杆件的混凝土结构，合理的设计应该是采用弹性应力图形面积配筋与钢筋混凝土非线性有限元相结合的方法，即首先按弹性应力图形面积配筋方法初步得到钢筋用量，再采用钢筋混凝土有限单元法进行计算，根据计算结果调整钢筋布置与用量。虽然钢筋混凝土有限单元法是目前非杆件体系结构的配筋设计最有发展前途的方法，但它需要专门的程序，计算量大，且本构关系、强度准则、迭代方式，特别是有限元网格的大小与形态都会影响计算结果，这就要求计算者不但要熟悉有限单元法，而且要精通钢筋混凝土结构学，能对计算结果进行判断。因而目前按钢筋混凝土有限单元法配筋还不够方便，也不便于大面积应用。但对于重要的、需严格控制裂缝宽度的非杆件体系结构，还必须采用钢筋混凝土有限单元法进行正常使用期的验算。对开裂前后应力状态有明显改变的非杆件体系结构，承载力所需钢筋用量按弹性应力图形面积确定后，也还宜用钢筋混凝土有限单元法进行分析与调整。

12.2 综合练习

1. 填充题

(1) 大体积混凝土在硬结过程中会产生可观的________，使浇筑块温度有明显上升。在升温期间，若遇外界温度骤降或块体内部温度过高，块体内部与表层形成很大____时，就会使表层产生较大的______，导致产生早期____裂缝或进一步形成______裂缝。

(2) 水工混凝土结构中的大部分裂缝属于____裂缝或____裂缝，特别是在大体积混凝土结构中，由温度作用产生的应力常比其他外荷载产生的应力的____还大。因此，大体积混凝土的温度控制计算是十分重要的。温度问题主要应从________和________两方面来解决。

(3) 想用配置钢筋的办法来防止温度裂缝的发生是完全________的，但配置适量的温度钢筋可以限制裂缝开展的______，有利于减轻发生裂缝后的______。

(4) 在温度作用下，混凝土块体将产生温度变形，从而将产生温度应力。温度应力可分为两种：一种是“____应力”，另一种是“____应力”。

(5) 温度应力是由于温度变形受到约束不能________而引起的，当结构发生裂缝后，约束就能得以____，温度应力就会____。容许裂缝宽度越大，温度应力就松弛得____。

(6) 当弹性应力图形的受拉区高度大于结构截面高度的2/3时，应按弹性主拉应力在配筋方向投影图形的______计算受拉钢筋截面积。

(7) 当弹性应力图形的受拉区高度小于结构截面高度的2/3，且截面边缘最大拉应力σ_0小于或等于$0.45f_t$时，可仅配置____钢筋。

(8) 在一般情况下，按应力图形法计算得到的配筋偏于____，但对开裂前后应力状态有明显改变的结构有时也会偏于______。同时，应力图形法还无法对____控制作出应有的估计。

2. 单项选择题

(1) 在大体积混凝土结构中，配置温度钢筋的目的是（　　）。

A. 可防止温度裂缝的发生，提高抗裂性

B. 可限制温度裂缝的宽度

C. 会减少温度裂缝的条数

D. 有利于降低温度应力

（2）对于大体积混凝土坝体，提高温度作用下的抗裂性的措施是（　　）。

A. 加大分块的截面尺寸　　　　B. 提高混凝土早期强度

C. 周密地进行温度控制设计　　D. 配置温度钢筋

（3）下列表达中，不正确的一项是（　　）

A. 一大体积块体浇筑后，因水化热而会发生较大的温度拉应力，其主要原因是混凝土的初期弹性模量 E_c 是随时间而增长的。

B. 大体积混凝土结构，若遇到寒潮袭击时，会发生深层的基础裂缝。

C. 由于混凝土的徐变，大体积混凝土的温度应力可以有较大的松弛。

D. 底部受基岩约束的竖立墙体，当需配置温度钢筋时，越靠近底部，水平向钢筋应配置得更多些。

△（4）拌和时如掺加冰屑，则应计入冰的融解潜热，一般情况，$1m^3$ 混凝土掺加 10kg 冰，可降低机口温度（　　）。

A. 1℃　　B. 1.5℃　　C. 2℃　　D. 2.5℃

3. 问答题

☆（1）你知道教材附录 4 表 3 规定的最小配筋率与水工 96 规范相比，有哪些不同吗？

☆（2）教材式（12－3）用于计算卧置在地基上厚板的配筋，你能说出该公式有哪些特点？

☆（3）哪些结构需要进行温度作用计算？

☆（4）对于允许出现裂缝的结构，当考虑温度作用影响且不满足抗裂要求时，应根据工程经验配置温度钢筋。现行水工混凝土结构设计规范对闸墩等底部受基岩约束的墙体和两端受大体积混凝土约束的墙体，是怎样规定其温度钢筋数量的？

☆（5）对大体积混凝土，可采取哪些温度控制防裂措施？

☆（6）按弹性应力图形面积配筋，为何按主拉应力在配筋方向投影图形计算钢筋用量？

☆（7）在按钢筋混凝土有限元单元法进行结构设计时，无论承载力计算与裂缝控制验算，为何材料强度均可取为标准值？

第 13 章　我国《混凝土结构设计规范》（GB 50010—2002）及美国混凝土结构设计规范（ACI 318M—05）简介

混凝土结构的实践性很强，它要求能设计出符合可靠性和经济性的混凝土结构，这就必然要和设计规范相结合。不同国家有不同的经济发展水平，不同的工程实践传统，因此各国的混凝土设计规范不尽相同；甚至一国之内各行业有行业自身的特点，因此适用于不同行业的混凝土设计规范也有差别，例如我国水利水电行业的水工混凝土结构设计规范与土木建筑行业的混凝土结构设计规范也不尽相同。

但是混凝土结构又是一门科学，它的基本理论相当于钢筋混凝土及预应力混凝土的材料力学，它是以实验为基础的，并且建立起了符合实际的理论基础。因此各国之间以及国内各行业之间的混凝土结构设计规范有其共同的基础，它们之间共同性是主要的，而差异则是次要的。

我国《混凝土结构设计规范》（GB 50010—2002）是用于房屋建筑及相应构筑物的混凝土结构设计规范，它是由中国建筑科学研究院会同有关高等学校及科研、设计、企业单位共同修订而成，于 2002 年批准为国家标准并颁布执行。此规范总结了我国混凝土结构设计的实践经验，与相关的标准规范进行了协调，与国际先进的标准规范进行了比较和借鉴，反映了我国当时在这方面的最新进展。

美国混凝土结构设计规范（ACI 318M—05）是美国主要用于房屋建筑及相应构筑物的混凝土结构设计规范，它由美国混凝土学会主持编写，每 6 年出一新版。此规范是美国 2005 年颁布的版本，反映了美国在这方面的最新进展。

本章对我国《混凝土结构设计规范》（GB 50010—2002）及美国混凝土结构设计规范（ACI 318M—05）分别作一简介，以帮助读者开拓眼界，放宽思路，也有助于读者今后对这些规范的学习和应用。

13.1　《混凝土结构设计规范》（GB 50010—2002）简介

13.1.1　实用设计表达式

混凝土结构设计规范的一个重要作用就是提出一个共同遵照执行的实用可靠的设计方法。

从教材第 2 章的学习中，我们已知道《水工混凝土结构设计规范》（DL 5057—2009）（以下简称水工电口 09 规范）提出了以各分项系数表达的混凝土结构实用设计表达式❶。

---

❶　考虑到公式的形式比较接近，本章只取水工电口 09 规范与 GB 50010—2002 规范作对比。另一本《水工混凝土结构设计规范》（SL 191—2008）与水工电口规范的区别详见《水工钢筋混凝土结构学》教材第 2 章介绍。

对于承载能力极限状态的荷载效应基本组合，其表达式为

$$\gamma_0 \psi S \leqslant \frac{1}{\gamma_d} R(f_c, f_y, a_k) \tag{13-1}$$

$$S = \gamma_G S_{Gk} + \gamma_{Q1} S_{Q_{1k}} + \gamma_{Q2} S_{Q_{2k}} \tag{13-2}$$

对于正常使用极限状态设计表达式为

$$\gamma_0 S_k(G_k, Q_k, f_k, a_k) \leqslant C \tag{13-3}$$

《混凝土结构设计规范》(GB 50010—2002)(以下简称 GB 规范)与水工电口 09 规范在设计方法的原理上基本相同，但具体表达式则有差别。

对于承载能力极限状态的荷载效应基本组合，GB 规范进一步划分为由可变荷载效应控制的和由永久荷载效应控制的两组组合，设计时取其最不利值。因此其设计表达式为：

$$\gamma_0 S \leqslant R(f_c, f_y, a_k) \tag{13-4}$$

由可变荷载效应控制时

$$S = \gamma_G S_{Gk} + \gamma_{Q1} S_{Q_{1k}} + \sum_{i=2}^{n} \gamma_{Qi} \psi_{ci} S_{Q_{ik}} \tag{13-5}$$

由永久荷载效应控制时

$$S = \gamma_G S_{Gk} + \sum_{i=1}^{n} \gamma_{Qi} \psi_{ci} S_{Q_{ik}} \tag{13-6}$$

式(13-5)和式(13-6)的差别有两点：

(1) 式(13-5)中规定了一个最主要的可变荷载 Q_1，其值取为标准值 Q_{1k}，其他可变荷载 Q_i 则均取为组合值 $\psi_{ci} Q_{ik}$，ψ_{ci} 为小于 1 的组合值系数。

(2) 式(13-5)中永久荷载分项系数 γ_G 取 1.20，在式(13-6)中 γ_G 取 1.35。

GB 规范和水工电口 09 规范的主要不同有：

(1) GB 规范只有结构重要性系数 γ_0、荷载分项系数(γ_G、γ_Q)和材料分项系数(γ_s、γ_c)三种分项系数，没有水工电口 09 规范中的设计状况系数 ψ 和结构系数 γ_d。

(2) GB 规范的 γ_G 在式(13-5)中取 1.20，在式(13-6)中取 1.35，γ_Q 则均取 1.40。而水工电口 09 规范中一般情况取 $\gamma_G=1.05$，但将可变荷载分为两类：一类为一般可变荷载 Q_1，其分项系数 γ_{Q1} 取为 1.20；另一类为可控制的可变荷载 Q_2，其分项系数 γ_{Q2} 取为 1.10。

(3) 水工电口 09 规范引入 $\gamma_d=1.20$，GB 规范没有此系数。可以理解为水工电口 09 规范把 GB 规范的荷载分项系数(1.20 及 1.40)分为两个部分，即荷载分项系数(1.05 及 1.20)和结构系数(1.20)，这两个部分的乘积也就相当于 GB 规范的荷载分项系数。

对钢筋混凝土结构，承载能力极限状态计算时分项系数取值的对比见表 13-1。

表 13-1　承载能力极限状态计算时分项系数取值比较

分项系数	γ_0			γ_G	γ_Q	γ_s	γ_c	γ_d	ψ		
	Ⅰ	Ⅱ	Ⅲ						持久	短暂	偶然
水工电口 09 规范	1.1	1.0	0.9	1.05	1.20 (1.10)	1.1	1.40	1.2	1.0	0.95	0.85

续表

分项系数	γ_0			γ_G	γ_Q	γ_s	γ_c	γ_d	ψ		
	Ⅰ	Ⅱ	Ⅲ						持久	短暂	偶然
GB 规范	1.1	1.0	0.9	1.20 (1.35)	1.40	1.1	1.40	无	1.0	1.0	γ_{RE}

注：1. 按 GB 规范设计时，由可变荷载效应控制时 γ_G 取 1.20；由永久荷载效应控制时，γ_G 取 1.35。
按水工电口 09 规范设计时，对一般可变荷载，γ_Q 取 1.20；对可控制的可变荷载，γ_Q 取 1.10。
2. γ_{RE} 为承载力抗震调整系数，对不同构件，γ_{RE} 取 0.75～0.85。
3. Ⅰ、Ⅱ、Ⅲ指结构物的安全等级。

对于正常使用极限状态，GB 规范的设计表达式为

$$S \leqslant C \tag{13-7}$$

式中 C——结构或结构构件达到正常使用要求的规定限值；

S——荷载效应的组合值。

根据不同的设计要求，S 分为标准组合及准永久组合：

标准组合

$$S = S_{Gk} + S_{Q_{1k}} + \sum_{i=2}^{n} \psi_{ci} S_{Q_{ik}} \tag{13-8}$$

即永久荷载和第一个（最主要的）可变荷载用标准值，其他可变荷载用组合值。

准永久组合

$$S = S_{Gk} + \sum_{i=1}^{n} \psi_{qi} S_{Q_{ik}} \tag{13-9}$$

即永久荷载用标准值，可变荷载用准永久值。

除预应力混凝土结构的抗裂计算时用到准永久组合外，在钢筋混凝土结构构件的挠度计算及裂缝宽度计算时，均只考虑标准组合。

在正常使用极限状态验算时，GB 规范和水工电口 09 规范的相同与不同点主要是：

(1) 两本规范荷载分项系数和材料分项系数都取为 1.0。

(2) 水工电口 09 规范中的 ψ 和 γ_d 两系数在正常使用极限状态验算时也不再出现；在 GB 规范中这两个系数则根本没有。

(3) GB 规范中在正常使用极限状态验算时，考虑了荷载效应的标准组合及准永久组合；而在水工电口 09 规范中只考虑标准组合。

(4) 水工电口 09 规范在正常使用极限状态设计的表达式中，保留了结构重要性系数 γ_0，而 GB 规范的设计表达式中没有 γ_0。

需要说明的是，《水工混凝土结构设计规范》(SL 191—2008) 和 GB 规范一样，在正常使用极限状态的设计表达式中也没有 γ_0。

以上讨论了两本规范在设计表达式及荷载效应 S 计算方面的异同点，下面以受弯构件为例，来讨论构件承载力即表达式右边项 R 计算中的异同。

13.1.2 受弯构件正截面受弯承载力的计算

对矩形截面受弯构件，基本计算公式如下。

1. GB 规范

$$M \leqslant M_u = f_c bx\left(h_0 - \frac{x}{2}\right) + f'_y A'_s (h_0 - a'_s) \tag{13-10}$$

$$f_c bx = f_y A_s - f'_y A'_s \tag{13-11}$$

公式的适用条件为

$$x \leqslant \xi_b h_0 \tag{13-12}$$

$$x \geqslant 2a'_s \tag{13-13}$$

2. 水工电口 09 规范

$$M \leqslant \frac{1}{\gamma_d} M_u = \frac{1}{\gamma_d}\left[f_c bx\left(h_0 - \frac{x}{2}\right) + f'_y A'_s (h_0 - a'_s)\right] \tag{13-14}$$

$$f_c bx = f_y A_s - f'_y A'_s \tag{13-15}$$

公式的适用条件同式（13-12）和式（13-13）。

由此可见，对于受弯构件正截面受弯承载力计算，两本规范的计算公式几乎完全一样。不同之处仅是：

（1）水工电口 09 规范中有 γ_d 这个系数，$\gamma_d=1.20$；而 GB 规范没有。应注意，两本规范的弯矩设计值 M 在数值上是完全不同的，因为两者所取的荷载分项系数 γ_G、γ_Q 是不同的。在一般情况，GB 规范取 $\gamma_G=1.20$，$\gamma_Q=1.40$；而水工电口 09 规范则取 $\gamma_G=1.05$，$\gamma_Q=1.20$。

（2）在 GB 规范中，当混凝土强度等级高于 C50 时，受压区矩形应力图的应力值 f_c 用 $\alpha_1 f_c$ 代替，α_1 为对高强混凝土的一个修正系数（$\alpha_1=1.0\sim0.94$）。在水工中因很少用高强混凝土，所以水工规范不列入系数 α_1。

13.1.3 受弯构件斜截面受剪承载力的计算

1. GB 规范

（1）一般受弯构件

$$V \leqslant V_u = 0.7 f_t bh_0 + 1.25 f_{yv}\frac{A_{sv}}{s}h_0 + 0.8 f_y A_{sb}\sin\alpha \tag{13-16}$$

（2）集中荷载为主作用下的独立梁

$$V \leqslant V_u = \frac{1.75}{\lambda+1.0} f_t bh_0 + f_{yv}\frac{A_{sv}}{s}h_0 + 0.8 f_y A_{sb}\sin\alpha \tag{13-17}$$

式中　λ——剪跨比，取值在 1.5～3 之间；

其余符号意义同前。

2. 水工电口 09 规范

（1）一般受弯构件

$$V \leqslant \frac{1}{\gamma_d} V_u = \frac{1}{\gamma_d}\left(0.7 f_t bh_0 + f_{yv}\frac{A_{sv}}{s}h_0 + f_y A_{sb}\sin\alpha\right) \tag{13-18}$$

（2）集中荷载为主的矩形截面独立梁

$$V \leqslant \frac{1}{\gamma_d} V_u = \frac{1}{\gamma_d}\left(0.5 f_t bh_0 + f_{yv}\frac{A_{sv}}{s}h_0 + f_y A_{sb}\sin\alpha\right) \tag{13-19}$$

对比上列 4 个公式，可见：

（1）两本规范的受剪承载力计算方法在原则上基本是一致的。

（2）对于一般受弯构件，箍筋受剪承载力项的系数，GB规范取为1.25，水工电口09规范取为1.0。弯起钢筋受剪承载力项的系数，GB规范取为0.8，水工电口09规范则取为1.0。这是由于对理论与试验成果不同的分析意见导致的结果，对配置箍筋或弯筋的数量会有一定差异。

（3）对于集中荷载为主的情况，GB规范对混凝土受剪承载力 V_c 项中考虑了剪跨比 λ 的影响，当 $\lambda=1.5\sim3$ 时，$V_c=(0.7\sim0.44)f_tbh_0$。水工电口09规范则将 V_c 简化为 $0.5f_tbh_0$。同时水工电口09规范对式（13-19）限定为矩形截面的独立梁；而GB规范对式（13-17）只限定为独立梁，而没有限定截面形状。

13.1.4 正常使用极限状态的验算

在正常使用极限状态验算中，GB规范对预应力混凝土构件的抗裂验算，是按荷载效应的标准组合和准永久组合进行的；对挠度验算及裂缝宽度验算则是按标准组合进行的。而水工电口09规范则对这三种验算都是按标准组合进行的。

13.1.4.1 钢筋混凝土受弯构件的挠度验算

1. GB规范

$$f=S\frac{M_kl_0^2}{B}\leqslant[f] \tag{13-20}$$

$$B=\frac{M_k}{M_q(\theta-1)+M_k}B_s \tag{13-21}$$

$$B_s=\frac{E_sA_sh_0^2}{1.15\psi+0.2+\dfrac{6\alpha_E\rho}{1+3.5\gamma_f'}} \tag{13-22}$$

式中 B——按标准组合并考虑部分荷载长期作用影响的构件抗弯刚度；

B_s——在标准组合作用下，构件的短期抗弯刚度；

M_k——按荷载效应标准组合计算的弯矩；

M_q——按荷载效应准永久组合计算的弯矩；

θ——考虑部分荷载长期作用对挠度增大影响系数，当 $\rho'=0$ 时，$\theta=2.0$，当 $\rho'=\rho$ 时，$\theta=1.6$，此处，$\rho'=\dfrac{A_s'}{bh_0}$，$\rho=\dfrac{A_s}{bh_0}$；

ψ——裂缝间纵向受拉钢筋应变不均匀系数，见式（13-26）；

γ_f'——受压翼缘截面面积与腹板有效截面面积的比值，$\gamma_f'=\dfrac{(b_f'-b)\ h_f'}{bh_0}$；

其余符号意义同前。

GB规范中的挠度验算中构件短期刚度 B_s 的公式来源于试验资料，其计算挠度与试验资料具有很好的符合性。

2. 水工电口09规范

水工电口09规范的挠度验算，其原则及方法与GB规范是完全一样的，但为方便设计，将构件的短期抗弯刚度 B_s 及考虑部分荷载长期作用后的抗弯刚度 B 作了大幅度的简化，取定

$$B = 0.65B_s \tag{13-23}$$

$$B_s = (0.025 + 0.28\alpha_E\rho)(1 + 0.55\gamma'_f + 0.12\gamma_f)E_c bh_0^3 \tag{13-24}$$

在水工混凝土结构中，构件尺寸一般均较大，挠度验算常不是控制条件，适当加以简化是可行的。

13.1.4.2　钢筋混凝土受弯构件的裂缝宽度验算

1. GB 规范

$$w_{max} = 2.1\psi\frac{\sigma_{sk}}{E_s}\left(1.9c + 0.08\frac{d_{eq}}{\rho_{te}}\right) \leqslant w_{lim}(\text{mm}) \tag{13-25}$$

$$\psi = 1.1 - 0.65\frac{f_{tk}}{\rho_{te}\sigma_{sk}} \tag{13-26}$$

$$d_{eq} = \frac{\sum n_i d_i^2}{\sum n_i v_i d_i} \tag{13-27}$$

$$\rho_{te} = \frac{A_s}{A_{te}} \tag{13-28}$$

式中　ψ——纵向受拉钢筋应变不均匀系数；

d_{eq}——纵向钢筋的等效直径；

v_i——第 i 种纵筋的相对粘结特性系数，光圆钢筋取 0.7，带肋钢筋取 1.0；

A_{te}——有效受拉混凝土截面面积，对受弯构件，$A_{te}=0.5bh+(b_f-b)h_f$；

其余符号意义同前。

2. 水工电口 09 规范

$$w_{max} = 1.9\psi\frac{\sigma_{sk} - \sigma_0}{E_s}l_{cr} \leqslant w_{lim}(\text{mm}) \tag{13-29}$$

$$\psi = 1 - 1.1\frac{f_{tk}}{\rho_{te}\sigma_{sk}} \tag{13-30}$$

$$l_{cr} = \left(2.2c + 0.09\frac{d}{\rho_{te}}\right)v \qquad (20\text{mm} \leqslant c \leqslant 65\text{mm}) \tag{13-31}$$

$$l_{cr} = \left(65 + 1.2c + 0.09\frac{d}{\rho_{te}}\right)v \qquad (65\text{mm} < c \leqslant 150\text{mm}) \tag{13-32}$$

对比两本规范的裂缝计算公式，可见两本规范所依据的裂缝开展计算原理是基本一样的，所不同的有下列几点：

(1) 水工电口 09 规范针对水工特点，允许考虑长期处于水下的结构因混凝土湿胀而在钢筋中产生的初始应力 σ_0，σ_0 可取为 20N/mm^2。

(2) 计算公式中所采用的一些系数，两本规范取值有所不同。

(3) 水工电口 09 规范针对水工中混凝土保护层 c 普遍较大的特点，对裂缝间距 l_{cr} 分成两个档次来计算，这是为了避免保护层较大时，计算出的 w_{max} 过分偏大。

(4) 两本规范所规定的裂缝宽度限值 w_{lim} 也略有差异。

(5) 两本规范所定义的有效受拉混凝土截面的面积 A_{te} 也有很大不同。

由于裂缝宽度计算值的离散性极大，实际工程上出现的裂缝大部分更与温度、干缩及施工养护质量等非荷载因素有关，不是上述理论计算公式所能正确表达的，所以两本规范的裂缝计算公式孰优孰劣是无法加以论证的。

13.2 美国混凝土结构设计规范（ACI 318M—05）简介

13.2.1 实用设计表达式

美国规范对结构也有两方面的要求：一个是承载能力的要求，以保证结构安全性；另一个是正常使用的要求，以保证结构的适用性和耐久性。

保证承载能力的设计表达式也是以分项系数来表达的。为了便于阅读和便于与我国规范作对比，下面将美国规范中所用的有些符号改用我们已熟悉的符号来表示。美国规范的承载力设计表达式为

$$S \leqslant \phi R_n \tag{13-33}$$

式（13－33）中的 S 为荷载效应设计值，在美国规范中，列出了 7 种计算不同荷载组合下的荷载效应设计值的计算公式，例如

$$\left.\begin{array}{c} S = 1.4(S_D + S_F) \\ S = 1.2S_D + 1.6S_L \\ S = 1.2S_D + 1.6S_S + 1.0S_L \\ S = 1.2S_D + 1.6S_W + 1.0S_L + 0.5S_S \\ S = 1.2S_D + 1.0S_E + 1.0S_L + 0.2S_S \\ \vdots \end{array}\right\} \tag{13-34}$$

设计时，取 7 种 S 中的最大值作为配筋的依据。式中 S_D、S_L、S_F、S_W、S_S 及 S_E 分别为恒载、活载、水压力、风荷载、雪荷载及地震荷载的标准值引起的荷载效应。

美国规范的这种荷载效应设计值 S 采用公式表示的做法与水工 SL 191—2008 规范是类似的。

式（13－33）中的 R_n 为名义承载力，它和材料强度及截面几何尺寸有关。应注意，美国规范中没有材料分项系数，也没有材料强度设计值。

式（13－33）中的 ϕ 为承载力折减系数，ϕR_n 称为设计承载力。ϕ 可以看作是综合考虑了混凝土和钢筋两种材料的分项系数及构件重要性和延性等要求的一个综合系数。对不同受力的构件，取用不同的 ϕ 值。例如对受拉控制的截面（受弯构件的适筋梁），ϕ 取 0.9；对受压控制的截面，ϕ 取 0.65～0.70；对受剪受扭控制的截面，ϕ 取 0.75；等等。

美国规范的安全度就是由上述荷载效应设计值中的各个荷载效应系数和承载力折减系数 ϕ 来保证的。

与水工电口 09 规范相比，美国规范没有结构重要性系数 γ_0 和设计状况系数 ψ。美国规范也没有结构系数 γ_d 和材料分项系数 γ_s、γ_c，它们已综合在承载力折减系数 φ 之中。

对于正常使用时工作性能的保证，美国规范也规定取用荷载的标准值。同时不考虑承载力折减系数，即取 $\phi=1.0$。

13.2.2 受弯构件正截面受弯承载力计算

美国规范的计算公式为

$$M \leqslant \phi M_n \tag{13-35}$$

式中　M——弯矩设计值，由式（13-34）计算得出；

ϕ——与承载力折减系数，对适筋梁 ϕ 取 0.9；

M_n——名义受弯承载力。

M_n 可按下式计算（举单筋矩形截面为例）

$$M_n = f_y A_s (h_0 - x/2) \tag{13-36}$$

$$f_y A_s = 0.85 f'_c bx \tag{13-37}$$

式（13-37）中的 $0.85f'_c$ 为美国规范所取的受压区矩形应力图形的混凝土压应力，而 f'_c 为混凝土圆柱体抗压强度，相当于立方体抗压强度 f_{cu} 的 0.8 倍。

美国规范规定，为了不发生超筋破坏，要求最外层受拉钢筋的拉应变 $\varepsilon_s \geqslant 0.004$，大致相当于 $x \leqslant 0.75\xi_b h_0$。为了不发生少筋破坏，要求纵向受拉钢筋的配筋率 ρ 不小于最小配筋率 $\rho_{\min}$，$\rho_{\min}$ 取为 $\dfrac{0.25\sqrt{f'_c}}{f_y}$，也不小于 $\dfrac{1.4}{f_y}$。

由上可知，美国规范在正截面受弯承载力计算原理方面与我国规范几乎完全一样，不同之处在于：

(1) 荷载效应（弯矩设计值 M）的计算有所不同。美国规范没有材料分项系数，材料强度的取值也有所不同。同时，美国规范设有一个承载力折减系数 ϕ，这相当于一个小安全系数。

(2) 美国规范对受压区应力图形的混凝土压应力值取为 $0.85f'_c$，约为 $0.68f_{cu}$，相当于我国的轴心抗压强度标准值 f_{ck}；美国规范对 ε_{cu} 取为 0.003（我国则取 0.0033），对 $\dfrac{x}{x_0}$ 取为 β_1，β_1 随混凝土强度提高而线性下降，约为 0.85～0.65（我国则取 $\dfrac{x}{x_0}$ 为一定值 0.8）；对最小配筋率 $\rho_{\min}$ 取为 $\dfrac{1.4}{f_y}$，比我国规定的大得多。

(3) 美国规范规定的适筋破坏的条件大致相当于 $x \leqslant 0.75\xi_b h_0$，比我国 GB 规范及水工电口 09 规范的 $x \leqslant \xi_b h_0$ 严格得多，保证了适筋梁在破坏时具有必要的延性（我国 SL 191—2008 规范则已调整为 $x \leqslant 0.85\xi_b h_0$）。

13.2.3　受弯构件斜截面受剪承载力计算

美国规范的计算式（以仅配箍筋为例）为

$$V \leqslant \phi(V_c + V_{sv}) \tag{13-38}$$

$$V_c = 0.17\sqrt{f'_c}bh_0 \tag{13-39}$$

或

$$V_c = \left(0.16\sqrt{f'_c} + 17\rho\frac{Vh_0}{M}\right)bh_0 \tag{13-40}$$

$$V_{sv} = f_{yv}\frac{A_{sv}}{s}h_0 \tag{13-41}$$

式中　V——剪力设计值，按式（13-34）计算得出；

ϕ——承载力折减系数，受剪计算时取 $\phi=0.75$；

V_c——混凝土受剪承载力，可以用简便公式（13-39）计算，也可以用较为精确的公式（13－40）计算，精确公式中考虑了纵筋配筋率 ρ 和广义剪跨比 $\frac{M}{Vh_0}$（即 λ）对受剪承载力的影响。

按式（13－40）计算时，V_c 不得大于 $0.29\sqrt{f'_c}bh_0$。

为防止发生斜压破坏，美国规范规定箍筋不能配置过多，即要求

$$V_{sv} \leqslant 0.66\sqrt{f'_c}bh_0 \tag{13-42}$$

为防止发生斜拉破坏，美国规范要求

$$\rho_{sv} = \frac{A_{sv}}{bs} \geqslant \rho_{sv,\min}$$

$$\rho_{sv,\min} = \frac{0.062\sqrt{f'_c}}{f_{yv}} \text{或} \frac{0.35}{f_{yv}} \tag{13-43}$$

并规定箍筋的最大间距为

当 $V_{sv} \leqslant 0.33\sqrt{f'_c}bh_0$ 时，　　$s \leqslant \frac{h_0}{2}$

当 $V_{sv} > 0.33\sqrt{f'_c}bh_0$ 时，　　$s \leqslant \frac{h_0}{4}$

由上可见，美国规范对受剪承载力计算公式与我国的基本相似。受剪承载力也由 V_c 及 V_{sv} 两部分组成，V_c 也与混凝土的抗拉强度成正比（我国用 f_t 表示，美国则用 $\sqrt{f'_c}$ 表示）。美国规范也规定了防止斜压破坏和斜拉破坏的构造规定。

所不同的有下列几点：

（1）美国规范不再区分“一般受弯构件”和“承受集中荷载为主的独立梁”，而采用一个统一的计算公式。

（2）美国规范对 V_c 除了给出一个简便公式外，还给出了一个考虑因素比较全面的计算公式。

（3）美国规范对 V_{sv} 的计算与我国水工电口 09 规范一致，但与 GB 规范及 SL 191—2008 规范有所不同，后两者多了一个系数 1.25。

（4）美国规范在剪力较大时对箍筋最大间距的限制比我国严格。

（5）美国规范允许在满足一定条件时把剪力设计值的计算截面取在离支座边缘 h_0 处。

13.2.4 正常使用极限状态的验算

对于正常使用时工作性能的保证，美国规范采用如下的方法。

1. 挠度控制

挠度控制的方法是：

（1）如该构件或结构满足一定条件，且它的厚度满足规范规定的最小厚度的要求，则挠度可以不再验算。

（2）如不满足上述条件，则需验算挠度。此时荷载取标准值。首先按弹性方法，并考虑混凝土的裂缝和配置的钢筋对构件刚度的影响，计算初始挠度，然后考虑部分荷载长期作用的影响，将由这部分荷载引起的挠度乘以一系数 λ，λ 考虑了时间因素和受压钢筋的影响。最后算得的挠度值应不大于规范的规定。

2. 裂缝控制

对于裂缝控制是通过使纵向受拉钢筋的布置符合规范的规定而实现的。主要是规定受拉区最外层的纵向受拉钢筋的间距不得大于下式的计算值

$$s = 380\left(\frac{280}{f_s}\right) - 2.5c(\text{mm}) \tag{13-44}$$

式中　c——纵向受拉钢筋的混凝土保护层厚度；

f_s——正常使用时纵向受拉钢筋的应力，可以取为$\frac{2}{3}f_y$。

同时，s 不得大于 $300\times\left(\frac{280}{f_s}\right)$ (mm)。

美国常用变形钢筋 $f_y=420\text{N/mm}^2$，如保护层厚度为 50mm，此时最外层受拉钢筋的最大间距为 250mm。由此可见，s 的验算只对板、墙等构件才有意义。对于梁、柱等构件，裂缝控制一般就不需要进行了。

从以上规定可以看出，美国规范对横向裂缝宽度的控制并不严格。因为研究表明钢筋的锈蚀和在常见范围内的横向裂缝宽度之间并没有明显的相关关系。美国规范认为裂缝宽度具有很大离散性，并且受到温度和混凝土收缩等因素的影响，无法正确计算，因此在规范中淡化了裂缝宽度的计算，而认为钢筋在混凝土受拉区的合理分布可以控制裂缝的开展。

第14章　水工钢筋混凝土结构课程设计

14.1　肋形楼盖设计参考资料

14.1.1　概述

肋形结构是土木工程中应用非常广泛的一种结构形式。它常用于钢筋混凝土楼盖、屋盖，也用于地下室基础底板，挡土墙面板，桥梁上部结构，储水池的池顶、池底等结构。

楼盖是房屋建筑的重要组成部分，常用的楼盖大多采用钢筋混凝土结构。按施工方法可将楼盖分为：现浇楼盖、装配式楼盖及装配整体式楼盖。现浇楼盖整体性好，结构布置灵活。按梁板的布置，现浇楼盖又可分为：肋形楼盖、无梁楼盖、双重井式楼盖及密肋楼盖等。

肋形楼盖是现浇楼盖中使用最普遍的一种。肋形楼盖由板、次梁和主梁（有时没有次梁）组成，三者整体相连。肋形楼盖的特点是用钢量较少，楼板上留洞方便，但支模较复杂。

14.1.2　结构布置

结构布置要求如下。

（1）承重墙、柱网和梁格的布置首先要满足使用要求。如厂房设备布置、工艺要求等。

（2）在满足使用要求的基础上，梁格布置尽量求得经济和技术上的合理。

1）由于板的面积较大，为节省材料，降低造价，在保证安全的前提下，尽量采用板厚较小的楼板。

2）应尽量避免重大的集中荷载直接作用在板上，一般大型设备应直接由梁来承受。在大的孔洞边宜布置支承梁，另外隔墙下也宜布置梁。

3）梁格布置力求规整，梁系尽可能连续贯通，板厚和梁的截面尺寸尽可能统一。

4）为了提高建筑物的横向刚度，主梁宜沿建筑物的横向布置（主梁和柱可构成整体性较好的框架体系）。

主梁沿房屋横向布置时，房屋横向刚度较大。由于主梁搁置在纵墙的窗间墙上，因而便于开大窗，对室内采光有利，但天花板采光不均匀且不利于集中通风。当横向柱距大于纵向柱距较多时，主梁也可沿房屋纵向布置。这样，虽然房屋横向刚度小，不利于室内采光，但天花板采光较为均匀，有利于集中通风，可减小房屋净高。

5）在混合结构中，梁的支承点应避开门窗洞口。

6）在单向板肋形结构中，板的跨度常布置为1.7～2.5m，次梁的跨度以4～6m为宜，主梁的跨度以5～8m为宜。一般双向板的跨度（短向跨度）可布置为5m左右。

14.1.3　材料的选用和梁板截面尺寸初步选定

1. 材料选用

混凝土：C20 或 C25。

钢筋：梁内纵向受力钢筋采用 HRB400 或 HRB335 钢筋，板内纵向受力钢筋采用 HRB335 钢筋，其他钢筋可采用 HPB235 钢筋。

2. 板、梁截面尺寸的初步选定

（1）板：在一般建筑中，板的厚度为 80～120mm；水电站厂房发电机层的楼板，板厚常采用 120～200mm。单向板的最小板厚：屋面板 60mm，民用建筑楼板 70mm，工业建筑楼板 80mm。双向板的厚度一般为 80～160mm。按照刚度要求，楼板厚度取值见表 14-1。

表 14-1　　楼　板　厚　度

类　别	单跨简支板	多跨连续板
单向板	$h\geqslant\frac{l}{35}$	$h\geqslant\frac{l}{40}$
双向板	$h\geqslant\frac{l}{45}$	$h\geqslant\frac{l}{50}$

单向板常取 $b=1$m 宽的板带进行计算。

（2）梁：主梁及次梁的截面尺寸见表 14-2。

表 14-2　　梁　截　面　尺　寸

种　类	截面高度	截面宽度
多跨连续次梁	$h=\left(\frac{1}{18}\sim\frac{1}{12}\right)l$	$b=\left(\frac{1}{3}\sim\frac{1}{2}\right)h$
多跨连续主梁	$h=\left(\frac{1}{15}\sim\frac{1}{10}\right)l$	
单跨简支梁	$h=\left(\frac{1}{12}\sim\frac{1}{8}\right)l$	

14.1.4　单向板肋形楼盖设计要点

1. 计算简图

板是以边墙和次梁为铰支座的多跨连续板。次梁是以边墙和主梁为铰支座的多跨连续梁。主梁的中间支座是柱，当主梁的线刚度与柱的线刚度之比大于 5 时，可把主梁看作是以边墙和柱为铰支座的连续梁，否则应作为刚架进行计算。对于五跨和五跨以内的连续梁（板），计算跨数按实际跨数考虑；对于五跨以上的连续梁（板），当跨度相差不超过 10%，且各跨截面尺寸及荷载相同时，可近似按五跨等跨连续梁（板）计算。中间各跨内力，取与第三跨一样。

当按弹性方法计算内力设计值时，计算弯矩用的计算跨度 l_0 一般取支座中心线间的距离 l_c；当支座宽度 b 较大时，按下列数值采用：

对于板，当 $b>0.1l_c$ 时，取 $l_0=1.1l_n$；对于梁，当 $b>0.05l_c$ 时，取 $l_0=1.05l_n$。其中，l_n 为净跨度；b 为支座宽度。

当按塑性方法计算内力设计值时，计算弯矩用的计算跨度 l_0 按下列数值采用：

对于板，当两端与梁整体连接时，取 $l_0=l_n$；当两端搁支在墩墙上时，取 $l_0=l_n+h$，且 $l_0\leqslant l_c$；当一端与梁整体连接，另一端搁支在墙上时，取 $l_0=l_n+h/2$，且 $l_0\leqslant l_n+a/2$。其中，h 为板厚；a 为板在墩墙上的搁置宽度。

对于梁，当两端与梁或柱整体连接时，取 $l_0=l_n$；当两端搁支在墙上时，取 $l_0=1.05l_n$，且 $l_0\leqslant l_c$；当一端与梁或柱整体连接，另一端搁支在墙上时，取 $l_0=1.025l_n$，且 $l_0\leqslant l_n+a/2$。

计算剪力时，计算跨度取为 l_n。

板和梁上荷载一般有永久荷载和可变荷载两种。设计时应考虑可变荷载的最不利布置方式。主梁以承受集中荷载为主，为简化计算，可将主梁自重也简化为集中荷载。

当按弹性方法计算内力时，将板与次梁的中间支座均简化为铰支座，没有考虑次梁对板、主梁对次梁的转动约束能力。其效果是把板、次梁的弯矩值算大了。设计中常用调整荷载的办法来近似考虑次梁（或主梁）抗扭刚度对连续板（或次梁）内力的有利影响，以调整后的折算荷载代替实际作用的荷载进行最不利组合及内力计算。折算荷载见表14－3。

表 14－3　　折　算　荷　载

构件类别	折算永久荷载	折算可变荷载
板	$g'=g+\frac{1}{2}q$	$q'=\frac{1}{2}q$
次梁	$g'=g+\frac{1}{4}q$	$q'=\frac{3}{4}q$

2. 按弹性理论计算连续梁、板内力

对于承受均布荷载的等跨连续梁（板）和承受固定的或移动的集中荷载的等跨连续梁，其内力可利用图表进行计算（计算方法见教材）。计算出永久荷载作用下内力和各可变荷载最不利布置情况下内力后，可绘出连续梁的内力包络图。对于承受均布荷载的等跨连续梁，也可利用教材附录 9 的表格直接绘出弯矩包络图；对于承受集中荷载的等跨连续梁，也可利用教材附录 8 的影响线系数表绘制。连续板一般不需绘制内力包络图。

与支座整体浇筑的梁、板，最危险的截面是在支座边缘，所以应按支座边缘处的内力进行设计。

3. 考虑塑性变形内力重分布方法计算连续板、次梁内力

计算方法见教材。

主梁是结构的主要承重构件，一般不宜采用考虑塑性变形内力重分布的方法计算内力。

4. 连续梁板的截面设计

（1）楼板。计算出板各跨中及各支座截面弯矩后，按宽度 $b=1\text{m}$ 的单筋矩形截面进行正截面承载力计算（若按考虑塑性变形内力重分布方法计算内力，设计时应满足 $x\leqslant 0.35h_0$）。当单向连续板的周边与钢筋混凝土梁整体连接时，除边跨跨内和第一内支座外，各中间跨中和支座的弯矩值均可减少 20％。

楼板一般能满足斜截面受剪承载力要求，不必进行斜截面承载力计算。

（2）次梁。等跨或接近等跨的多跨连续次梁，跨中截面按 T 形截面梁进行正截面承

载力计算。支座截面按 $b\times h$ 的矩形截面梁进行计算（在考虑塑性变形内力重分布方法计算内力时，跨中和支座截面必须满足 $x\leqslant 0.35h_0$）。

通常次梁的剪力不大，配置一定数量的箍筋即可满足斜截面承载力要求，故一般仅需进行箍筋计算。

（3）主梁。主梁的正截面受弯承载力计算同次梁。由于在主梁支座（柱）处板、次梁和主梁的钢筋重叠交错，主梁负筋位于次梁和板的负筋之下，故截面有效高度在支座处减小。当钢筋单层布置时 $h_0=h-60$mm；双层布置时 $h_0=h-80$mm。

主梁承受集中荷载，剪力图呈矩形。如果在斜截面承载力计算中，要利用弯起钢筋抵抗部分剪力，则应考虑跨中有足够根数的钢筋可供弯起。若跨中钢筋可供弯起的根数不够，则应在支座设置专门抗剪的吊筋。

5. 连续梁、板的构造要求

（1）楼板。板的支承长度应满足其受力筋在支座内的锚固要求，且一般不小于板厚，当板搁支在砖墙上时，不小于 120mm。

楼板中纵向受力钢筋一般采用 HRB335 钢筋，常用直径为 6mm、8mm、10mm，最小间距为 70mm，最大间距可取 200mm。

楼板的跨中受力筋可弯起 1/2～1/3（最多不超过 2/3）到支座上部以承担负弯矩，弯起角度一般为 30°，当板厚 $h>120$mm 时可采用 45°。

连续板的配筋形式有两种：弯起式和分离式。对于承受均布荷载的等跨连续板，钢筋布置（确定弯起点和切断点）可按构造要求处理。详见教材图 9－20（弯起式）或图 9－21（分离式）。

楼板中的构造钢筋有：分布钢筋、嵌入墙内的板面附加钢筋、垂直于主梁的板面附加钢筋。具体规定见教材图 9－22 和图 9－23。

（2）次梁。多跨连续次梁的一般构造，如截面尺寸，受力钢筋直径、净距、根数与层数，箍筋、弯起钢筋、架立筋、钢筋的锚固等与单跨梁要求基本相同。梁中受力钢筋的弯起与切断，原则上应按弯矩包络图确定。对于跨度相差不超过 20%，承受均布荷载的次梁，当可变荷载与永久荷载之比不大于 3 时可按构造图 14－1 和图 14－2 进行布置。

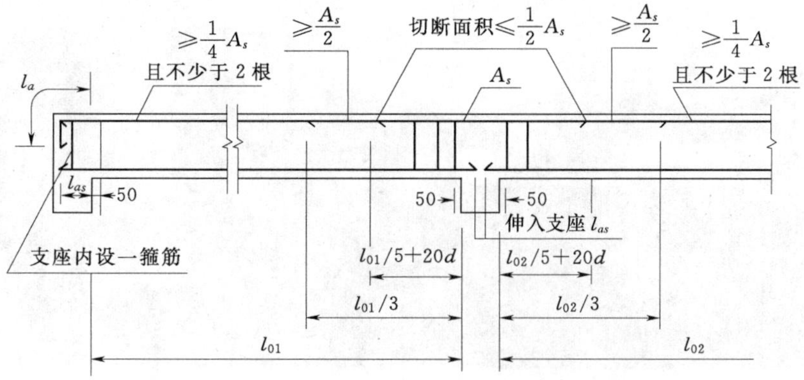

图 14－1　次梁的钢筋布置（无弯起筋）

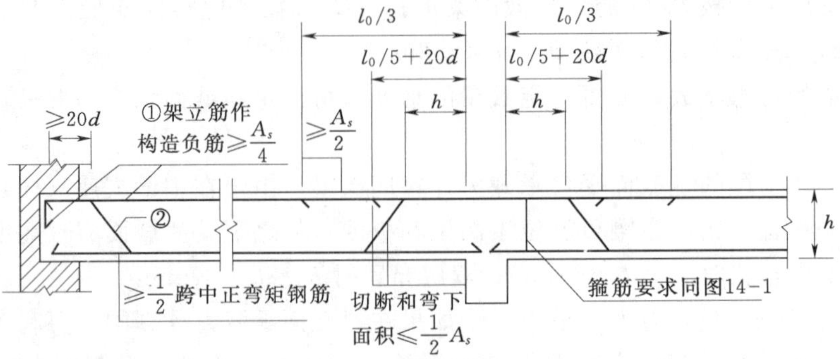

图 14-2 次梁的钢筋布置（有弯起筋）

（3）主梁。主梁纵向受力钢筋的弯起与切断，应根据弯矩包络图和剪力包络图来确定。通过绘制抵抗弯矩图来校核纵筋弯起位置是否合适，并确定支座顶面受力钢筋的切断位置。

主次梁交接处应设置附加横向钢筋，计算方法和构造规定详见教材。

14.2 水闸工作桥设计参考资料

14.2.1 概述

在水闸的闸孔上往往要架设工作桥，以满足安置闸门启闭机和供工作人员进行操作的需要。工作桥专为启闭闸门而设，平时不供给车辆和行人交通之用，因而工作桥一般与公路桥（交通桥）分开设置。工作桥大多支承于闸墩顶的钢筋混凝土刚架上（图 14-3、图 14-4）。它的位置常相应地放在闸门上面。工作桥的高程主要取决于所采用的闸门和启闭机形式、闸门高度及启门方式。最好使闸门开启后，门底高于上游最高水位，以免阻碍过闸水流。对于一般平面闸门，采用固定启闭机时，由于闸门开启后悬挂的需要，工作桥的横梁底部高程应在闸底板以上 2 倍闸门高度，再加上 1.0～1.5m 的富裕高度。为满足闸门检修的需要，一般要求闸门能提出闸墩，而且闸门底距离闸墩顶应至少有 0.5m 的空间。在地震区应当注意尽量降低工作桥高程，以减小地震影响。

图 14-3 水闸工作桥

工作桥的结构形式可视水闸的规模而定。为了使闸门开启后在桥下有较大的净空，工作桥通常采用梁式桥的形式。多孔水闸的工作桥如位置不是很高，模板架设方便，可采用现场浇筑的方式，以利于整体性。如工作桥位置较高，架设模板不够方便，常做成每孔单跨简支梁式桥，在工地平地预制；如果水闸较大，工地吊装能力有限，工作桥可做成装配式结构，每孔工作桥沿纵向划分成两个装配单元（两根纵梁），横梁和面板均分成两半做成悬臂式，拼装后再加以可靠的刚性联结，如图 14－5 所示。为了保证工作桥在启闭闸门时的整体刚度和能承受振动荷载，应特别注意两个装配单元之间的拼装联结；在吊装能力许可时，尽可能不划分装配单元，做成每孔工作桥整体预制，如图 14－6 所示。

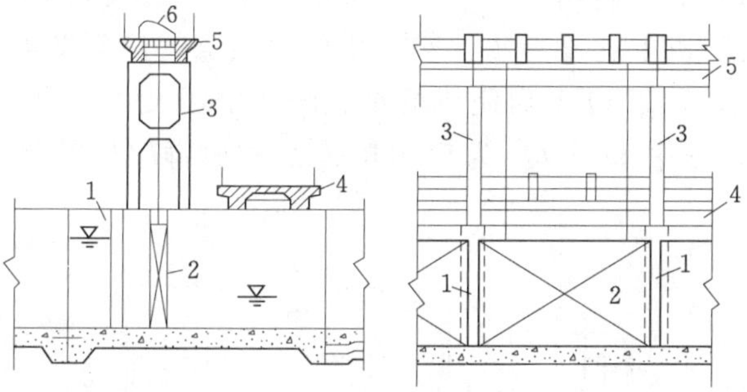

图 14－4　工作桥示意图

1—闸墩；2—闸门；3—刚架；4—公路桥；5—工作桥；6—启闭机

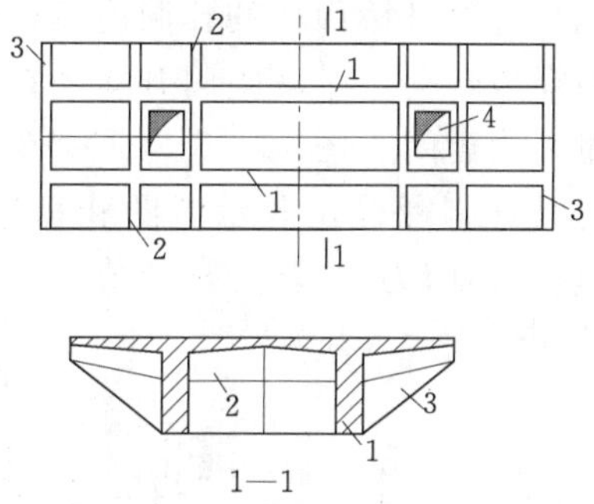

图 14－5　装配式工作桥

1—纵梁；2—横梁；3—端横梁；4—吊孔

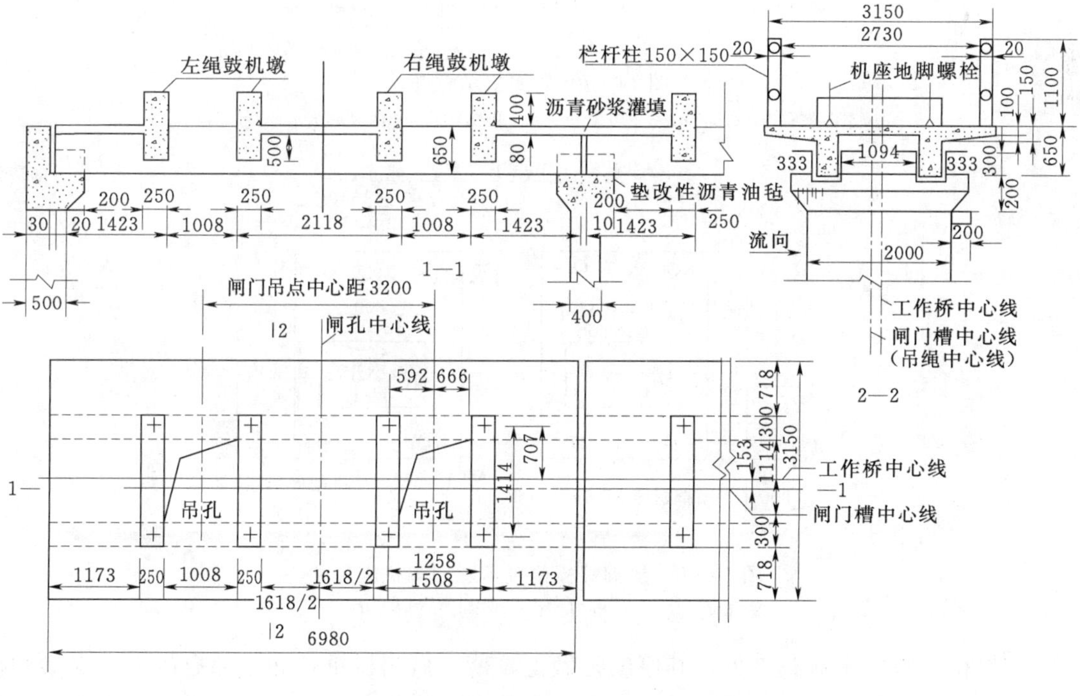

图 14－6　某水闸工作桥结构布置图

工作桥设计时除必须保证它的承载力外，还应限制变形，以免启闭闸门时受到破坏或产生过大的变形而影响闸门的启闭。在必要时应限制其裂缝的开展。

工作桥的混凝土强度等级不应低于C25。工作桥、刚架及梁的纵向受力筋可用HRB400或HRB335钢筋，板的纵向受力钢筋可用HRB335钢筋，梁、柱箍筋、板的分布钢筋及其他构造钢筋可用HRB335钢筋，也可用HPB235钢筋。

14.2.2 工作桥的结构布置和尺寸

工作桥的结构布置与采用的启闭机型式有关。常用的绳鼓式启闭机（即卷扬式启闭机）主要由电动机、减速箱、传动轴和绳鼓组成。绳鼓固定在传动轴上，绳鼓上回绕钢丝绳，并穿过桥面板的孔洞连接在闸门吊点上。启闭闸门时，通过电动机、减速箱和传动轴使绳鼓转动，带动闸门升降。在这种启闭机上还设有手摇箱，供停电或电气设备发生故障时人力启闭。图14－7为2×160kN绳鼓式QPQ型启闭机的示意图和主要尺寸；图14－8为其地脚螺栓位置示意图和机座尺寸，图中Q_1～Q_4为启闭机传给各地脚螺栓的作用力(包括启门力)，均为设计值。

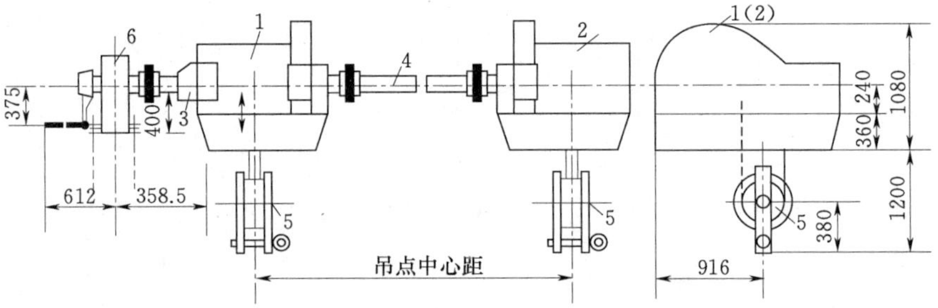

图14－7 启闭机示意图

1—左绳鼓；2—右绳鼓；3—电动机；4—联结轴；5—活动转轮；6—手摇箱

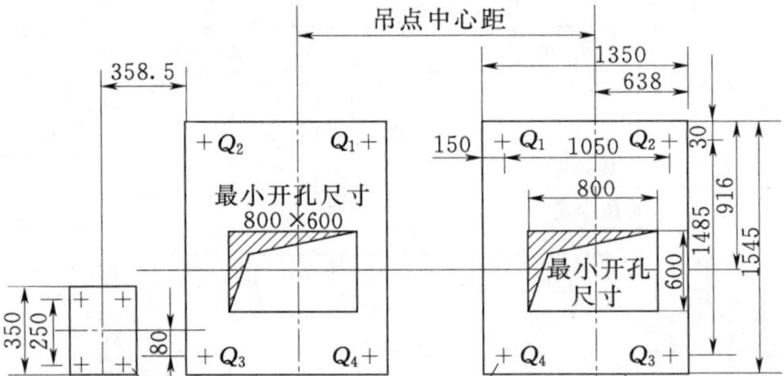

图14－8 地脚螺栓位置示意图和机座尺寸

$Q_1=35.365$kN；$Q_2=46.265$kN；$Q_3=56.115$kN；$Q_4=76.125$kN

工作桥面板所受荷载不大，其厚度常做得较薄。启闭机重量和全部启门力由纵梁和横梁来承担，并依据预埋在混凝土机墩（在纵、横梁上浇筑）内的机座地脚螺栓位置以及闸门的吊点位置等布置工作桥的纵、横梁。

图 14－9 为绳鼓式 QPQ 型启闭机工作桥结构布置简图。

纵梁通常设置两根，可采用整体现浇，也可采用预制的 Γ 形或 T 形截面梁。梁肋中距可根据其地脚螺栓埋于梁内的位置而定。当地脚螺栓只埋在一根纵梁和两根横梁内时，则梁肋间距与地脚螺栓位置无关，此时两纵梁梁肋的中距可采用 1.5～2.3m。为了便于吊装，纵梁的长度为闸墩两中线的距离减去约 20～30mm 的接缝宽度，以便安装后用沥青砂浆填好缝隙。

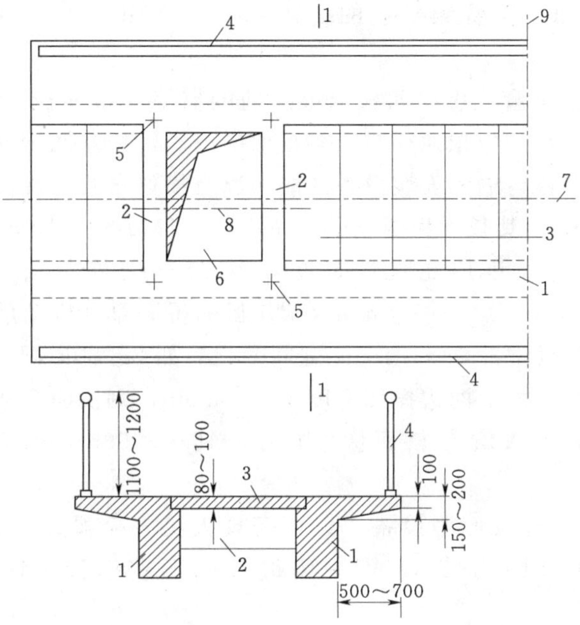

图 14－9　绳鼓式 QPQ 型启闭机工作桥结构布置简图

1—纵梁；2—横梁；3—铺板；4—栏杆；5—机座地脚螺栓；6—吊绳孔；7—桥中线；8—吊绳中心线；9—闸孔中线

横梁的设置决定于启闭机位置。如采用绳鼓式 QPQ 型启闭机，则将绳鼓安置在桥跨两端，因而在桥跨两端各需布置一对横梁（图 14－9）。横梁轴线最好与地脚螺栓排列的轴线相一致，以改善受力条件。当闸门吊点中心距离比较大时，在桥跨中部也可考虑增设一根横梁作为联系梁之用。

确定绳鼓式启闭机的绳鼓位置时，可将机座尺寸图所示的吊孔（开孔）中心点对准闸门的吊点，使吊绳中心线位于垂直方向。由机座平面尺寸，即可决定绳鼓的正确位置。如设有手摇装置，则在布置时要求手摇柄与相邻闸孔的绳鼓之间留有适当距离。若不能满足此要求时，可配合闸门设计改变闸门吊点位置（减小吊点中心距离，即闸门横梁位置应加以调整），再重新布置启闭机位置。当启闭机的绳鼓位置决定后，便能相应地定出横梁的位置。

在预制工作桥纵、横梁时，常因启闭机未到货而不能决定预埋地脚螺栓的正确位置，或因启闭机高度较小，以致直接安装在纵、横梁上而形成操作不便（如手摇柄转轴的位置低于桥面以上 900～1000mm），所以往往待工作桥吊装后，将预先埋在纵横梁的竖向钢筋板直，浇筑机墩混凝土，再根据已到货的启闭机机座螺栓孔的位置预埋机座地脚螺栓，以便在机墩上安装启闭机。

工作桥纵梁承受整个桥跨包括启门力在内的全部荷载，因此截面尺寸比较大。初步拟订尺寸时，梁高一般取为跨度的 1/8～1/10，梁肋宽度为梁高的 1/2～1/3，但不小于 200～250mm，一般为 250～400mm。纵梁翼缘的厚度在悬臂端部常用 100mm，在悬臂根部梁肋处则加厚为 150～200mm。悬臂伸出长度小于 700mm 时可以不做挑梁。横梁高度可取为纵梁高度的 2/3～3/4，常用 350～500mm；横梁宽度常取 200～250mm。

为了减小纵梁吊装重量，可将两根纵梁之间的翼缘（桥面板）做成可拆卸的活动铺板，简支在纵梁上，活动铺板顶面须与纵梁顶面平齐。铺板常用钢筋混凝土实心板，其宽度（沿桥跨方向）主要视运输和安装设备的能力以及横梁布置的具体情况而定，板宽的变化幅度为 400～1000mm，其长度为两纵梁的净距加上每边 80～100mm 的支承宽度。为了便于安装，铺板的实际宽度应比设计宽度减小 10mm；实际长度应比设计长度减小 20mm。铺板的厚度一般取为 80～100mm。工作桥的桥面宽度应满足安置启闭机和管理运用上的要求。桥面总宽度常在 2.5～4.5m 之间变化。如 2×80kN 绳鼓式 QPQ 型启闭机，机墩所占宽度为 1.26m，加上两边操作宽度 1.5～2.0m，则桥面净宽 2.76～3.26m，再加两边栏杆占用的宽度各为 0.2m，桥面总宽则为 3.16～3.66m，因此桥面总宽度采用 3.2～3.7m 左右。

工作桥上应设置栏杆及照明设备，以便管理人员安全操作。栏杆在纵梁接缝处应分开设置，其高度为 1.1～1.2m，可采用镀锌或不锈钢管。灯柱设置间距为 20～25m 左右。

栏杆和灯柱可参考图 14-10、图 14-11。

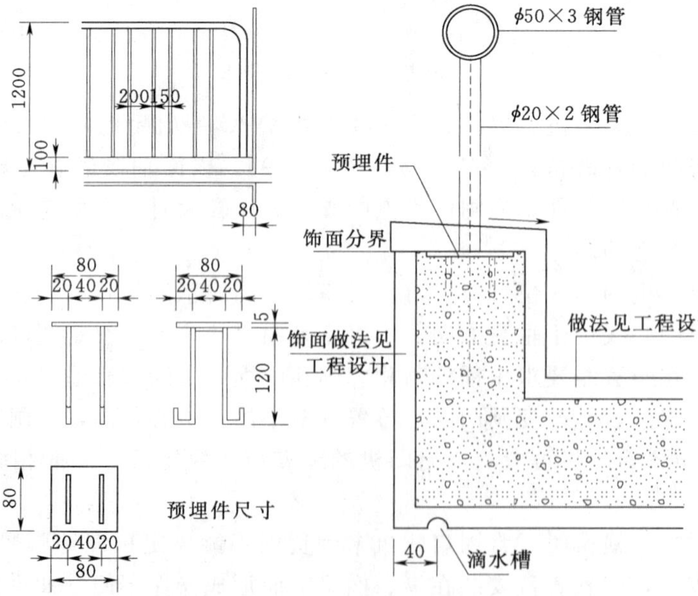

图 14-10　栏杆

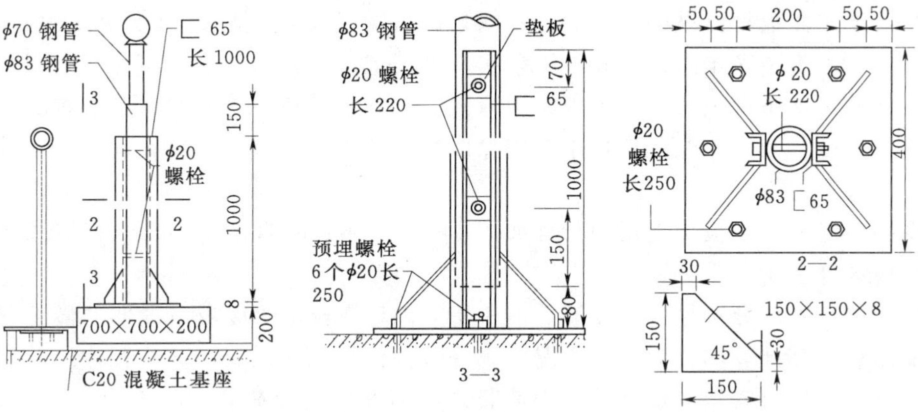

图 14-11　灯柱

14.2.3　工作桥的计算和配筋

1. 面板

桥面板荷载除板的自重和栏杆重外，还受到桥面活荷载以及安装或检修启闭机时放置启闭机部件的集中荷载。面板自重可由结构尺寸确定；每边栏杆重取为 1.5kN/m；桥面活荷载可取 4.0kN/m^2；安装或检修荷载可考虑为一个绳鼓（启闭机最重部件）重量，并相应考虑它的着地面积。

活动铺板是以两纵梁为支座的单跨简支板。由铺板跨中的最大弯矩，按单筋受弯构件正截面承载力计算决定受力钢筋用量。其计算可分为两种情况：

（1）安装或检修启闭机时，板的荷载为板的自重、桥面活荷载（可不计）以及一个绳鼓重量的集中荷载。集中荷载应置于板的跨径中部。

如按计算而得的钢筋面积很小时，应采用最小配筋率配置钢筋。

（2）正常使用时，板上无集中荷载，应计入桥面活荷载。

受力钢筋沿板底布置，并直伸至板端，直径不小于 6mm，间距不宜大于 200mm。分布钢筋直径常用 6～8mm，间距不大于 300mm。

若纵梁之间的面板不做成活动铺板而与纵、横梁一起整浇成整体，则可将此部分面板当作直接支承于纵梁的两边支承的单向板（当横梁间距为纵梁间距的 3 倍以上）计算，或当作支承于纵、横梁上的四边支承双向板（当横梁间距不超过纵梁间距 3 倍）计算。对于单向板，当集中荷载置于板跨中部时，除了直接承受荷载的板带外，每边不小于 $l_0/6$ 的相邻板带也参加工作，见图 14-12（a），此时承受集中荷载的板带工作宽度常取为：$b=a+l_0/3$（但不小于 $2/3l_0$），其中 a 为绳鼓着地宽度，l_0 为

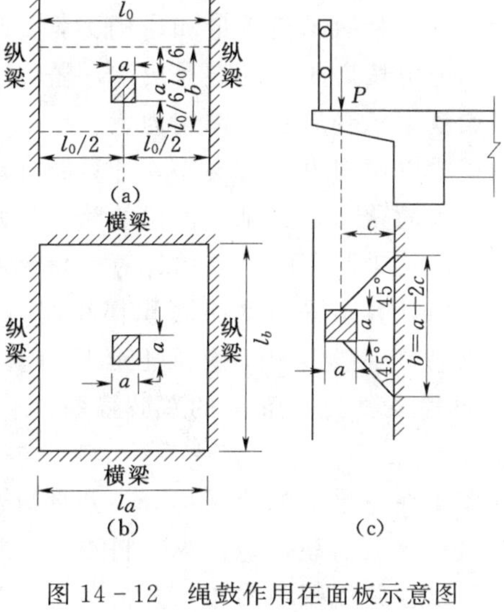

图 14-12　绳鼓作用在面板示意图

板的计算跨度。面板是以纵梁梁肋为支承的单跨板。其支承既非自由支承又非完全固定，而属弹性支承。为了简化内力计算，工程实用上近似地取：跨中弯矩可按简支板跨中弯矩的0.7倍计算，支座弯矩可按简支板跨中弯矩的0.5倍计算。计算时，荷载按其所在位置的板带工作宽度分布，注意所得弯矩值应除以板带的工作宽度以换算为相应于每米宽的板带的弯矩值。

计算四边支承双向板承受集中荷载如图14－11（b）的弯矩时，每米板宽的弯矩值可查有关结构计算手册。

挑出纵梁以外部分按悬臂板计算。沿桥跨方向取1m宽的板带由根部的最大弯矩计算板的钢筋用量。其计算亦分为两种情况：①安装检修启闭机时；②正常使用时。对前一种情况，当板上作用有安装或检修的集中荷载，可不计桥面活荷载，板上作用的荷载 P_1 为栏杆荷载，P 为安装或检修的集中荷载，g_1、g_2 为面板自重荷载（图14－13）。按受弯构件配筋计算。

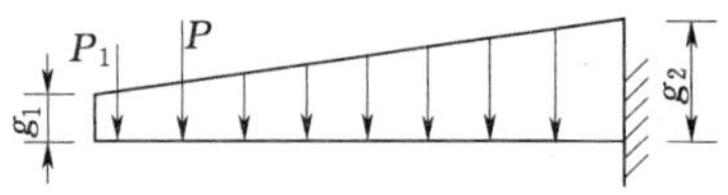

图14－13　悬臂板计算简图

计算时应根据绳鼓着地面积（设着地宽度每边为 a）将集中荷载 P 放置在可能离纵梁最远的地方，如图14－12（c）所示，取 c 值（集中荷载至悬臂根部的距离）为可能最大值。则集中荷载 P 对悬臂根部的弯矩值为 Pc，由宽度 $b=a+2c$ 的板带承受，所以每米宽的板带上弯矩为 $Pc/(a+2c)$。

悬臂板中的受力钢筋布置在板顶面，每米不少于5根8mm的钢筋，其间距最好与纵梁箍筋间距相协调，直径可用两种；分布钢筋直径不应小于6mm，间距不大于300mm。

应当指出，桥面板的配筋往往以安装检修时集中荷载为依据，使用时的均布荷载影响较小，仅为复核性质。桥面板的斜截面承载力可不必计算。

2. 横梁

设计横梁时，只需设计绳鼓下面的横梁，位于桥跨中部仅起联系纵梁作用的横梁，所受外力很小无需计算。

绳鼓下面的横梁的荷载，除自重和机墩重量外，还受到启闭机机座的地脚螺栓传来的作用力（包括启闭机重量和启门力，见图14－8）。前两项荷载可由结构尺寸估计，后一项作用力可按启闭机的型号决定。若在布置上将启闭机机座地脚螺栓设置于两根纵梁内，则横梁就不承受后一项作用力。

横梁以两根纵梁为支座，计算跨度取为梁肋中线之间的距离，横梁两端实际为半固定状态，为简化计算起见，横梁的跨中弯矩可按简支梁跨中弯矩的0.7倍计算，支座弯矩可按简支梁跨中弯矩的0.5倍计算。根据跨中与支座的弯矩值，分别确定跨中及支座的钢筋用量。当计算出受力钢筋面积很小时，可在梁顶和梁底分别配置两根直径不小于12mm的直钢筋。一般情况，横梁不必按计算配置抗剪钢筋，可按构造要求配置直径6mm或8mm间距150～200mm的双肢箍筋。

3. 纵梁

作用在纵梁上的荷载可分为两部分：

（1）永久荷载。包括纵梁自重、栏杆重、桥面板重以及由横梁传给它的集中荷载。前三项可以合并成一项均布永久荷载 g，以kN/m计；后一项为横梁自重、机墩重以及启闭机重量（通过地脚螺栓）传递给纵梁的集中荷载 G_1 和 G_2，以 kN 计。若在桥跨中部设横梁，则还有传递给纵梁的集中荷载 G_3。

（2）可变荷载。包括两项：一是由横梁传递给纵梁或者由启闭机机座（通过地脚螺栓）直接作用在纵梁上的集中启门力 P_1 和 P_2，以 kN 计；二是桥面活荷载 p，以 kN/m 计，可由荷载强度（取为 4.0kN/m^2）以及活荷载活动宽度计算得出。

根据启门力分布情况，为安全起见，取两根纵梁中受力大的一根纵梁进行计算，然后，两根纵梁配置同样数量的钢筋。纵梁是以刚架的柱顶为支座的单跨简支梁。弯矩计算跨度取为两支座中心间距，即 $l_0=l_n+a\leqslant 1.05l_n$，$a$ 为一边的支承宽度，l_n 为净跨度；剪力计算跨度用净跨度 l_n。纵梁的计算简图如图 14－14 所示。

在设计时，先按受弯构件进行正截面承载力计算，确定纵向受力钢筋的用量。同时，还必须进行斜截面承载力计算，确定横向钢筋的用量。此外，尚应验算挠度及裂缝的开展宽度。纵向受力钢筋和横向钢筋的布置，应符合有关梁的构造要求。

4. 吊装验算

为了便于桥身吊装，需在每根纵梁的两端预埋吊环。吊点位置可设在距端点约 0.2l（l 为梁的全长）处，以减小吊装高度。在吊装时，吊点截面（发生最大负弯矩和最大剪力）与跨中截面（发生最大正弯矩）均为最不利的受力截面，必须对此进行强度验算。

对于图 14－5 所示的预制装配式工作桥，为简单起见，可取半个桥身计算。吊装中它所受的荷载为纵梁自重 g（均布荷载）和半跨横梁自重 G（集中荷载），铺板与栏杆待工作桥吊装就位后再铺设和安置，因而其重量不予以考虑。计算荷载（包括考虑动力系数 1.1～1.3）确定后，按双悬臂简支梁（图 14－15）计算其内力。由配置在纵梁内的钢筋，验算跨中和支座两个截面是否满足承载力要求。

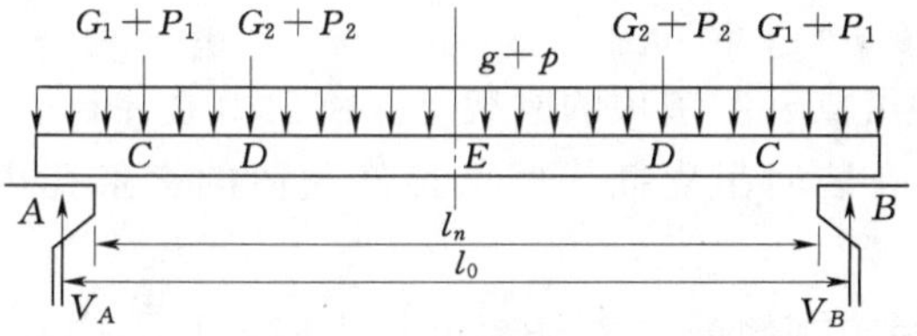

图 14－14　纵梁计算简图

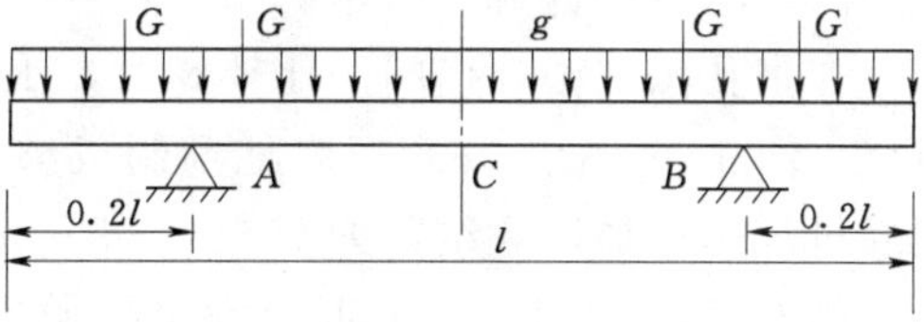

图 14－15　吊装计算简图

对于图 14－6 所示的预制整体式工作桥，吊装时应取整个桥身计算。

在此应指出，实际工程中吊装构件也有不用吊环，而在构件上预留穿钢丝绳的洞孔，吊装时吊绳穿过洞孔直接捆绑在构件上代替预埋吊环的。

5. 吊环计算

吊环布置及起吊方式如图 14－16 所示。

吊环必须采用 HPB235 钢筋制作，严禁采用冷加工钢筋。

在构件自重标准值作用下，每个吊环按两个截面计算的吊环应力不应大于 50N/mm^2（构件自重的动力系数已考虑在内），即应满足

$$\sigma_s=\frac{T}{2A_s}\leqslant 50\text{N/mm}^2 \qquad (14-1)$$

其中
$$T=\frac{G_k}{n\sin\alpha}$$

式中 T——一个吊环所受的拉力；

G_k——工作桥在吊装时的自重标准值；

n——吊环个数（当一个构件上设有四个吊环时，设计中应按三个吊环发挥作用考虑）；

α——吊索倾角（一般宜采用45°～60°）。

吊环钢筋直径不宜大于30mm。吊环埋入方向宜与吊索方向基本一致。埋入深度不应小于$30d$（d为吊环钢筋直径），钢筋末端应设置180°弯钩，弯钩末端直段长度、钩侧保护层、吊环在构件表面的外露高度以及吊环内直径等尺寸应符合图14-17的要求。吊环应焊接或绑扎在构件的钢筋骨架上。

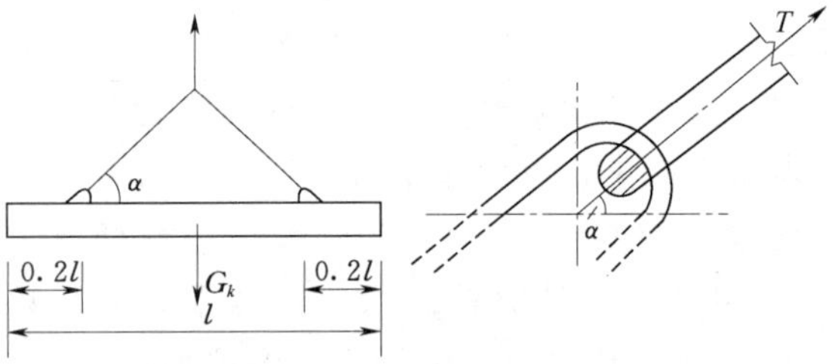

图14-16 吊环布置及起吊方式

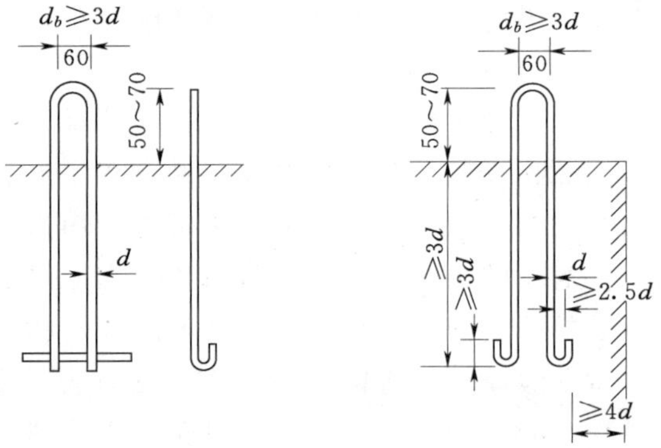

图14-17 预制构件的吊环埋设

14.2.4 刚架的计算

在多孔水闸中，当闸门比较高时，工作桥可支于闸墩顶的刚架上。刚架由立柱与横梁组成（图14-18）。在现场就地预制成整体，安装时吊立插入闸墩顶部预留的杯形孔内，然后再与闸墩加以联结，如图14-26所示。

刚架高度H小于5m时，常采用单层刚架；刚架高度H在5m以上时，宜采用双层刚架或多层刚架。立柱的中心线一般取与工作桥纵梁中心线相重合。

如图14-18（a）所示，立柱纵向（垂直于水流方向）的截面尺寸b_1常为400～600mm；横向（顺水流方向）的截面尺寸h_1常用300～500mm。立柱的顶部可加做短悬臂（牛腿），以增加顶部的支承长度。短悬臂尺寸：长度$c\geqslant0.5b_1$，高度$h\geqslant b_1$，倾角$\theta=30°\sim45°$。

对于双层刚架或多层刚架，横梁一般等间距布置。横梁的宽度b_2不应超过闸墩门槽颈部的厚度（一般中墩门槽颈部的厚度不小于400mm），最好采用$b_2=b_1$（优点在于施工预制方便，当闸门要出槽检修时，只要拆去活动门槽，闸门就可外移），也有采用b_2小于b_1的；横梁的高度h_2常用300～500mm。

考虑工作桥和刚架预制安装的误差，工作桥纵梁外侧面不宜与立柱外边缘平齐，因此，可将顶横梁端部在顺水流方向挑出100～150mm，如图14-18（b）所示。

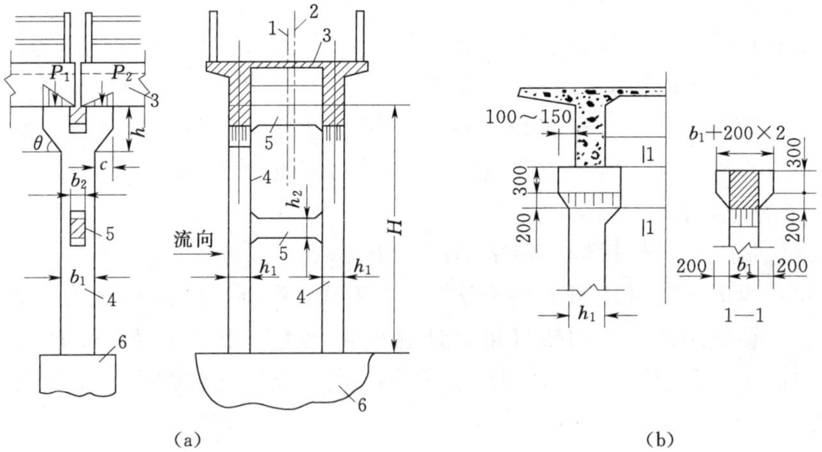

图 14-18　刚架

1—工作桥中心线；2—吊绳中心线；3—工作桥；4—立柱；5—横梁；6—闸墩

必须指出，确定立柱的中心线和截面尺寸时，应当考虑满足杯形孔的杯口壁厚要求（图 14-26，特别是在门槽一边）。

刚架的计算可分为横向和纵向两个方向。

1. 横向计算

如图 14-19 所示，刚架在横向是固定于闸墩顶的结构，其计算简图由立柱和横梁轴线所组成，立柱底部一般按固定端考虑。

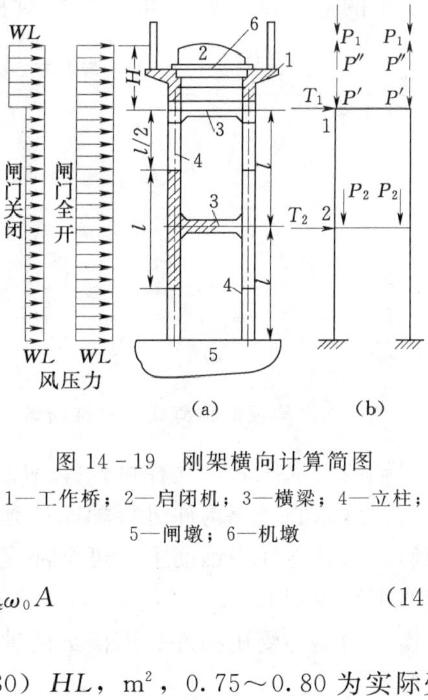

图 14-19　刚架横向计算简图

1—工作桥；2—启闭机；3—横梁；4—立柱；5—闸墩；6—机墩

作用于刚架的荷载有水平荷载和垂直荷载。

水平荷载是指作用于工作桥、立柱和闸门上的风压力。

作用在工作桥上总的风压力 T_0 可按下式计算

$$T_0 = \omega A = \mu_s \mu_z \omega_0 A \tag{14-2}$$

式中　ω——风压强度，kN/m^2；

A——工作桥的受风面积，$A=(0.75\sim0.80)HL$，m^2，0.75～0.80 为实际受风面积系数；

H——纵梁底面至启闭机顶的高度（即纵梁高、机墩高与启闭机高之和，对于 QPQ-2×160kN 型启闭机，启闭机高见图 14-7），m；

L——工作桥跨中至跨中的距离，m。

式（14-2）中风压体型系数 μ_s，风压高度变化系数 μ_z 和基本风压值 ω_0 可按有关荷载规范查取。在此，建议取 $\mu_s=1.3$ 和 $\mu_z=0.9$。

作用在刚架立柱上的风压力，其计算公式与式（14-2）相同，但式中 A 取为立柱在垂直于水流方向的受风面积。

如闸门提升到最高位置后靠于立柱上，则立柱还受到闸门传来的风压力，计算公式亦同式 14-2，但式中 A 取为闸门的受风面积。

为便于刚架的内力计算，可将作用在工作桥、立柱和闸门上的风压力化为节点荷载 T_1、T_2，如图 14-19（b）所示。T_1 等于工作桥的风压力 T_0 和节点 1 下半柱范围内的风压力之和，T_2 的计算和 T_1 相类似。

垂直荷载包括：①工作桥纵梁传来的压力 P 和 P'；②作用在工作桥上的风压力通过纵梁支座在立柱顶形成等量反对称的力 P''，它等于工作桥上的总风压力对顶横梁中心取矩再除以两立柱轴线距离；③刚架自重，计算中可化为节点荷载 P_1 和 P_2，如图 14-19（b）所示左边的 P_2 等于图 14-19（a）绘有阴影线部分的立柱和横梁重量之和，P_1 可按 P_2 类似方法计算。

必须指出，上述刚架荷载需考虑加以组合，以求最不利的内力。刚架受力最为不利的情况是闸门开启到最高位置，并且在工作桥上无桥面活荷载。

垂直的节点荷载 P、P'、P''、P_1、P_2 只使立柱产生轴向力，对刚架不引起弯矩。

水平的荷载 T_1 和 T_2 可分为反对称［图 14-20（a）］和对称［图 14-20（b）］两组荷载。对称荷载只引起横梁轴力；反对称荷载使整个刚架产生弯矩、剪力和轴力，其计算可用结构力学方法。

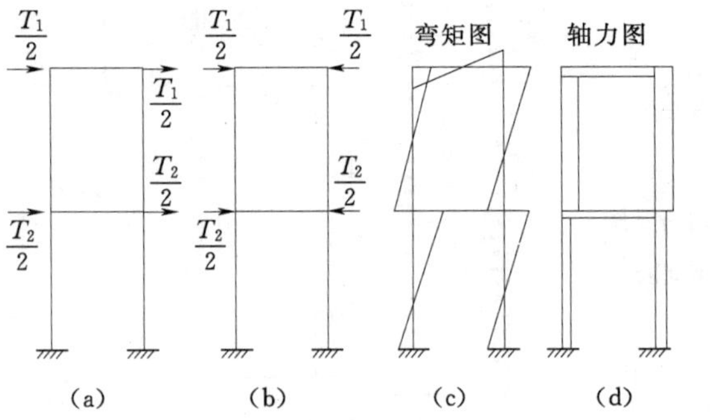

图 14-20　刚架反对称荷载、对称荷载和刚架内力图

刚架的内力图（弯矩图和轴力图）如图 14-20（c）、（d）所示。

立柱和横梁的剪力一般不大，可不必计算。

对于单层刚架的内力，可查有关手册进行计算。

刚架内力求出后，立柱可选择 M_{max} 和相应的 N，N_{max} 和相应的 M，N_{min} 和相应的 M 等截面，按偏心受压构件进行配筋计算。由于风向是可变的，所以立柱在横向应当采用对称配筋，而且立柱中钢筋上下可全部直通，刚架横向每一层立柱的计算长度为两横梁轴线之间的距离，即取 L。

横梁为偏心受压构件。当横梁的轴向压力较小时，可不考虑轴压力影响，按受弯构件进行配筋计算。

刚架中横梁和立柱的配筋构造要求与一般的梁和柱一样，节点构造可参阅刚架节点的构造。

2. 纵向计算

立柱在纵向可视为独立的柱，所受荷载有立柱自重、横梁重和工作桥纵梁传来的压力，可按三角形分布考虑，如图 14-18（a）所示。对于中墩上的立柱，计算纵梁传来的作用力和确定立柱的受力状态时，需考虑相邻两孔闸门的开启方式。

（1）一孔闸门刚开启，另一孔未开启，此时相邻两孔纵梁传来的压力不相等，如图

14－18（a）所示，显然，立柱受有较大的偏心压力，应按偏心受压构件计算。必须注意：荷载计算时，未开启的一孔不考虑桥面活荷载。

（2）两孔闸门同时开启，此时相邻两孔纵梁传来的压力相等，则立柱受有较大的轴向压力，应按轴心受压构件计算。

当边孔闸门刚开启时，边墩上的立柱受有较大的偏心荷载，应按偏心受压构件计算。

在纵向计算中，可以不考虑风荷载对立柱的作用。

考虑纵向弯曲时，立柱可视为下端固定，上端工作桥纵梁对它有一定的支承作用，建议取柱的计算长度 $l_0=1.5H$（H 为刚架高度）。

中墩立柱受到相邻两孔纵梁传来的压力，可能是墩左一孔闸门开启，墩右一孔未开启，也可能是与前项相反。因此，中墩立柱应设计成对称配筋。

纵向计算中还需考虑施工期的验算。当一跨工作桥已吊装完毕，相邻一跨尚未吊装，刚架受到如图 14－21 所示的偏心荷载 P，包括半跨工作桥自重和施工荷载，其中施工荷载可按 6kN/m^2 考虑，作用于整个桥面上，此时立柱应按对称配筋的偏心受压构件验算。

应当指出，立柱还有一种受力状态，即一孔闸门开启，另一孔闸门关闭。在闸门开启的一孔，立柱受到闸门传来的风压力，在闸门关闭的一孔无风压力作用。此时立柱两边纵梁传来的压力也不相等。所以立柱还应当按双向偏心受压构件复核其强度（本设计从略）。

3. 吊装验算

装配式刚架是平放在地面上预制的，在吊装中，刚架一端刚离开地面时，刚架受力最不利，应对此进行验算。总高度 H 在 15m 以内的刚架，常用两点吊（图 14－22），其吊点位置设在立柱和横梁相交的节点附近，并宜使立柱承受的正负弯矩相等或接近相等，以充分发挥材料的受力作用。

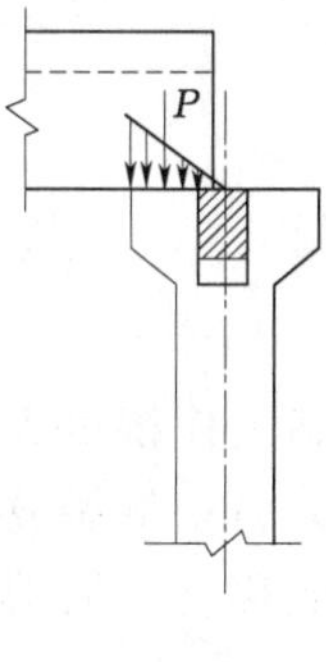

图 14－21　刚架受偏心荷载

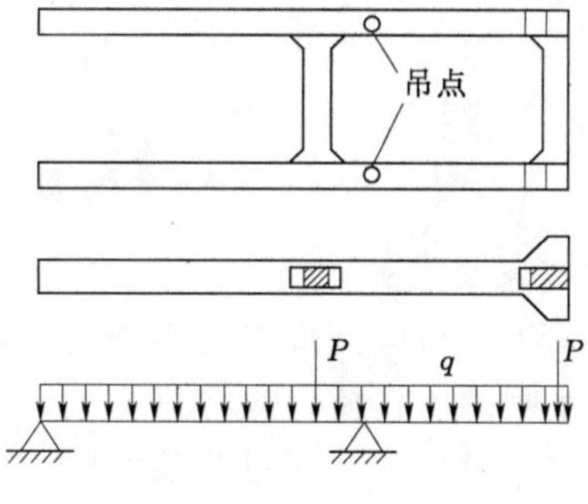

图 14－22　两点吊示意图

当刚架刚起吊时，吊点为刚架的一个支点，刚架的下端贴地亦为一个支点。两点吊时刚架为带悬臂的简支梁，可取半个刚架计算。所受荷载为立柱自重 g 和半跨横梁自重 P，计算中需考虑 1.1～1.3 的动力系数。根据在刚架纵向计算时已配置的钢筋，按受弯构件验算跨中和支座两个截面是否能够满足强度要求。

14.2.5　工作桥及其支承的若干构造

1. 工作桥横梁的联结

当工作桥是由沿纵向分开的两个装配单元组成时，其横向联结最好采用刚性联结，使接头牢固可靠。这样，工作桥才能具有较好的整体稳定性和整体刚度，以保证闸门的正常启闭，并有利于抗震。

如图 14－23（a）所示工作桥，为了便于拼接，预制时应将钢板埋在横梁接头处，待拼装好后再将联结钢板贴焊在预埋的钢板上，然后用水泥砂浆灌满缝隙，并用水泥砂浆抹平接缝处的凹槽如图 14－23（b）所示，以避免钢板外露。面板纵向缝隙可用改性沥青油毡充填。

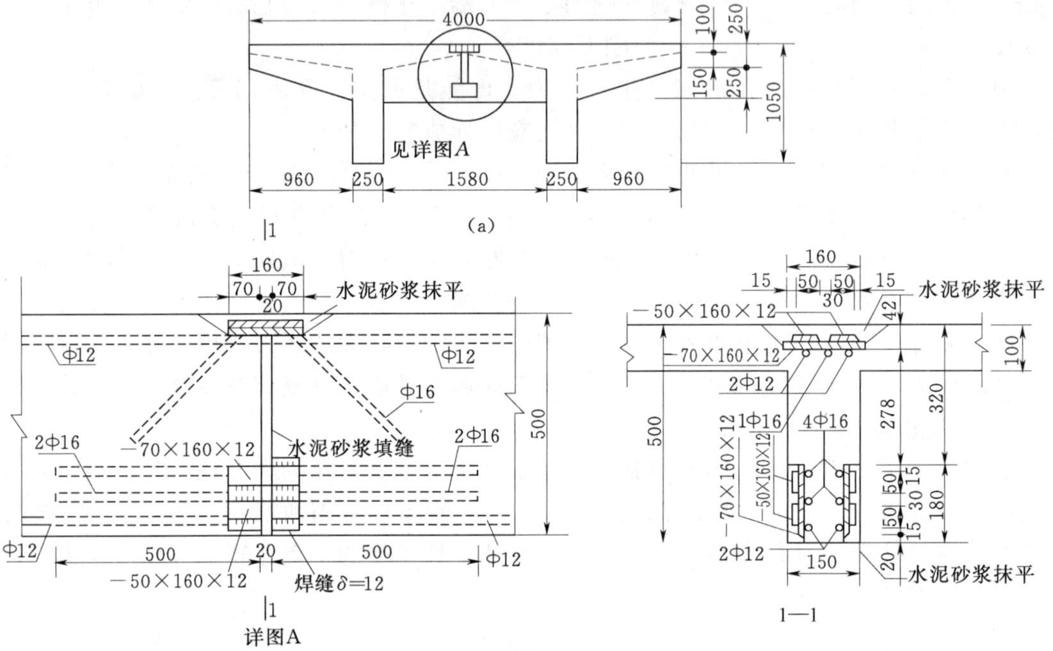

图 14－23　工作桥横梁的联结

（a）工作桥示意图；（b）水闸工作桥横梁联结大样

2. 工作桥纵梁支座的构造

设计装配式工作桥应处理好支座的构造，特别是地震区水闸工作桥更为必要。

对大中型水闸的工作桥，应将每跨纵梁一端做成固定支座，另一端做成活动支座。固定支座用来固定桥身位置，通过铰接作用，桥身可以转动但不能移动；活动支座可以保证在温度变化，混凝土收缩和荷载作用下桥身能自由转动和移动。

图 14－24 是一种比较简单的支座形式，它适用于一般跨径的工作桥中，由于纵梁一端与支承结构以粗钢筋相联结，所以对工作桥抗震也是有利的。

在地震区，为了增强工作桥的抗震能力，防止震落或错位，可在预制刚架顶横梁时做小牛腿，其位置须由纵梁决定（图 14－25）。应当注意，在纵梁与小牛腿间应有安装缝隙，工作桥吊装就位后再用沥青砂浆填缝，小牛腿内应配置构造钢筋。

3. 刚架立柱与闸墩的联结

立柱所受荷载传给闸墩，因此预制刚架的立柱要与闸墩联结。在地震区，为避免柱根附近遭地震破坏，除柱底截面应有足够强度外，与闸墩的联结要特别加强。

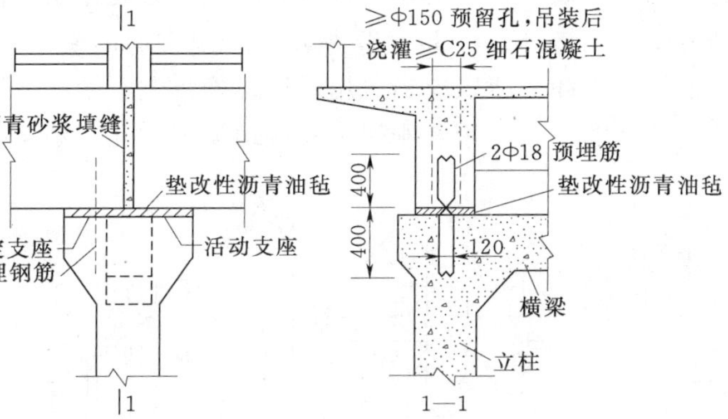

图 14-24　工作桥支座

立柱与闸墩的联结常用的有杯形基础联结和榫式联结。下面仅就杯形基础联结（图 14-26）阐述其联结构造。

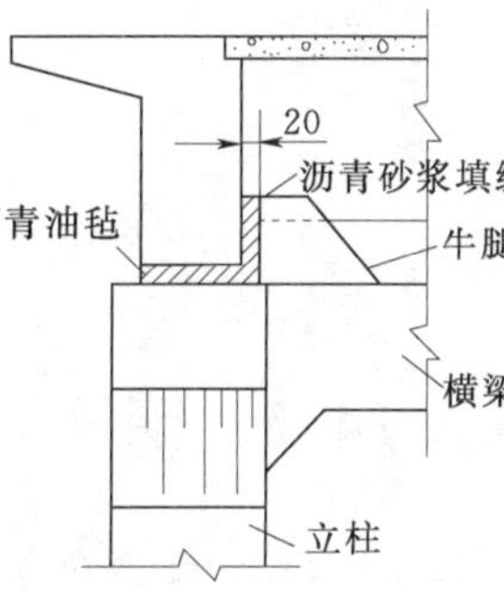

图 14-25　小牛腿示意图

为了安装需要，在闸墩上预留杯形孔，立柱的插入深度 h_1 大体在（1.2～0.8）h（h 为立柱截面长边尺寸）。杯口壁厚 t 随 h 的不同应不小于 150～400mm。h_1 及 t 的具体要求详见《建筑地基基础设计规范》。

刚架安装前，先在杯形孔底部垫 50mm 厚细石混凝土，立柱吊装定位后再用细石混凝土（混凝土强度等级应比闸墩混凝土强度等级高一级）将杯形孔四周浇灌密实。若闸墩杯口四周壁厚 t 比较大，可在杯口顶部配置 8～12mm 的构造钢筋，每边两根，否则应按《建筑地基基础设计规范》要求计算配筋。

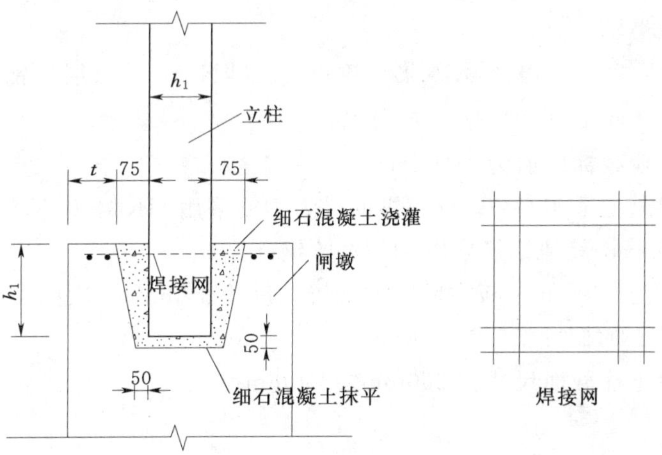

图 14-26　杯形基础联结

4. 活动门槽与刚架的联结

为了在闸墩以上能支承和移动闸门，可在工作桥的刚架上设置如图 14-27 所示的活动门槽。它的位置与闸墩门槽一致。活动门槽仅起限位和导向作用，因此受力不大，常用角钢、铸铁及钢筋混凝土制造（如图 14－27 所示，一节钢筋混凝土活动门槽）。为了便于闸门检修时活动门槽能够拆卸，所以应当采用对销螺栓将左右闸孔一边的活动门槽安装联结在刚架上。为此，通常在活动门槽及刚架上相应地设螺栓孔（图 14－28）。

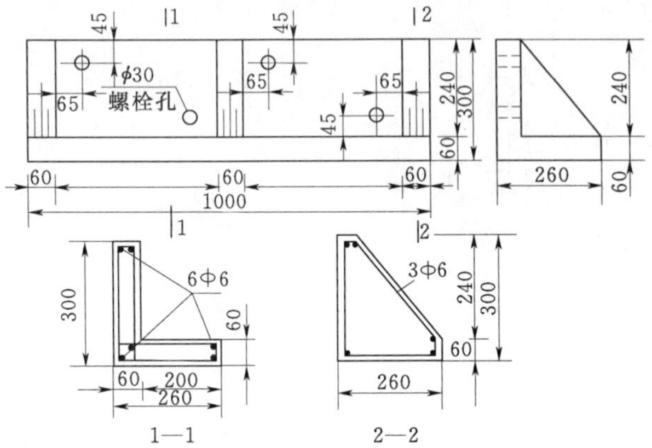

图 14－27　钢筋混凝土活动门槽

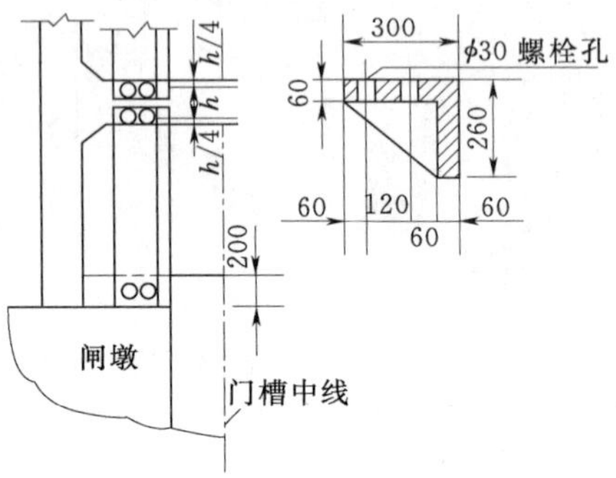

图 14－28　螺栓孔的设置

14.3　钢筋混凝土单向板整浇肋形楼盖课程设计任务书

14.3.1　设计课题

设计图 14－29 所示钢筋混凝土单向板整浇肋形楼盖。

14.3.2　设计资料

（1）该建筑位于非地震区。

（2）3 级水工建筑物，基本荷载组合。

（3）结构环境类别一类。

（4）楼面做法：20mm 厚水泥砂浆（重度为 $20kN/m^3$）面层，钢筋混凝土现浇板，12mm 厚纸筋石灰（重度为 $17kN/m^3$）粉底。

（5）楼面可变荷载标准值为 $4kN/m^2$。

（6）材料：混凝土采用 C25；梁内纵向受力钢筋采用 HRB400 钢筋，板内纵向受力钢筋采用 HRB335 钢筋，其他钢筋采用 HPB235 钢筋。

（7）外墙厚度为 370mm，板在墙上的搁置长度为 120mm，次梁在墙上的搁置长度为 240mm，主梁在墙上的搁置长度为 370mm。

（8）钢筋混凝土柱截面尺寸为 350mm×350mm。

14.3.3　设计内容

1. 确定结构布置方案

（1）进行柱网布置；

（2）进行主梁和次梁布置；

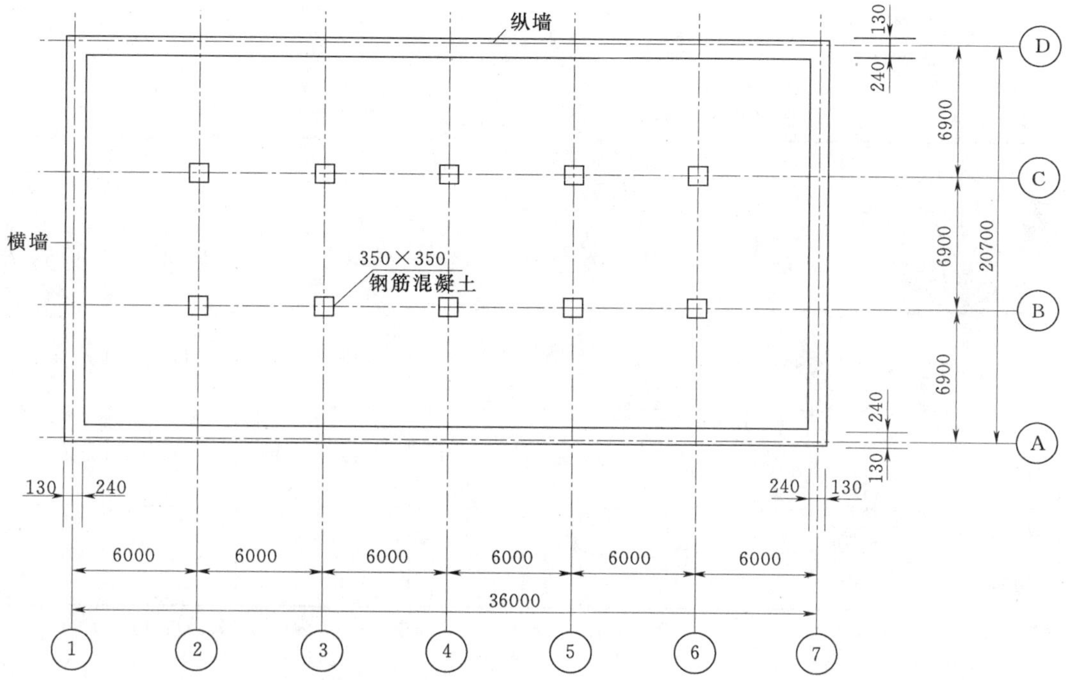

图 14-29　楼盖平面布置图

（3）确定各构件的截面尺寸。

2. 板设计

（1）确定计算简图并进行荷载计算；

（2）内力计算；

（3）正截面配筋计算。

3. 次梁设计

（1）确定计算简图并进行荷载计算；

（2）内力计算（弯矩和剪力计算）；

（3）正截面配筋计算；

（4）斜截面配筋计算。

4. 主梁设计

（1）确定计算简图并进行荷载计算；

（2）内力计算（弯矩和剪力计算、绘制内力包络图，对于承受三等分集中荷载作用的三跨连续主梁，弯矩和剪力查表 14-4 进行计算）；

（3）正截面配筋计算；

（4）斜截面配筋计算（绘制抵抗弯矩图）。

5. 绘制施工图

（1）结构平面布置和楼板配筋图；

（2）次梁配筋图；

（3）主梁配筋图；

（4）钢筋型式图；

（5）施工说明。

表 14-4　　三等分集中荷载作用下三等跨连续梁的内力系数

荷载简图	跨内最大弯矩		支座弯矩		横向剪力					
	M_1	M_2	M_B	M_C	V_A	V_B^l	V_B^r	V_C^l	V_C^r	V_D
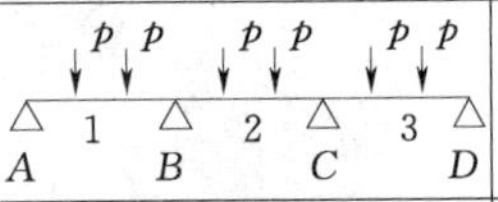	0.244	0.067	−0.267	−0.267	0.733	−1.267	1.000	−1.000	1.267	−0.733
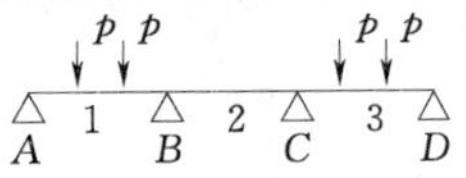	0.289	−0.133	−0.133	−0.133	0.866	−1.134	0.000	0.000	1.134	−0.866
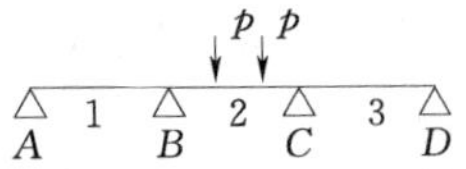	−0.044	0.200	−0.133	−0.133	−0.133	−0.133	1.000	−1.000	0.133	0.133
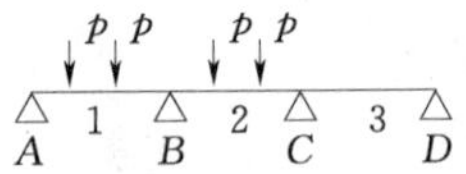	0.229	0.170	−0.311	−0.089	0.689	−1.311	1.222	−0.778	0.089	0.089

注　弯矩和剪力分别按公式 $M=KPl$ 及 $V=K_1P$ 计算。式中，P 为集中荷载；l 为梁的计算跨度；K、K_1 由表中相应栏内查得。

14.3.4　设计要求

（1）完成设计计算书一份，用钢笔书写整齐并装订成册。

（2）绘制施工图一张，图幅为 2 号。用铅笔或墨线绘制，要求布置匀称、比例协调、线条分明、尺寸齐全，文字书写一律采用仿宋字，严格按制图标准作图。

（3）绘图比例：结构平面布置和楼板配筋图为 1∶100；次梁配筋图为 1∶50，剖面图为 1∶20；主梁配筋图为 1∶50，剖面图为 1∶25。

（4）图签可参照图 14-30 绘制。

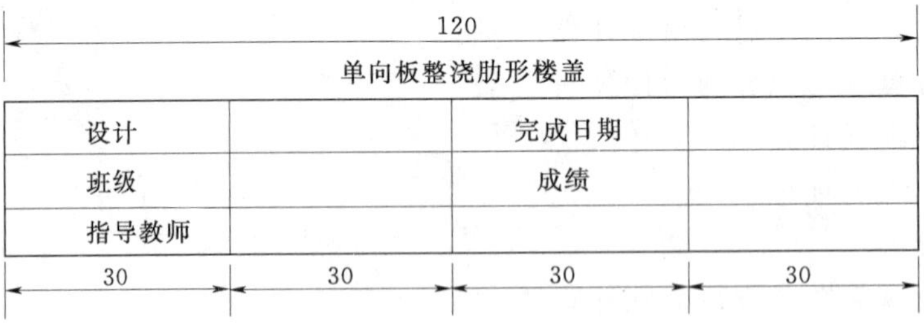

图 14-30　图签示例

14.4　水闸工作桥设计任务书

1. 设计课题

某排涝闸上装配式钢筋混凝土工作桥。

2. 设计资料

根据初步设计成果，提出设计数据和资料如下：

（1）排涝闸示意图（图 14-31）。

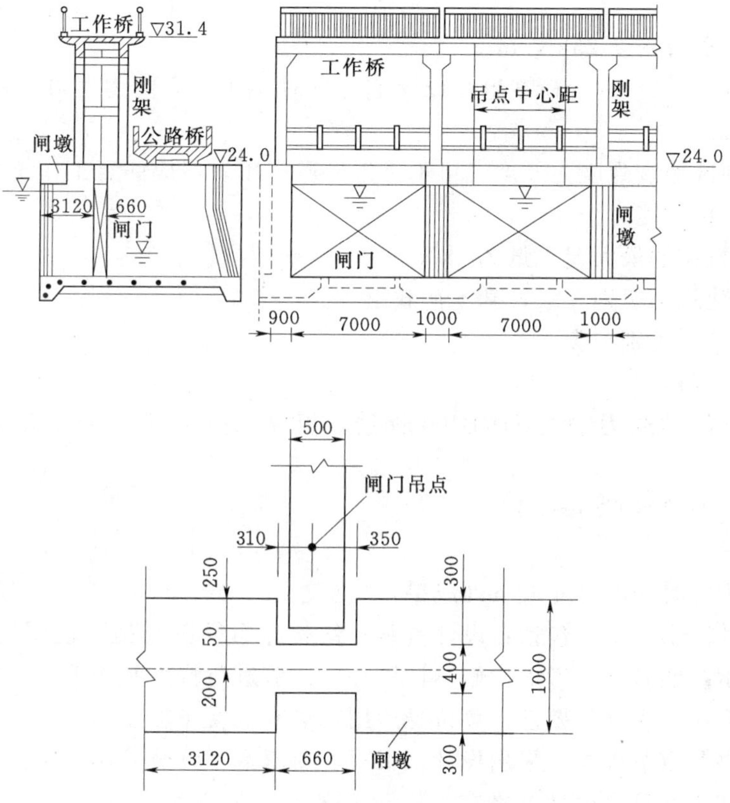

图 14-31　水闸工作桥（高程单位：m）

（2）工作桥桥面高程 31.4m。

（3）闸墩顶高程 24.0m。

（4）该闸共五孔，每孔净宽 7m。

（5）中墩宽度 1m，边墩宽度 0.9m。

（6）闸门采用平面闸门，闸门自重 200kN。

（7）启闭设备采用五台（每孔一台）绳鼓式 QPQ-2×160kN 型启闭机，启门力（标准值）320kN。每台启闭机重量（标准值）70kN，启闭机形式及主要尺寸见图 14-7 和图 14-8。

（8）闸门吊点中心位置见图 14-8，吊点中心距离 4.75m。

（9）设计依据的规范：

《水工混凝土结构设计规范》（SL 191—2008）

（10）荷载：

桥面活荷载标准值 4.0kN/m^2；

栏杆重标准值 1.5kN/m；

安装荷载（最重部件为绳鼓），每个绳鼓重（标准值）6.54kN（考虑着地面积为

350mm×350mm)；

施工荷载标准值 6.0kN/m^2；

水闸所在地区基本风压 ω_0=0.4kN/m^2（风荷载体型系数 μ_s=1.3，风压高度变化系数 μ_z=0.9)；

钢筋混凝土重力密度 25kN/m^3；

按教材式（2-31）进行荷载组合设计值计算时，注意启门力属可控制其不超出规定限值的可变荷载。

水闸所在地区地震烈度为 6 度，可不考虑地震作用，但应注意工作桥纵梁与刚架的节点构造，以增强抗震能力。

（11）吊装机械的最大起重量 250kN。

（12）水工建筑物级别 3 级，基本荷载组合。

（13）结构环境类别二类。

（14）建筑材料：

钢筋：梁柱纵向受力筋为 HRB400 钢筋，板纵向受力筋为 HRB335 钢筋，其余为 HPB235 钢筋。

混凝土：强度等级 C25～C30。

3. 设计要求

学生应在规定时间内，完成下列成果：

（1）设计计算书一份。包括：设计资料；结构布置简图与扼要说明；桥面板、横梁、纵梁［纵梁除承载能力（不考虑检修）计算外，还应进行挠度和裂缝开展宽度验算］和刚架的计算；材料用量表（仅要求计算桥身所用钢筋和混凝土数量）。

计算说明书分章节次序，采用设计纸书写。要求数字计算正确，草图齐全并大体按比例绘制，书写端正并符合设计书格式，装订成册。

（2）施工详图一张（图框尺寸 750mm×500mm)。包括：工作桥立面和平面布置，桥面板、横梁、纵梁和刚架配筋等。

要求构造合理正确、线条清晰匀称、尺寸与符号注解齐全。

4. 设计进度

设计进度见表 14-5。

表 14-5　　设计进度

项　次	内　容	学时数	附　注
1	布置设计	3	
2	阅读任务书和参考资料	10	
3	工作桥结构布置	8	
4	桥面板计算	3	
5	横梁计算	2	
6	纵梁计算	12	
7	刚架计算	12	
8	绘制施工图及整理计算说明书	36	
9	答辩和准备	4	

《水工钢筋混凝土结构学》课程教学大纲

一、课程名称：水工钢筋混凝土结构
Hydraulic Reinforced Concrete Structure

二、学分学时：4.0 学分/（课内 64 学时，课外 64 学时）

三、使用教材：《水工钢筋混凝土结构学》河海大学等四校合编　中国水利水电出版社 2009.8

四、课程属性：学科基础课/必修

五、教学对象：水利水电工程、港口航道与海岸工程、农业水利工程等专业本科生

六、开课单位：土木工程学院土木工程系

七、先修课程：工程制图、工程材料、材料力学、结构力学等

八、教学目标：

水工钢筋混凝土结构是水利水电工程、港口航道与海岸工程、农业水利工程等专业本科生的必修主干学科基础课。通过对本课程的教学和课程设计，培养学生掌握钢筋混凝土基本原理和基本构件的设计计算方法，掌握结构的基本概念，为后续课程的学习和从事工程结构设计、施工和管理工作奠定坚实的基础。

九、课程要求：

本课程采用课程讲授、自学、主题讨论、观看实验录像等教学方式，实行互动研究型教学，重点培养学生具有利用力学知识和结构设计知识分析问题和解决问题的初步能力；同时通过作业、大作业及课程设计等实践性教学方式，培养学生具有计算、编写及整理结构设计计算书、绘制结构施工图的初步能力。

本课程教学环节的具体要求为：

- 观看十一次教学实验录像；
- 三次习题课；
- 六次课后作业；
- 一次大作业；
- 一份课程设计计算书；
- 一张符合施工要求的设计图纸；
- 一次期中测验；
- 一次期末考试。

十、教学内容：

本课程主要由以下内容组成：

绪论（2 学时）

- 知识要点：钢筋混凝土结构的一般概念及其特点、钢筋混凝土结构的应用及发展、本课程的任务及特点。

- 重点难点：钢筋混凝土的优缺点、本课程的特点。
- 教学方法：课堂讲授，利用大量工程图片介绍钢筋混凝土结构的建设成就。

第 1 章　混凝土结构材料的物理力学性能（6 学时）

- 知识要点：钢筋的品种和力学性能、混凝土的物理力学性能、钢筋与混凝土之间的粘结。
- 重点难点：钢筋的品种、级别及力学性能，混凝土的强度及变形，保证钢筋可靠锚固的各种构造措施。
- 教学方法：课堂讲授，观看实验录像了解混凝土受压、拉伸破坏过程及性质。

第 2 章　钢筋混凝土结构设计计算原理（4 学时）

- 知识要点：极限状态设计理论、近似概率设计法、荷载与材料强度的取值、实用设计表达式。
- 重点难点：结构的功能要求、两类极限状态、荷载效应与结构抗力、失效概率与可靠指标、荷载的分类与取值、材料强度标准值、五种分项系数、实用设计表达式的运用。
- 教学方法：课堂讲授与自学、讨论相结合。

第 3 章　钢筋混凝土受弯构件正截面承载力计算（8 学时）

- 知识要点：受弯构件截面形式和构造、正截面试验研究、正截面受弯承载力计算原则、受弯构件正截面设计与承载力复核、受弯构件的延性。
- 重点难点：受弯构件正截面应力和应变发展三阶段、正截面破坏特征、承载力计算四项基本假定、公式的适用条件、计算应力图形及基本公式、适筋与超筋破坏的界限条件。
- 教学方法：课堂讲授，观看实验录像了解钢筋混凝土少筋、适筋、超筋梁破坏过程及性质，习题讨论课，作业。

第 4 章　钢筋混凝土受弯构件斜截面承载力计算（8 学时）

- 知识要点：无腹筋梁斜截面上的应力状态及破坏形态、有腹筋梁斜截面受剪承载力计算、梁的斜截面受弯承载力、钢筋骨架构造与施工图绘制。
- 重点难点：斜裂缝发生前后应力状态、无腹筋梁和有腹筋梁剪切破坏三种破坏形态、斜截面受剪承载力计算公式、计算步骤及公式适用条件、抵抗弯矩图的绘制、保证梁的斜截面受弯承载力的构造措施、梁的构造措施、钢筋表的绘制。
- 教学方法：课堂讲授，观看实验录像了解钢筋混凝土梁剪切、斜压、斜拉破坏过程及性质，习题讨论课，大作业。

第 5 章　钢筋混凝土受压构件承载力计算（8 学时）

- 知识要点：轴心受压构件正截面承载力计算、偏心受压构件正截面承载力计算、偏心受压构件斜截面承载力计算、偏心受压构件截面承载力 N 与 M 的关系、双向偏心受压构件正截面承载力计算。
- 重点难点：轴心受压短柱应力应变的变化及徐变的影响、长柱纵向弯曲及稳定系数、偏心受压构件两类破坏形态的根本区别与判别、偏心距增大系数、偏心受压构件截面设计与承载力复核、垂直弯矩作用平面的承载力复核、偏心受压构件 N

与M相关曲线图的意义、大小偏心受压构件的最不利内力组合。

- 教学方法：课堂讲授，习题讨论课，作业。

第6章　钢筋混凝土受拉构件承载力计算（2学时）

- 知识要点：大、小偏心受拉的界限，小偏心受拉构件的计算，大偏心受拉构件的计算，偏心受拉构件斜截面承载力计算。
- 重点难点：大、小偏心受拉构件的区分界限。
- 教学方法：自学为主，课堂讲授为辅。

第7章　钢筋混凝土受扭构件承载力计算（4学时）

- 知识要点：受扭构件的破坏形态及开裂扭矩，纯扭构件的承载力计算，弯、剪、扭共同作用下的承载力计算。
- 重点难点：纯扭构件的破坏形态及开裂扭矩，受扭构件配筋形式和构造要求，矩形及I、T形截面纯扭构件的承载力计算，剪扭构件混凝土受扭承载力降低系数β_t，弯、扭及弯、剪、扭共同作用下的承载力计算及钢筋配置。
- 教学方法：课堂讲授、自学、讨论相结合。

第8章　钢筋混凝土构件正常使用极限状态验算（6学时）

- 知识要点：钢筋混凝土构件抗裂验算、钢筋混凝土构件裂缝宽度验算、受弯构件的挠度验算、混凝土结构的耐久性要求。
- 重点难点：裂缝控制等级、截面抵抗矩塑性系数、裂缝开展的机理、减小裂缝宽度的措施、钢筋混凝土受弯构件刚度与匀质材料梁的抗弯刚度的区别、钢筋混凝土构件短期及长期刚度的计算。
- 教学方法：课堂讲授、自学、讨论相结合，作业。

第9章　钢筋混凝土肋形结构及刚架结构（8学时）

- 知识要点：单向板与双向板的判别、单向板肋形结构的设计、双向板肋形结构的设计。
- 重点难点：单向板结构布置和计算简图、单向板肋形结构按弹性理论的计算、单向板肋形结构按塑性理论的计算及塑性铰、单向板肋形结构截面设计和构造要求、单块双向板求跨中及支座中点弯矩的方法、连续双向板求跨中弯矩时活荷载布置方式、支承双向板的梁的计算。
- 教学方法：课堂讲授、自学，观看钢筋混凝土肋形结构施工现场录像。

第10章　预应力混凝土结构（8学时）

- 知识要点：预应力混凝土的基本概念、张拉控制应力及预应力损失、预应力混凝土构件的应力分析、预应力混凝土轴心受拉与受弯构件的设计、预应力混凝土构件的构造要求。
- 重点难点：施加预应力的方法、预应力混凝土的材料、张拉控制应力的确定、各种预应力损失的计算、预应力混凝土轴心受拉构件的应力分析、预应力混凝土受弯构件应力分析、受弯构件承载力计算、轴心受拉构件与受弯构件抗裂验算。
- 教学方法：课堂讲授、自学、讨论相结合。

十一、实践环节：

本课程另列有钢筋混凝土课程设计（见各专业培养方案集中实践教学环节部分）。

本课程安排课内作业六次，另在第 4 章学完后布置一次大作业。

- 课程设计：水利水电工程专业的同学做水闸工作桥（2.0 周）课程设计，其他专业的同学做肋形楼盖（1.5 周）课程设计。

十二、教学参考：

1. 参考教材

《水工钢筋混凝土结构学习辅导及习题》. 陈礼和 . 北京：中国水利水电出版社，2009.

2. 参考文献

《水工混凝土结构设计规范》(SL 191—2008). 北京：中国水利水电出版社，2009.

《水工混凝土结构设计规范》(DL/T 5057—2009). 北京：中国电力出版社，2009.

《水工建筑物荷载设计规范》(DL 5077—1997). 北京：中国电力出版社，1998.

3. 网络资源

中华人民共和国水利部水利百科 http://www.mwr.gov.cn/lszl/slbk/index.aspx

河海在线信息中心远程教育技术部 http://online.hhu.edu.cn

清华大学网络学堂 http://learn.tsinghua.edu.cn/

武汉大学水利水电学院水电大课堂 http://swrh.whu.edu.cn/ycjy

天津大学精品课程 http://202.113.13.85

西安理工大学水利水电学院精品课程 http://whe.xaut.edu.cn/jyjx.asp

网易水利论坛 http://co.163.com/neteaseivp/forum/forum_sl.htm

十三、考核方式：

考试或考查方式：以闭卷考试为主，亦或采用开卷、半开卷、面试等考试方式。

十四、课程说明：

本课程为结构工程学科硕士研究生入学复试课程。

本课程为河海大学精品课程、江苏省二类优秀课程。

参 考 答 案

第 1 章　混凝土结构材料的物理力学性能

1. 填充题

(1) 热轧钢筋　钢丝　钢绞线　螺纹钢筋　钢棒　普通钢筋　钢丝　钢绞线　螺纹钢筋　钢棒　预应力

(2) 碳素钢　普通低合金钢

(3) 提高　硬　塑性　韧性　焊接性能

(4) 光圆钢筋　带肋钢筋　带肋钢筋

(5) 强度　塑性　可焊性　粘结力

(6) 高温状态下　HPB235　HRB335　HRB400　Φ　Φ　Φ　HPB235

(7) 软钢　硬钢

(8) 四　弹性　屈服　强化　破坏

(9) 屈服强度　拉

(10) 伸长率　塑性

(11) 强度　塑性　脆性　屈服阶段　协定流限

(12) 150mm　(20±3)℃　90%　28　95%　标准值　C　N/mm^2

(13) C15　宜　应　C30　C40

(14) 线性关系　0.76　0.67

(15) 1/9～1/18

(16) 增加　基本一样　降低

(17) 受力变形　体积变形

(18) 陡　差

(19) 提高

(20) 0.002　0.003～0.004　0.0001

(21) 变形　徐变

(22) 2～3

(23) 小

(24) 水分　湿度　多　大

(25) 粘结

(26) 胶结力　摩擦力　机械咬合力

(27) 抗拉　位置　厚度

(28) 屈服

（29）高　粗　低

（30）180°弯钩

（31）绑扎搭接　焊接　机械连接

（32）挤压套筒　螺纹套筒

2. 单项选择题

（1）A　（2）C　（3）B　（4）B　（5）B　（6）C　（7）C　（8）B　（9）A　（10）A　（11）A　（12）B　（13）C　（14）C　（15）C　（16）B　（17）B　（18）A　（19）A

3. 问答题

（1）常用钢筋有热轧 HRB335 带肋钢筋（Φ）和热轧 HRB400 带肋钢筋（Φ）；也可采用 HPB235 光圆钢筋（φ）和 RRB400 带肋钢筋（Φ^R）。

（2）常用钢筋都有明显的屈服极限。设计时取它们的屈服强度 f_y 作为设计的依据。因为钢筋达到 f_y 后进入屈服阶段，应力不加大而应变大大增加，当进入强化阶段时应变已远远超出允许范围。所以钢筋的受拉设计强度以 f_y 为依据。强化阶段超过 f_y 的强度只作为安全储备，设计时不予考虑。

（3）钢筋混凝土结构对所用钢筋要求：

1）强度要高，但不宜太高。因为强度高，才能节省钢筋，降低造价。但如果强度太高，用作受拉钢筋时，在正常使用时钢筋应力太大，造成裂缝开展过宽；用作受压钢筋则破坏时混凝土最大压应变只能达到 0.002，超过此值混凝土已压坏了，所以钢筋最大压应变也只能达到 0.002，钢筋应力不超过 $0.002E_s$，约为 400N/mm^2。若钢筋的屈服强度超过 400N/mm^2，在受压时就不能充分发挥作用。

2）有良好的塑性。钢筋塑性（伸长率和冷弯性能）好，破坏前就有足够变形，能提高结构的延性，使结构具有良好的抗震性能。

3）有良好的可焊性。这是钢筋电焊接长所必需的。

4）与混凝土有良好的粘结性能。这是能与混凝土共同工作的前提。

（4）主要优点是与混凝土的粘结性能好得多，这是因为表面突出的横肋造成的机械咬合作用可以大大增加两者之间粘结力，采用带肋钢筋可以显著减小裂缝宽度。

（5）不合理，详见第 3 题第（1）部分答案。

（6）钢筋的塑性是指钢筋受力后的变形能力。它的塑性性能由伸长率和冷弯性能两个指标来衡量。伸长率为钢筋拉断时的应变，越大塑性越好。冷弯性能是将直径为 d 的钢筋绕直径为 D 的弯芯弯曲到一定角度后无裂纹断裂及起层现象。D 越小，弯转角越大，钢筋塑性越好。

（7）两者应力应变曲线如教材图 1－2 及图 1－4 所示。

软钢的特征点：

a，比例极限；b，屈服强度（流限）；bc，流幅，或屈服台阶；cd，强化段；d，极限抗拉强度；e，钢筋拉断，对应横坐标为钢筋伸长率。

硬钢的特征点：

曲线上对应 $\sigma_{0.2}$ 的点，其卸载后的残余应变为 0.2%，$\sigma_{0.2}$ 称为协定流限。

软钢以屈服强度作为设计强度；硬钢以协定流限作为设计强度。

(8) 混凝土强度指标主要有立方体抗压强度，轴心抗压强度和轴心抗拉强度，符号分别用 f_{cu}，f_c，f_t 表示。其中立方体抗压强度是基本的。数量关系：$f_c=0.67f_{cu}$；$f_t=0.23f_{cu}^{2/3}$。

(9) 主要是试件形状不一样。测定 f_c 时，棱柱体试件两端与压力机垫板之间的摩擦力对试件中部的约束影响比较小，而测定 f_{cu} 时，立方体试块两端的摩擦力对整个试块都有很大影响，它约束了混凝土试块的横向变形，提高了它的抗压强度。

(10) 混凝土一次短期加载的受压应力应变曲线见教材图 1－13。

特征点及简要说明：

A，比例极限；*B*，临界点，从 *A* 点到 *B* 点混凝土内部微裂缝稳定发展，超过 *B* 点，微裂缝不稳定发展，体积也开展膨胀，长期应力不能超过 *B* 点；*C*，混凝土抗压强度，此时试件表面出现平行于受力方向的纵向裂缝，试件开始破坏，*C* 点应变一般取 0.002。从 0 到 *C* 为曲线的上升段，*C* 之后为下降段。下降段对混凝土后期变形性能有重大影响。

(11) σ—ε 曲线见教材图 1－17。当最大应力较小时，经多次重复后，σ—ε 曲线变成直线。当重复荷载的最大应力超过某一限值，则经过多次循环，应力应变关系成直线后，又会很快重新变弯且应变越来越大，试件很快破坏。这个限值就是混凝土的疲劳强度。

(12) 从混凝土结构的抗震性能来看，既要求混凝土有一定的强度（如设计烈度为 7 度、8 度时，混凝土强度等级不应低于 C20），但同时也要求混凝土有较好的塑性。中低强度混凝土的下降段比较平缓，极限压应变大，延性好，抗震性能就好。而高强混凝土的下降段比较陡，极限压应变小，延性较差。因此，当设计烈度为 9 度时，混凝土强度等级不宜超过 C60。

(13) 其强度和变形能力都得到很大提高。工程上的应用例子如螺旋箍筋柱和钢管混凝土柱。螺旋箍筋内的混凝土和钢管内的混凝土实际上都处于三向受压状态，它们的强度和变形能力都得到很大提高。

(14) 混凝土在荷载长期作用下，应力没有变化而应变随着时间增长的现象称为徐变。产生徐变的原因：①水泥凝胶体的粘性流动；②应力较大时混凝土内部微裂缝的发展。

(15) 影响混凝土徐变的因素有三个方面：①内在因素：水泥用量、水灰比、配合比、骨料性质等；②环境因素：养护时的温度湿度，使用时的环境条件；③应力因素：应力较小时徐变与应力成正比，称为线性徐变，应力较大（$\sigma_c>0.5f_c$）时，徐变增加得更快，甚至不能稳定。

减小混凝土徐变主要从下述三方面着手：①减少水泥用量，降低水灰比，加强混凝土密实性，采用高强度骨料等；②高温高湿养护；③长期所受应力不应太大，最好小于 $0.5f_c$。

(16) 持续应力的大小对徐变量及徐变的发展规律都有重要影响。一般地说，持续应力越大，徐变越大。当持续应力 $\sigma_c\leqslant0.5f_c$ 时，徐变大小与持续应力大小呈线性关系，这种徐变称为线性徐变。$\sigma_c>0.5f_c$ 时，徐变与持续应力不再呈线性关系，称为非线性徐变。徐变和应力的这种关系大体上可从附图 1－1 中看出。线性徐变的发展特征是徐变随时间的增长具有收敛性，徐变曲线趋近于一水平渐进线。非线性徐变随时间的增长，可能随着应力的增大而转变成发散的，当荷载持续一定时间后，徐变的增长可能会超过混凝土的变形能力而使混凝土突然破坏。由此可见，在正常使用阶段内，构件混凝土经常处于不变的高应力状态是很不安全的。在实际工程中，应尽量避免结构产生非线性徐变。通常认为，线性徐变主要是混凝土内水泥凝胶体产生粘性流动的结果；非线性徐变则主要是微裂缝随时间而扩展的结果。

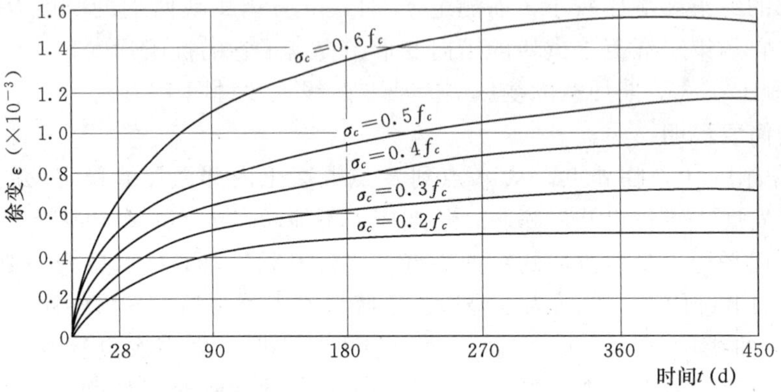

附图 1-1　徐变与持续应力的关系

（17）假定轴心受压构件在承受荷载初期的长度为 l ［附图 1-2（a）］，如果构件内未配钢筋，即为素混凝土构件，由于混凝土徐变的影响，在持荷一定时间以后，构件的长度将缩短为 l_1 ［附图 1-2（b）］。当构件内配有纵向受力钢筋时，钢筋对混凝土的徐变变形将起阻碍作用，因此，钢筋的压应力将增大，而混凝土的压应力则将减小，构件的长度为 l_2 ［附图 1-2（c）］，且 $l_1<l_2<l$。

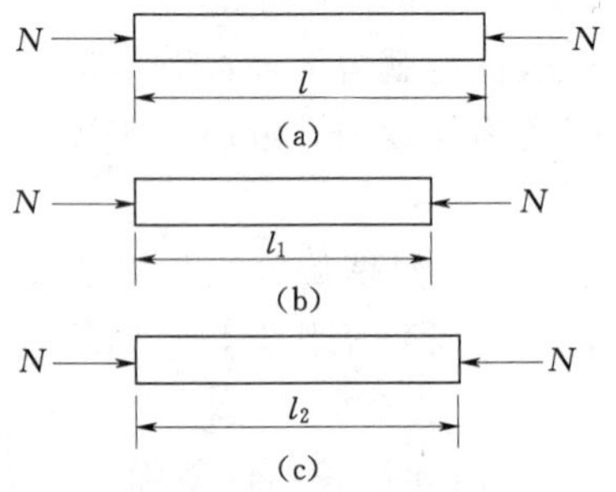

附图 1-2　混凝土徐变对轴心受压构件的影响

（a）持荷初期的构件；（b）持荷一定时期的素混凝土构件；（c）持荷一定时期的钢筋混凝土构件

（18）有利影响：徐变能缓和应力集中，减小支座沉陷引起的内力以及温度变化形成的温度应力。不利影响：加大结构变形；在预应力混凝土结构中，造成预应力的巨大损失。

（19）1）钢筋混凝土轴心受压构件：

混凝土干缩，钢筋阻碍它收缩，混凝土中产生附加拉应力，钢筋产生附加压应力，总的是混凝土压应力减小，钢筋压应力增加。混凝土徐变，混凝土产生附加压应变，钢筋阻碍它的徐变，效果和混凝土收缩一样。

2）钢筋混凝土轴心受拉构件：

混凝土收缩，混凝土中产生附加拉应力，钢筋产生附加压应力，总的是混凝土拉应力增大，钢筋拉应力减小。混凝土徐变，混凝土产生附加拉应变，钢筋阻碍它徐变，混凝土附加受压，钢筋受拉，所以总的混凝土拉应力减小，钢筋拉应力增大。

（20）混凝土干缩，钢筋阻碍它收缩，混凝土附加受拉，钢筋附加受压，所以混凝土拉应力加大，钢筋拉应力减小。混凝土徐变，受拉区混凝土产生附加拉应变，钢筋阻碍它徐变，混凝土附加受压，钢筋附加受拉，总的混凝土拉应力减小，钢筋拉应力加大。

(21) 不能。因为在裂缝出现前，混凝土的拉应变很小，钢筋的拉应变也很小，钢筋起的作用很小，所以并不能防止裂缝的出现。合理布置钢筋只能使裂缝变细、变浅、间距变密，即控制裂缝的开展，而不是防止裂缝的出现。

(22) 粘结力构成的相同点为：①水泥凝胶体与钢筋表面之间的胶着力；②混凝土收缩将钢筋裹紧而产生的摩擦力。

不同点是：光圆钢筋的表面不平整与混凝土之间有一定的机械咬合力，但数值很小。而带肋钢筋表面凸出的横肋对混凝土能产生很大的挤压力。这使得带肋钢筋与混凝土的粘结性能大大优于光圆钢筋。

(23) 主要因素有：①钢筋表面形状；②混凝土的抗拉强度；③混凝土保护层厚度；④钢筋的间距；⑤横向钢筋的配置；⑥横向压力；⑦钢筋在混凝土中的位置。

保证钢筋和混凝土的可靠锚固的措施：①保证有足够的锚固长度和搭接长度；②保证满足钢筋最小间距和混凝土最小保护层厚度；③钢筋搭接接头范围内加密箍筋；④绑扎骨架中的受力光圆钢筋应在末端做成180°弯钩。

第2章 钢筋混凝土结构设计计算原理

1. 填充题

(1) 随机变量 失效概率 可靠指标 可靠度 分项系数 实用设计表达式

(2) 功能要求 安全可靠 经济合理

(3) 安全性 适用性 耐久性

(4) 可靠性

(5) 荷载效应 S

(6) 结构抗力 承载力 刚度 抗裂度 R

(7) 极限状态 极限状态

(8) 承载能力 正常使用

(9) 正常使用功能 耐久性 降低

(10) μ_R μ_S σ_R σ_S μ_Z σ_Z

(11) 大 小 可靠指标

(12) 大 高

(13) 低 适用性 安全性

(14) 荷载 材料 结构重要性 设计状况 结构

(15) 标准值 组合值 频遇值 准永久值

(16) 最大值 基本代表值

(17) 恒载 G g 活载 Q q G Q g q

(18) 屈服强度 f_{yk} 屈服强度 废品限值 95%

(19) 极限抗拉强度 f_{ptk}

(20) 标准值 低

(21) ①②④⑥⑧⑨⑩⑫ ③⑤⑦⑪

(22) ①⑥⑦⑧⑩⑪ ②④⑤⑨ ③⑫

(23) 95% f_{cuk}

(24) 1) A 2) B 3) A 4) A 5) A 6) B

2. 单项选择题

(1) C (2) C (3) AC (4) BDF (5) C (6) A (7) A (8) B (9) A (10) D

3. 判断题

(1) √ (2) √ (3) √ (4) × (5) √ (6) √

4. 问答题

(1) 水工建筑物级别为1级，2、3级和4、5级时，其安全级别分别为Ⅰ级，Ⅱ级和Ⅲ级。相应于安全级别的结构重要性系数 γ_0 分别取为1.1、1.0及0.9。

(2) 按DL/T 5057—2009规范设计，施工期的承载力计算应属短暂设计状况，故应取 $\psi=0.95$；若按SL 191—2008规范设计，施工期的承载力计算与使用期一样，取同样的安全系数 K。

(3) 水工钢筋混凝土结构的结构系数 $\gamma_d=1.20$；素混凝土结构的 $\gamma_d=2.00$（受拉破坏）或1.30（受压破坏）。

(4) 荷载设计值是在承载能力极限状态计算时表示荷载大小的值，它是由荷载标准值乘以荷载分项系数后得出的，用来考虑实际荷载超过预定的荷载标准值的可能性。

(5) 材料强度设计值是在承载能力极限状态计算时表示材料强度大小的值，它是由材料强度标准值除以材料分项系数后得出的，用来考虑材料实际强度低于其标准值的可能性。

(6) 水工DL/T 5057—2009规范中，荷载分项系数 γ_G、γ_Q 的取值规则是：①荷载分项系数应按《水工建筑物荷载设计规范》(DL 5077—1997) 的规定取值；②对于一般可变荷载，当荷载规范规定的 γ_Q 小于1.20时，应取 $\gamma_Q=1.20$；③对于某些可控制其不超过规定限值的可变荷载，若荷载规范规定的 γ_Q 小于1.10，应取 $\gamma_Q=1.10$；④当永久荷载对结构起有利作用时，γ_G 取0.95。

(7) 不对。当永久荷载的效应对结构有利时，则 γ_G 应取为0.95。

(8) 略。

(9) 1) 略。

2) 在正常使用极限状态验算时，DL/T 5057—2009规范除保留结构重要性系数 γ_0 以外，其余的分项系数 ψ 与 γ_d 均取为1.0，荷载和材料强度均取为标准值。SL 191—2008规范则不保留 γ_0，同时所有荷载和材料强度均取为标准值。

(10) 这是因为现行规范的可靠度水平是由老规范（20世纪70～80年代制定的）的安全度水平“校准”得来的，也就是说现行规范的可靠度水平在总体上与老规范是相当的。而老规范制定的年代正值我国经历十年“文化大革命”，物资十分紧缺的年代，所以所采用的可靠度水平确实偏低。在目前，我国已有充分的经济技术条件适当提高可靠度水平了。对水工结构来说，提高可靠度的最简便办法就是适当加大结构系数 γ_d（DL/T 5057—2009规范）或安全系数 K（SL 191—2008规范）。

第 3 章　钢筋混凝土受弯构件正截面承载力计算

1. 填充题

(1) 正截面　斜截面

(2) 正截面　斜截面　正截面　斜截面

(3) 单筋　双筋

(4) 1/8～1/12　2～3.5

(5) 1/12～1/35

(6) 钢筋锈蚀　牢固粘结　构件的种类　所处环境　外边缘　钢筋直径　1.25

(7) 刚度　便于施工　过宽的裂缝　10～28mm　2mm　4mm

(8) 粘结力　钢筋直径　25mm　1.25　1.5d　30mm　1.5

(9) 6、8、10、12　12～25　32、36　2mm

(10) 70　14

(11) 垂直于　更均匀地　固定　混凝土收缩　温度应力　15%　25%　6mm　250mm　200mm

(12) 构造　光圆　内侧

(13) 抗拉强度 f_t　塑性变形　曲线状　裂缝　抗压强度　弹性范围　三角形　抗裂

(14) 未裂　共同负担　应变　很低　20～30N/mm^2

(15) 裂缝　抗裂　变形　裂缝宽度

(16) 屈服强度 f_y　“破坏阶段”　应力　应变　极限值　Ⅲ$_a$　正截面承载力

(17) 裂缝开展　挠度　破坏预兆　稍大于　挠度　变形　延性　延性

(18) 屈服强度　极限压应变　破坏　“超筋”　受压区　增加　较多　比较细　比较小　无明显预兆　脆性破坏

(19) 屈服强度　强化阶段　“少筋”　一条　较宽　很大　开裂弯矩　脆性破坏

(20) 开裂弯矩　抗拉强度　截面尺寸大小　抗压强度　截面尺寸大小　配筋量　钢筋的强度等级　截面尺寸　配筋量适中　超筋　少筋

(21) 适筋破坏　超筋破坏

(22) 受拉区混凝土　等效矩形　轴心抗压强度设计值 f_c　抗拉强度设计值 f_y

(23) 屈服强度　屈服强度　设计值 f'_y　极限压应变　不能　360～400N/mm^2　设计值 f'_y

(24) 纵向弯曲　保护层　封闭式

(25) 梁肋　翼缘　受压区形状

(26) 翼缘内　$x \leqslant h'_f$　矩形　b'_f的矩形截面　翼缘计算宽度 b'_f　梁肋宽 b

(27) 梁肋内　$x > h'_f$　T 形

(28) $KM \leqslant f_c b'_f h'_f \left(h_0 - \frac{h'_f}{2}\right)$　$f_y A_s \leqslant f_c b'_f h'_f$

(29) 屈服强度　后期变形能力　非弹性变形　长　明显的预兆　脆性破坏　内力重分布　极限荷载　塑性变形　地震　承载能力

(30) 后期变形能力　曲率延性

(31) 纵向钢筋用量　材料强度　箍筋用量

2. 单项选择题

(1) B　(2) B　(3) A　(4) D　(5) B　(6) D　(7) B　(8) C　(9) C
(10) D　(11) B　(12) B　(13) A　(14) A　(15) C　(16) B　(17) C
(18) A　(19) B　(20) C　(21) C　(22) C　(23) B　(24) B　(25) B
(26) D　(27) C　(28) C　(29) C　(30) B

3. 问答题

(1) 梁的截面最常用的是矩形和T形截面。在装配式构件中，为了减轻自重及增大截面惯性矩，也常采用I形、门形、箱形及空心形等截面。板的截面一般是实心矩形，也有采用空心的。

仅在受拉区配置纵向受力钢筋的截面称为单筋截面受弯构件；受拉区和受压区都配置纵向受力钢筋的截面称为双筋截面受弯构件。

(2) 在钢筋混凝土构件中，为防止钢筋锈蚀，并保证钢筋和混凝土牢固粘结在一起，钢筋外面必须有足够厚度的混凝土保护层。这种必要的保护层厚度主要与钢筋混凝土结构构件的种类、所处环境等因素有关。纵向受力钢筋的混凝土保护层厚度（从钢筋外边缘算起）不应小于钢筋直径及教材附录4表1所列的数值，同时也不宜小于粗骨料最大粒径的1.25倍。

(3) 规范将结构所处的环境条件分为五个类别，具体见教材附录1。

对钢筋混凝土结构构件来说，耐久性主要决定于钢筋是否锈蚀，而影响钢筋锈蚀的关键因素之一是混凝土保护层厚度。当构件处于室内环境时，只要裂缝开展宽度控制在一定范围内，钢筋极少发生锈蚀。而构件处于露天环境时，当混凝土碳化深度发展到钢筋表面就会破坏钢筋表面钝化膜（起防止钢筋锈蚀的作用），再加上氧气和水分的渗入，钢筋就会发生锈蚀。构件处于海水浪溅区及盐雾作用区时，由于氯离子渗入，钢筋表面的钝化膜将会提早破坏，钢筋就会很严重地锈蚀。由此可见，结构构件处于不同的环境条件，钢筋发生锈蚀及其程度是不相同的。所以规范规定混凝土保护层厚度与环境条件类别有关。具体规定见教材附录4表1。

(4) 为保证钢筋骨架有较好的刚度并便于施工，梁内纵向受力钢筋的直径不能太细，同时为了避免受拉区混凝土产生过宽的裂缝，直径也不宜太粗，通常可选用10～28mm的钢筋。

(5) 为了便于混凝土的浇捣并保证混凝土与钢筋之间有足够的粘结力。梁内下部纵向钢筋的净距不应小于钢筋直径 d，也不应小于25mm和最大骨料粒径的1.25倍；上部纵向钢筋的净距不应小于 $1.5d$，也不应小于30mm及最大骨料粒径的1.5倍。纵向受力钢筋尽可能排成一层，当根数较多时，也可排成两层。当两层还布置不开时，也允许将钢筋成束布置（每束以2根为宜）。在受力钢筋多于两层的特殊情况，第三层及以上各层的钢筋水平方向的间距应比下面两层的间距增大一倍。钢筋排成两层或两层以上时，应避免上下层钢筋互相错位，同时各层钢筋之间的净间距应不小于25mm和最大钢筋直径，否则将使混凝土浇灌发生困难。

(6) 为传力均匀及避免混凝土局部破坏，板中受力钢筋的间距（中距）不能太稀，最大间距可取为：板厚 $h \leqslant 200$mm 时，间距为 200mm；200mm$<h\leqslant$1500mm 时，间距为 250mm；$h>$1500mm 时，间距为 300mm。为便于施工，板中钢筋的间距也不要过密，最小间距为 70mm，即每米板宽中最多放 14 根钢筋。

(7) 在板中，布置分布钢筋的作用是将板面荷载更均匀地传布给受力钢筋，同时在施工中用以固定受力钢筋，并起抵抗混凝土收缩和温度应力的作用。每米板宽中分布钢筋的截面面积不少于受力钢筋截面面积的 15%（集中荷载时为 25%）。分布钢筋的直径在一般厚度的板中多用 6～8mm，每米板宽内不少于 4 根。承受分布荷载的厚板，分布钢筋的配置可不受上述规定的限制，此时，分布钢筋的直径可采用 10～16mm，间距可为 200～400mm。当板处于温度变幅较大或处于不均匀沉陷的复杂条件，且在与受力钢筋垂直的方向所受约束很大时，分布钢筋宜适当增加。

(8) 有三个应力阶段：

1) 当弯矩很小时，截面处于第Ⅰ应力阶段，不论是混凝土的压应力或拉应力，其数值都很小，应力分布接近于三角形。

当弯矩增大时，受拉区混凝土表现出明显的塑性特征，拉应力图形呈曲线分布。当达到这个阶段末尾时，受拉边缘纤维应变达到混凝土的极限拉应变，受压区混凝土应力图形仍接近于三角形。受弯构件正常使用阶段抗裂验算即以此应力状态为依据。

2) 当弯矩继续增加，进入第Ⅱ应力阶段。受拉区产生裂缝，裂缝所在截面的受拉区混凝土几乎完全脱离工作，拉力由钢筋单独承担。受压区也有一定的塑性变形发展，应力图形呈平缓的曲线形。正常使用阶段变形和裂缝宽度的验算即以此应力阶段为依据。

3) 荷载继续增加，钢筋应力达到屈服强度 f_y，即认为梁已进入第Ⅲ应力阶段——"破坏阶段"。此时钢筋应力不增加而应变迅速增大，促使裂缝急剧开展并向上延伸，混凝土受压区面积减小，混凝土的压应力增大。在边缘纤维受压应变达到极限值时，受压混凝土发生纵向水平裂缝而被压碎，梁就随之破坏。计算正截面承载力时即以此应力阶段为依据。

(9) 可分三种情况：

1) 适筋破坏，受拉钢筋的应力首先到达屈服强度，有一根或几根裂缝迅速扩展并向上延伸，受压区面积大大减小，迫使混凝土边缘应变达到极限压应变 ε_{cu}，混凝土被压碎，构件即告破坏。在破坏前，构件有明显的破坏预兆，这种破坏属于延性破坏。

2) 超筋破坏，若钢筋用量过多，加载后受拉钢筋应力尚未达到屈服强度前，受压混凝土却已先达到极限压应变而被压坏，这种破坏属于脆性突然破坏。超筋梁由于混凝土压坏前无明显预兆，对结构的安全很不利，在设计中必须避免采用。

3) 少筋破坏，若配筋量过少，受拉区混凝土一出现裂缝，裂缝截面的钢筋应力很快达到屈服强度，并可能经过流幅段而进入强化阶段。这种少筋梁在破坏时往往只出现一条裂缝，但裂缝开展极宽，挠度也增长极大，实用上认为已不能使用。少筋构件的破坏基本上属于脆性破坏，而且构件的承载力又很低，所以在设计中也应避免采用。

为防止超筋破坏，应使截面破坏时受压区的计算高度 x 不致过大，即应使 $x\leqslant\alpha_1\xi_b h_0$。为防止少筋破坏，应使受拉纵筋配筋率 $\rho\geqslant\rho_{\min}$（$\rho_{\min}$为受拉纵筋最小配筋率）。

(10) 正截面的破坏特征随配筋量多少而变化的规律是：①配筋量太少时，破坏弯矩接近于开裂弯矩，其大小取决于混凝土的抗拉强度及截面尺寸大小；②配筋量过多时，钢筋不能充分发挥作用，构件的破坏弯矩取决于混凝土的抗压强度及截面尺寸大小，破坏呈脆性。合理的配筋量应在这两个限度之间，避免发生超筋或少筋破坏。

(11) 对钢筋混凝土构件抵抗开裂能力而言，钢筋所起的作用很小，所以两根梁的正截面开裂弯矩 M_{cr} 大小差不多，与配筋量关系不大。而配筋量大的梁的正截面极限弯矩 M_u 要大于配筋量小的梁。由此可见，M_{cr}/M_u 值是配筋量小的梁大。

(12) 有四项：①截面应变保持平面（平截面假定）；②不考虑受拉区混凝土工作；③当混凝土压应变 $\varepsilon_c \leqslant 0.002$ 时，应力应变关系为抛物线，当 $\varepsilon_c > 0.002$ 时，应力应变关系取为水平线，极限压应变 ε_{cu} 取为 0.0033，相应的最大压应力取混凝土轴心抗压强度设计值 f_c；④受拉区纵向受力钢筋的应力取钢筋的抗拉强度设计值 f_y。

(13) 在界限破坏状态，截面受压区实际高度为 x_{0b}。由于界限破坏时，$\varepsilon_s = \varepsilon_y = f_y/E_s$，$\varepsilon_c = \varepsilon_{cu} = 0.0033$（教材图 3-16），根据平截面假定，截面应变为直线分布，所以可按比例关系求出界限破坏状态时截面相对界限受压区实际高度 ξ_{0b}

$$\xi_{0b} = \frac{x_{0b}}{h_0} = \frac{\varepsilon_{cu}}{\varepsilon_{cu} + \varepsilon_y} = \frac{0.0033}{0.0033 + \dfrac{f_y}{E_s}} = \frac{1}{1 + \dfrac{f_y}{0.0033E_s}}$$

考虑到矩形应力图形的受压区高度 $x = 0.8x_0$，在实际设计计算时，常用矩形应力图形的受压区高度 x 代替 x_0，用相对受压区计算高度 ξ 代替 ξ_0。对于界限状态，则也用 x_b 代替 x_{0b}，用 ξ_b 代替 ξ_{0b}。显然，$x_b = 0.8x_{0b}$，$\xi_b = 0.8\xi_{0b}$。因此可得

$$\xi_b = \frac{x_b}{h_0} = \frac{0.8}{1 + \dfrac{f_y}{0.0033E_s}}$$

当 $\xi > \alpha_1 \xi_b$ 时，钢筋应力达不到屈服强度，为超筋破坏；当 $\xi \leqslant \alpha_1 \xi_b$ 时，钢筋应力可以达到屈服强度，为适筋破坏。

(14) 分析表明，受压区混凝土的曲线应力图形可以用一个等效的矩形应力图形来代替，以便简化计算。矩形应力图形的高度为 x，其应力值为 f_c（附图 3-1）。

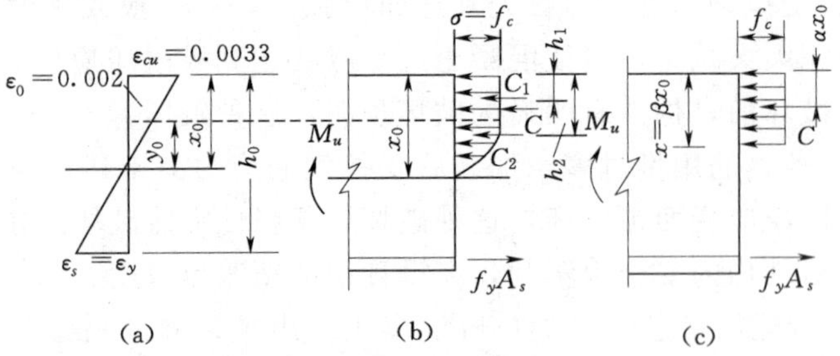

附图 3-1　应变及应力图

由于在计算正截面受弯承载力时，只需知道受压区混凝土压应力的合力大小和作用点位置，因此等效矩形应力图形可按以下原则确定：保证压应力合力的大小及其作用点位置不变。设压应力图形的合力 C 至受压区边缘的距离为 αx_0，此处 x_0 为按基本假定确定的

理论曲线应力图形的高度，则两个图形中受压区高度的关系为 $x=\beta x_0$。

在理论曲线应力图形中，二次抛物线终点所对应的应变值是 $\varepsilon_0=0.002$，所以二次抛物线段的高度为

$$y_0=\frac{\varepsilon_0}{\varepsilon_{cu}}x_0=\frac{0.002}{0.0033}x_0=\frac{20}{33}x_0$$

而直线应力段的高度为

$$x_0-y_0=\frac{13}{33}x_0$$

于是压应力图形的合力

$$C=C_1+C_2=f_c\frac{13}{33}x_0b+\frac{2}{3}f_c\frac{20}{33}x_0b=0.798f_cx_0b$$

此处 b 为截面宽度。

合力 C 至截面受压边缘的距离为

$$\begin{aligned}\alpha x_0&=\frac{C_1h_1+C_2h_2}{C}\\&=\frac{f_c\frac{13}{33}x_0b\left(\frac{1}{2}\times\frac{13}{33}x_0\right)+f_cb\left(\frac{2}{3}\times\frac{20}{33}x_0\right)\left(\frac{13}{33}x_0+\frac{3}{8}\times\frac{20}{33}x_0\right)}{0.798f_cx_0b}=0.412x_0\end{aligned}$$

再按合力 C 位置不变的条件，得

$$\frac{1}{2}\beta x_0=\alpha x_0$$

所以

$$\beta=2\alpha=2\times0.412=0.824$$

为了简化，取 $\beta=0.8$。这就是 $x=\beta x_0=0.8x_0$ 的由来。

(15) 界限受压区计算高度与截面有效高度的比值（x_b/h_0）称为相对界限受压区计算高度 ξ_b，其作用是可以此作为判别适筋与超筋截面的界限。

(16) 界限破坏的特征是在受拉钢筋的应力达到屈服强度的同时，受压区混凝土边缘的压应变恰好达到极限压应变而破坏。此时，$\varepsilon_s=\varepsilon_y=f_y/E_s$，$\varepsilon_c=\varepsilon_{cu}=0.0033$。

从教材式（3-1）可以看出，相对界限受压区计算高度 ξ_b 和钢筋等级有关，即与材料性质有关。

当 $\xi=\partial_1\xi_b$，可求出界限破坏时的特定配筋率，亦即适筋梁的最大配筋率 $\rho_{\max}$ 值。在式 $f_cbx=f_yA_s$ 中，以 ∂_1x_b 代替 x，以 $\rho_{\max}bh_0$ 代替 A_s，则

$$f_cb\partial_1x_b=f_y\rho_{\max}bh_0$$

所以

$$\rho_{\max}=\frac{\partial_1x_bf_c}{h_0f_y}=\partial_1\xi_b\frac{f_c}{f_y}$$

由此可见，ξ_b 与 $\rho_{\max}$ 有如上关系。

(17) 1) $\rho<\rho_{\min}$ 时为少筋破坏，原因：钢筋配筋量过少，混凝土一旦开裂，钢筋立即屈服，并可能经历整个流幅而进入钢筋强化阶段，裂缝和挠度过大，破坏呈脆性性质。$\rho_{\min}<\rho<\rho_{\max}$ 为适筋破坏，原因：受拉钢筋首先屈服，然后受压区混凝土被压碎而破坏，呈延性破坏。$\rho=\rho_{\max}$ 时为界限破坏，原因：受拉钢筋屈服的同时受压边缘混凝土被压碎，呈延性破坏，但已属临界状态。$\rho>\rho_{\max}$ 时为超筋破坏，原因：钢筋配筋量过多，受拉钢筋

不屈服，受压区混凝土先被压碎而破坏，呈脆性破坏。

2）$\rho<\rho_{\min}$时，$\sigma_s\geqslant f_y$；$\rho_{\min}<\rho\leqslant\rho_{\max}$时，$\sigma_s=f_y$；$\rho>\rho_{\max}$时，$\sigma_s<f_y$。

3）$\rho<\rho_{\min}$，钢筋强度充分利用，但混凝土受压强度未被充分利用；$\rho_{\min}<\rho\leqslant\rho_{\max}$，钢筋和混凝土强度均充分利用；$\rho>\rho_{\max}$，钢筋强度未充分利用，但混凝土受压强度被充分利用。

（18）说明是超筋截面。应加大截面尺寸或提高混凝土强度等级。如果增大截面尺寸受限制或提高混凝土强度等级又不适宜时，可采用双筋截面。

（19）如果截面承受的弯矩很大，而截面尺寸受到限制不能增大，混凝土强度等级又不可能提高，以致用单筋截面无法满足教材式（3-12）的适用条件，就需要在受压区配置受压钢筋来帮助混凝土受压，此时就应按双筋截面计算。或者当截面既承受正向弯矩又可能承受反向弯矩，截面上下均应配置受力钢筋，而在计算中又考虑受压钢筋作用时，亦按双筋截面计算。

用钢筋来帮助混凝土受压从经济上讲是不合算的，但对构件的延性有利。因此，在抗震地区，均宜配置受压钢筋。

（20）计算简图见教材图3-23，根据内力平衡条件，可列出基本设计公式如下

$$KM\leqslant M_u=f_cbx\left(h_0-\frac{x}{2}\right)+f'_yA'_s(h_0-a')$$

$$f_cbx=f_yA_s-f'_yA'_s$$

以上两个公式的适用条件为

$$\xi\leqslant\alpha_1\xi_b\text{ 或 }x\leqslant\alpha_1\xi_bh_0$$

$$x\geqslant 2a'$$

第一个条件的意义与单筋截面一样，即避免发生超筋情况。第二个条件的意义是保证受压钢筋应力能够达到抗压强度。因为受压钢筋如太靠近中和轴，将得不到足够的变形，应力无法达到抗压强度设计值，基本设计公式便不能成立。只有当受压钢筋布置在混凝土压应力合力点之上，才认为受压钢筋的应力能够达到抗压强度。

（21）对单筋矩形截面（参见教材图3-18），由公式$M_u=f_yA_s(h_0-x/2)$，$x=f_yA_s/(f_cb)$可知，在一般情况，x约在$0.2h_0\sim0.4h_0$之间，相应的$M_u=(0.9h_0\sim0.8h_0)\ f_yA_s$。现假设混凝土强度提高一倍，由公式可知，$x$将减小一半，即$x=0.1h_0\sim0.2h_0$，相应的$M_u=(0.95\ h_0\sim0.90h_0)f_yA_s$，比原来增大仅5%～10%。所以，单筋受弯构件的承载力主要由钢筋强度控制而混凝土强度的影响不是太大。

但若混凝土强度过低，则会发生超筋破坏，承载力将由混凝土强度控制。同时受弯构件还需考虑斜截面承载力，而混凝土的强度高低，对斜截面承载力影响就很大。而且混凝土强度过低将严重影响结构的耐久性，所以认为施工中把混凝土强度等级弄错了也无所谓的说法是完全错误的。

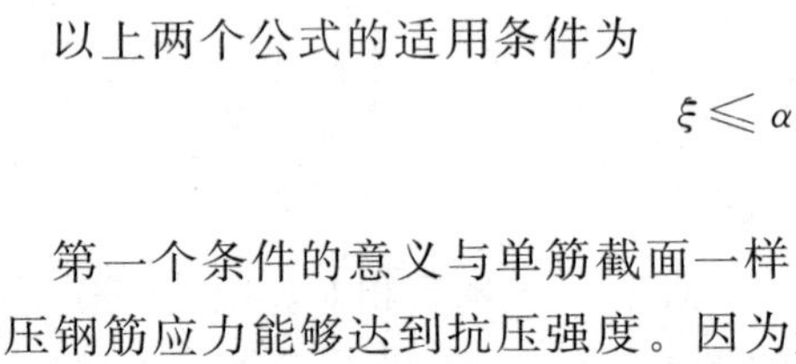

附图3-2 应变图和应力图

（22）条件$x\geqslant2a'$的目的是使受压钢筋具有充分的应变（即$\varepsilon'_s\geqslant f'_s/E_s$），保证钢筋的抗压强度的正常发挥。现讨论其应变$\varepsilon'_s$，根据附图3-2的应

变图形的相似三角形关系，有

$$\frac{\varepsilon_s'}{\varepsilon_{cu}}=\frac{x_0-a'}{x_0}$$

即

$$\varepsilon_s'=\frac{x_0-a'}{x_0}\varepsilon_{cu}$$

取 $x=2a'$，则 $x_0=x/0.8=2a'/0.8=2.5a'$，将 x_0 代入上式

$$\varepsilon_s'=\frac{x_0-a'}{x_0}\varepsilon_{cu}=\frac{2.5a'-a'}{2.5a'}\varepsilon_{cu}=0.6\varepsilon_{cu}$$

对一般混凝土 $\varepsilon_{cu}=0.0033$，得 $\varepsilon_s'=0.6\varepsilon_{cu}=0.6\times0.0033=0.00198$（$x=2a'$时）。

保证钢筋抗压强度正常发挥所需的应变值：

HPB235 钢筋 $\varepsilon_s'=\frac{f_y'}{E_s}=\frac{210}{2.1\times10^5}=0.00100$

HRB335 钢筋 $\varepsilon_s'=\frac{f_y'}{E_s}=\frac{300}{2.0\times10^5}=0.00143$

HRB400 钢筋 $\varepsilon_s'=\frac{f_y'}{E_s}=\frac{360}{2.0\times10^5}=0.00180$

经比较可知，对常用的这三种钢筋，$x\geqslant2a'$的条件是完全足够和合适的。

（23）当 A_s'及 A_s 均未知时，应根据充分利用受压区混凝土受压而使总的钢筋用量（A_s+A_s'）为最小的原则，取 $\xi=\alpha_1\xi_b$（即 $x=\alpha_1\xi_b h_0$）进行计算。

当已知 A_s'时，此时不能再用 $x=\alpha_1\xi_b h_0$ 公式，必须按下列步骤进行计算：

1）求 α_s

$$\alpha_s=\frac{KM-f_y'A_s'(h_0-a')}{f_c b h_0^2}$$

2）根据 α_s 值计算相对受压区高度 ξ，并检查是否满足适用条件式 $\xi\leqslant\alpha_1\xi_b$。如不满足，则表示已配置的受压钢筋 A_s'数量还不够，应增加其数量，此时可看作受压钢筋未知的情况重新计算 A_s'和 A_s。

3）如满足适用条件式 $\xi\leqslant\alpha_1\xi_b$，则计算 $x=\xi h_0$，并检查是否满足适用条件式 $x\geqslant2a'$。如满足，则计算受拉钢筋截面面积 A_s

$$A_s=\frac{f_c b\xi h_0+f_y'A_s'}{f_y}$$

如不满足，表示受压钢筋 A_s'的应力达不到抗压强度，此时可改用 $x<2a'$时的公式计算受拉钢筋截面面积 A_s

$$A_s=\frac{KM}{f_y(h_0-a')}$$

（24）复核双筋截面正截面受弯承载力时，可按下列步骤进行：

1）计算相对受压区高度 ξ，并检查是否满足适用条件式 $\xi\leqslant\alpha_1\xi_b$，如不满足，则取 $\xi=\alpha_1\xi_b$，再代入公式 $\alpha_{sb}=\alpha_1\xi_b$（$1-0.5\alpha_1\xi_b$）计算出 α_{sb}，再由公式 $M_u=f_c\alpha_{sb}bh_0^2+f_y'A_s'(h_0-a')$ 计算 M_u。

2）如满足条件 $\xi\leqslant\alpha_1\xi_b$，则计算 $x=\xi h_0$，并检查是否满足条件式 $x\geqslant2a'$。如不满足，则应由 $x<2a'$时的唯一基本设计公式 $M_u=f_yA_s$（h_0-a'）计算正截面受弯承载力 M_u。

3）如满足条件式 $x \geqslant 2a'$，则由 ξ 计算 α_s，$\alpha_s = \xi(1-0.5\xi)$。

4）再由公式 $M_u = \alpha_s f_c b h_0^2 + f'_y A'_s (h_0 - a')$ 计算正截面受弯承载力 M_u。

5）当已知弯矩设计值 M 时，则应满足 $M \leqslant M_u / K$。

（25）设 $|M_1| < |M_2|$，则有 $A_{s1} < A_{s2}$，合理的设计是将 A_{s1} 和 A_{s2} 分别视为对方的受压钢筋（附图 3-3）。由力的平衡公式

$$f_y A_s = f_c bx + f'_y A'_s$$

可知：

1）当以 A_{s2} 作为受压钢筋时，得到 $x<0$，表明 A_{s2} 的强度不能充分发挥，所以应按 $x<2a'$ 时的公式根据 M_1 求 A_{s1}；

2）再以得到的 A_{s1} 作为受压钢筋，按双筋截面公式由 M_2 解出 A_{s2}。

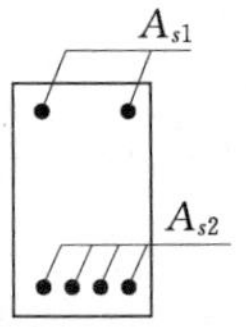

附图 3-3　梁截面图

（26）根据试验和理论分析可知，当 T 形梁受力时，沿翼缘宽度上压应力的分布是不均匀的，压应力由梁肋中部向两边逐渐减小。当翼缘宽度很大时，远离梁肋的一部分翼缘几乎不承受压力，因而在计算中不能将离梁肋较远受力很小的翼缘也算为 T 形梁的一部分。为了简化计算，将 T 形截面的翼缘宽度限制在一定范围内，称为翼缘计算宽度 b'_f。在这个范围以外，认为翼缘已不起作用。

确定 b'_f 时，可根据梁的工作情况（是整体肋形梁还是独立梁）、梁的跨度以及翼缘高度与截面有效高度之比（h'_f/h_0）查教材表 3-2。计算时，取表中各项中的最小值。

（27）T 形梁的计算，按中和轴所在位置不同分为两种情况：①第一种情况是中和轴位于翼缘内，即受压区高度 $x \leqslant h'_f$（翼缘高度），受压区为矩形，计算时采用矩形截面的所有公式，注意应将式中的 b 改用 b'_f。②第二种情况是中和轴位于梁肋内，即受压区高度 $x > h'_f$，受压区为 T 形，所以应按 T 形截面公式计算。

鉴别 T 形梁属于第一种还是第二种情况，可按下列办法进行：中和轴刚好通过翼缘下边缘（即 $x = h'_f$）时，为两种情况的分界，所以当 $KM \leqslant f_c b'_f h'_f \left(h_0 - \frac{h'_f}{2}\right)$ 或 $f_y A_s \leqslant f_c b'_f h'_f$ 时，属于第一种，反之属于第二种。

截面设计时，由于 A_s 未知，不能用式 $f_y A_s \leqslant f_c b'_f h'_f$，而应当用式 $KM \leqslant f_c b'_f h'_f \left(h_0 - \frac{h'_f}{2}\right)$ 来鉴别。

承载力复核时，由于 A_s 已知而 KM 未知，所以应当用式 $f_y A_s \leqslant f_c b'_f h'_f$ 来鉴别。

（28）对第一种情况 T 形梁（参见教材图 3-32），因中和轴位于翼缘内，中和轴以下的受拉混凝土不起作用，所以这样的 T 形截面与宽度为 b'_f 的矩形截面完全一样。因而矩形截面的所有公式在此都能应用。但应注意截面的计算宽度为翼缘计算宽度 b'_f，而不是梁肋宽 b。还应注意，在验算 $\rho \geqslant \rho_{min}$ 时，T 形截面的配筋率仍然用公式 $\rho = A_s / bh_0$ 计算，其中 b 仍按梁肋宽取用。这是因为 ρ_{min} 主要是根据钢筋混凝土梁控制裂缝宽度的条件得出的，而 T 形截面梁的受压区对控制裂缝宽度的作用不大，因此，T 形截面的 ρ_{min} 仍按 $b \times h$ 矩形截面的数值采用。

（29）根据计算简图（教材图 3-33）和内力平衡条件，可写出第二种情况的 T 形截

面的两个基本设计公式

$$KM \leqslant M_u = f_cbx\left(h_0 - \frac{x}{2}\right) + f_c(b'_f - b)h'_f\left(h_0 - \frac{h'_f}{2}\right)$$

$$f_yA_s = f_cbx + f_c(b'_f - b)h'_f$$

将 $x=\xi h_0$ 代入上二式可得

$$KM \leqslant M_u = f_c\alpha_sbh_0^2 + f_c(b'_f - b)h'_f\left(h_0 - \frac{h'_f}{2}\right)$$

$$f_yA_s = f_c\xi bh_0 + f_c(b'_f - b)h'_f$$

截面设计时，可先由力矩公式求出 α_s，然后由公式 $\xi=1-\sqrt{1-2\alpha_s}$ 求得相对受压区高度 ξ，再由力的公式求得受拉钢筋截面面积 A_s。

承载力复核时，则由力的公式计算出相对受压区高度 ξ，然后由公式 $\alpha_s=\xi$（$1-0.5\xi$）求得 α_s，再由力矩公式计算正截面受弯承载力 M_u。当已知截面弯矩设计值 M 时，应满足 $M\leqslant M_u/K$。

（30）根据 $x=h'_f$，可建立鉴别公式如下

$$KM\leqslant f_cb'_fh'_f\left(h_0-\frac{h'_f}{2}\right)+f'_yA'_s(h_0-a')$$

或

$$f_yA_s\leqslant f_cb'_fh'_f+f'_yA'_s$$

如果满足上两式中的一个，则属于第一种情况的 T 形梁，应按宽度为 b'_f 的矩形截面计算；反之属于第二种情况的 T 形梁，则应按 T 形截面计算。

（31）最大承载力的表达式为

$$M_u = f_c\alpha_{sb}bh_0^2 + f_c(b'_f - b)h'_f\left(h_0 - \frac{h'_f}{2}\right)$$

其中

$$\alpha_{sb}=\alpha_1\xi_b\ (1-0.5\alpha_1\xi_b)$$

对于几种常用的 HRB335、HRB400 及 HPB235 钢筋，α_{sb} 的取值详见教材表 3-1。

（32）（a）的 $A_s=$（b）的 A_s，（c）的 $A_s=$（d）的 A_s，只要受压区混凝土截面面积相等，受拉钢筋的截面面积 A_s 就相同，因为承载力计算是不考虑受拉区混凝土作用的，即与受拉区混凝土截面积无关。

（33）列表进行比较与小结。

附表 3-1　　受弯构件正截面受弯承载力计算小结

	单筋矩形截面	双筋矩形截面	T形截面（第二类情况）
应用图形	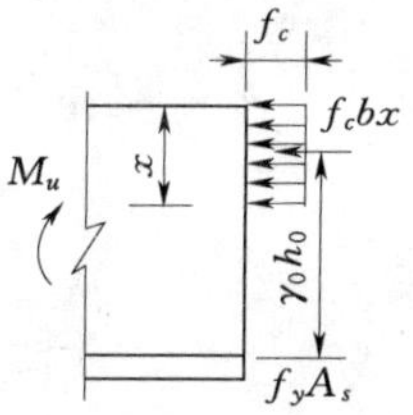		
基本公式	$KM\leqslant f_cbx\left(h_0-\frac{x}{2}\right)$ $f_cbx=f_yA_s$		

续表

	单筋矩形截面		双筋矩形截面	T形截面（第二类情况）
适用条件	$x\leqslant\alpha_1\xi_b h_0$ $\rho\geqslant\rho_{\min}$			
截面设计	已知：b，h，f_c，f_y，M，求 A_s	$\alpha_s=\frac{KM}{f_c b h_0^2}$ $\xi=1-\sqrt{1-2\alpha_s}$ $A_s=\frac{f_c\xi_b h_0}{f_y}$		
承载力复核	已知：b，h，f_c，f_y，A_s，求 M	$\xi=\frac{f_y A_s}{f_c b h_0}\leqslant\alpha_1\xi_b$ $\alpha_s=\xi\ (1-0.5\xi)$ $M_u=f_c\alpha_s b h_0^2$ 若 $\xi>\alpha_1\xi_b$，则 $\alpha_s=\alpha_{sb}=\alpha_1\xi_b\ (1-0.5\alpha_1\xi_b)$ $M_u=\alpha_{sb}f_c b h_0^2$ $M\leqslant M_u/K$		

注 双筋矩形截面和T形截面的承载力计算小结，请读者自己填入表中。

第4章 钢筋混凝土受弯构件斜截面承载力计算

1. 填充题

(1) 正截面 斜截面

(2) 腹筋

(3) 弯剪裂缝 腹剪裂缝

(4) 箍筋 弯筋

(5) 斜拉 剪压 斜压 剪跨比 λ

(6) 低 高 高 脆性 脆性

(7) 斜拉 剪压 斜压 剪跨比 λ 腹筋数量

(8) 斜拉 剪压 混凝土 腹筋 剪压 斜压 截面尺寸 混凝土

(9) 剪跨比 混凝土强度 配筋率 强度 配筋率 强度 形状 尺寸 方式 结构类型

(10) V_c V_{sv} V_{sb}

(11) 抗压强度 截面尺寸 甚微

(12) 上限 截面尺寸 配箍率 截面尺寸 强度等级

(13) 过大 斜裂缝 斜裂缝 斜裂缝 $s_{\max}$

(14) 斜拉 脆性 0.15% 0.10%

(15) 正 斜 正 斜 受弯 正 正 M_R M_R 实际

(16) 理论切断点 切断 伸过

(17) 正 正 包括在内 充分 复杂化

(18) $0.5h_0$

(19) 受剪　受弯　受弯　受剪

(20) 封闭　4　400　3

(21) 均匀　密　300　300　1/4　1/2

(22) 绑扎　机械　焊接

(23) 35　500　50%　绑扎　焊接　25%　50%　1.3　50%

(24) 450　腰筋　0.1%　200

(25) 700　两根

(26) $20d$　$10d$　弯钩

2. 单项选择题

(1) B　(2) A　(3) B　(4) B　(5) A　(6) C　(7) B　(8) A　(9) C　(10) C　(11) A　(12) A　(13) B　(14) C　(15) C　(16) A　(17) C　(18) C　(19) D　(20) D　(21) B　(22) D

3. 问答题

(1) 钢筋混凝土梁在弯矩 M 和剪力 V 共同作用的区段，存在着由 M 产生的法向应力 σ 和由 V 产生的剪应力 τ，二者组合成主应力。当主拉应力 σ_{tp} 超过了混凝土的抗拉强度 f_t 时，将出现与 σ_{tp} 方向垂直的斜向裂缝，斜裂缝将沿着主压应力的轨迹发展，下边与梁受拉边垂直，上端进入受压区。

(2) 由于斜裂缝面的凸凹不平，当斜裂缝两侧产生相对滑移时，斜裂缝面间存在着由骨料的机械咬合作用和摩擦阻力形成的滑动抗力。这种力称作骨料咬合力，它可以传递斜截面的一部分剪力，但是随斜裂缝宽度的开展，骨料咬合力将逐渐减少，以致消失。跨越斜裂缝的纵向钢筋对斜裂缝起着销栓作用，能传递一部分剪力，称作纵筋销栓力，但随着纵筋劈裂裂缝的发展，销栓力也将逐渐降低。

(3) 无腹筋梁在斜裂缝形成并开展以后，骨料咬合力及销栓力逐步消失，斜截面上的全部压力和剪力由残留的压区混凝土承担，因此在残留的压区面积上形成较大压应力和剪应力。同时斜裂缝处纵筋的应力 σ_s 有显著的增大，这是因为斜裂缝出现以前，该处 σ_s 大小取决于正截面弯矩 M_B（附图 4-1），斜裂缝形成以后，σ_s 大小取决于斜截面 AB 的弯矩 M_{AB}，$M_{AB}=M_A$，而 $M_A>M_B$，所以斜裂缝出现后，σ_s 有很大的增加。

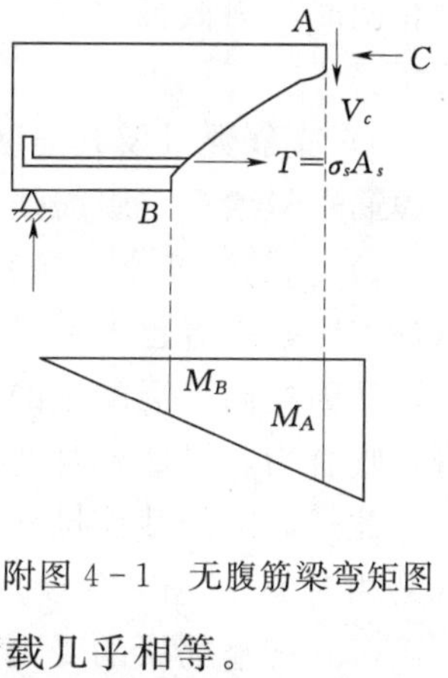

附图 4-1　无腹筋梁弯矩图

(4) 随剪跨比 λ 的不同，无腹筋梁有以下三种破坏形态：

1) 当 $\lambda>3$ 时发生斜拉破坏，其破坏特征是斜裂缝一出现就很快延伸到梁顶，把梁斜劈成两半，破坏面上无压碎痕迹，为主拉应力达到混凝土抗拉强度的受拉破坏，开裂荷载和破坏荷载几乎相等。

2) 当 $\lambda=1\sim3$ 时发生剪压破坏，其破坏特征是斜裂缝出现后荷载仍能有较大的增长，最后压区混凝土在压应力和剪应力共同作用下达到复合受力强度被压坏。

3) 当 $\lambda<1$ 时发生斜压破坏，其特征是斜裂缝多而密，梁腹在主压应力作用下发生有如斜向受压短柱的受压破坏，破坏荷载比开裂荷载高很多。

总的来看，无腹筋梁发生上述三种破坏形态时，梁的跨中挠度都不大，所以都属于脆性破坏，其中斜拉破坏和斜压破坏的脆性更严重。因此设计时，应尽可能防止斜截面剪切破坏，特别是斜拉和斜压破坏。

当配置腹筋后，除剪跨比 λ 以外，腹筋的数量也对有腹筋梁的破坏形态和抗剪强度有很大影响。

腹筋配置比较适中的有腹筋梁大部分发生剪压破坏。这种梁在斜裂缝出现后由于腹筋受力限制了斜裂缝的开展，腹筋屈服后，斜裂缝延伸加快，最后残余截面混凝土在剪—压作用下达到极限强度而破坏。当腹筋配置得过多或剪跨比很小，尤其梁腹较薄（例如T形或I形薄腹梁）时，将发生斜压破坏，腹筋不能达到屈服，梁腹斜裂缝间的混凝土由于主压应力过大而发生斜压破坏。腹筋数量配置很少且剪跨比较大的有腹筋梁，斜裂缝一旦出现，由于腹筋承受不了原来由混凝土所承担的拉力而立即屈服，与无腹筋梁一样产生斜拉破坏。

（5）腹筋对提高梁的受剪承载力的作用主要是以下几个方面：

1）腹筋直接承担了斜截面上的一部分剪力。

2）腹筋能阻止斜裂缝开展过宽，延缓斜裂缝向上伸展，保留了更大的混凝土余留截面，从而提高了混凝土的受剪承载力 V_c。

3）腹筋的存在延缓了斜裂缝的开展，提高了骨料咬合力。

4）箍筋控制了沿纵筋的劈裂裂缝的发展，使销栓力有所提高。

上述作用说明腹筋对梁受剪承载力的影响是综合的、多方面的。

（6）1）剪跨比：剪跨比是集中荷载作用下影响梁斜截面承载力的主要因素，随着剪跨比的增加，斜截面受剪承载力降低，即剪跨比大的梁受剪承载力比剪跨比小的梁低。

2）混凝土强度等级：从斜截面破坏的几种主要形态可知，斜拉破坏主要取决于混凝土的抗拉强度，剪压破坏和斜压破坏与混凝土的抗压强度有关，因此，在剪跨比和其他条件相同时，斜截面受剪承载力随混凝土强度的提高而增大，试验表明二者大致呈线性关系。

3）腹筋数量及其强度：试验表明，在配箍（筋）量适当的情况下，梁的受剪承载力随腹筋数量增多、腹筋强度的提高而有较大幅度的增长，大致呈线性关系。

4）纵筋配筋率：在其他条件相同时，纵向钢筋配筋率越大，斜截面承载力也越大，试验表明，二者也大致呈线性关系。这是因为，纵筋配筋率越大则破坏时的剪压区高度越大，从而提高了混凝土的抗剪能力；同时，纵筋可以抑制斜裂缝的开展，增大斜裂缝间的骨料咬合力，纵筋本身的横截面也能承受少量剪力（即销栓力）。

此外，梁的截面尺寸和截面形状也对斜截面承载力有所影响：大截面尺寸梁的受剪承载力相对偏低，而T形、I形截面梁的受剪承载力则略高于矩形截面梁。

（7）配箍筋梁的受力如同一拱形桁架，斜裂缝以上部分混凝土为受压弦杆，纵筋为下弦拉杆，斜裂缝间混凝土齿状体有如受压斜腹杆，箍筋起到受拉竖杆的作用。但箍筋本身并不能将荷载作用传递到支座上，而是把斜压杆（齿状体）传来的荷载悬吊到受压弦杆（近支座处梁腹混凝土）上去，最终所有荷载仍通过梁腹传至支座，因此箍筋的存在并不能减少梁腹的斜向应力，故不能提高斜压破坏的受剪承载力。

（8）有截面限制条件和最小配箍率两个限制条件。

1）截面限制条件是：

当 $h_w/b \leqslant 4.0$ 时 $$KV \leqslant 0.25 f_c b h_0 \quad \text{（附 4-1）}$$

当 $h_w/b \geqslant 6.0$ 时 $$KV \leqslant 0.2 f_c b h_0 \quad \text{（附 4-2）}$$

截面限制条件有三个意义：①防止发生斜压破坏，这是主要的；②使得在使用条件下，斜裂缝不致过宽，一般不大于 0.2mm；③符合经济要求，因为这一条件实际上控制了配箍率的上限，而在斜压破坏时，箍筋是不能充分发挥作用的。

在式（附 4-1）中，令 $KV=0.25 f_c b h_0$，并取

$$KV=V_c+V_{sv}=0.7 f_t b h_0+1.25 f_{yv} \frac{A_{sv}}{s} h_0$$

从而可以得到

$$0.7 f_t b h_0+1.25 f_{yv} \frac{A_{sv}}{s} h_0=0.25 f_c b h_0$$

在此等式中近似取 $f_t \approx 0.1 f_c$，可以得到

$$1.25 f_{yv} \frac{A_{sv}}{s} h_0=(0.25-0.07) f_c b h_0$$

两边同除以 $1.25 f_{yv} b h_0$，得

$$\frac{A_{sv}}{bs} \approx 0.14 f_c / f_{yv} \quad \text{（附 4-3）}$$

该式左边是箍筋的配箍率。式（附 4-3）就是防止发生斜压破坏的最大配箍率，从而说明满足了截面限制条件也就控制了配箍率的上限。

2）最小配箍率条件是：

当 $KV>V_c$ 时，$\rho_{sv}=\frac{A_{sv}}{bs} \geqslant \rho_{sv,\min}$。

对 HPB235 钢筋，$\rho_{sv,\min}=0.15\%$；对 HRB335 级钢筋，$\rho_{sv,\min}=0.10\%$。

最小配箍率的意义是防止斜裂缝一出现，箍筋应力就达到屈服点，不能阻止斜裂缝的展开而导致斜拉破坏。这时箍筋间距也不宜过大，以免斜裂缝与箍筋不相交，所以对箍筋最大间距 $s_{\max}$ 也有规定。

（9）1）满足斜截面受弯承载力的纵筋弯起位置：

附图 4-2 表示弯起钢筋弯起点与弯矩图形的关系。

钢筋②在受拉区的弯起点为 1，按正截面受弯承载力计算不需要该钢筋的截面为 2，该钢筋强度充分利用的截面为 3，它所承担的弯矩为图中阴影部分，则可以证明，当弯起点与按计算充分利用该钢筋的截面之间的距离不小于 $h_0/2$ 时，可以满足斜截面受弯承载力的要求（保证斜截面的受弯承载力不低于正截面受弯承载力）。自然，钢筋弯起后与梁中心线的交点应在该钢筋正截面抗弯不需要点之外。总之，若利用弯起钢筋抗剪，则钢筋弯起点的位置应同时满足抗剪位置（由抗

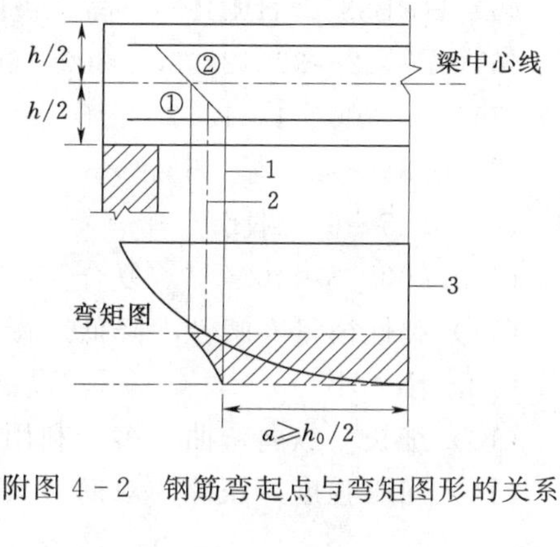

附图 4-2 钢筋弯起点与弯矩图形的关系

剪计算确定)、正截面抗弯(材料图覆盖弯矩图)及斜截面抗弯($a \geqslant h_0/2$)三项要求。

2)弯起钢筋的锚固:弯起钢筋的弯终点外应留有锚固长度,其长度在受拉区不应小于 $20d$,在受压区不应小于 $10d$,对光圆钢筋在末端尚应设置弯钩,位于梁底层两侧的钢筋不应弯起,弯起钢筋不得采用浮筋。当支座处剪力很大而又不能利用纵筋弯起抗剪时,可设置仅用于抗剪的吊筋,其端部锚固要求与弯起钢筋相同。

(10)保证受弯构件斜截面受弯承载力的主要构造措施有以下几点:

1)纵向钢筋弯起点应设在按正截面抗弯计算该钢筋被充分发挥作用的截面以外,其水平距离应不小于 $h_0/2$ 处。这样就可大致使得斜截面抗弯强度大于或等于正截面抗弯强度。

2)纵向钢筋一般不宜在受拉区截断,以防止截断钢筋的滑动而导致局部开裂过大,挠度加大及受剪承载力的降低。

3)纵向钢筋必须截断时,应伸出按正截面抗弯计算不需要此钢筋的截面以外,即从钢筋的理论切断点延伸长度不应小于 h_0,也不应小于 $20d$;同时自钢筋的充分利用点至该钢筋的切断点的距离应满足不小于 $1.2l_a$($KV \leqslant 0.7f_tbh_0$)或不小于 $1.2l_a+h_0$($KV > 0.7f_tbh_0$)。这是因为斜截面所承担的弯矩大于理论截断点处正截面的弯矩;但是,当钢筋有足够的延伸长度时,能使沿斜截面截到的箍筋参加抗弯而补偿了上述弯矩的差额。应注意的是,若按上述规定确定的截断点仍位于负弯矩受拉区内,则钢筋还应延长。钢筋切断点至理论切断点的距离 l_w 应满足 $l_w \geqslant 1.3h_0$ 且 $l_w \geqslant 20d$,且该钢筋切断点至充分利用点的距离 l_d 应满足 $l_d \geqslant 1.2l_a + 1.7h_0$。

4)伸入支座的纵向钢筋应有足够的锚固长度,以防止斜裂缝形成后,纵向钢筋被拔出而导致梁的破坏。

第 5 章 钢筋混凝土受压构件承载力计算

1. 填充题

(1)轴心　偏心　偏心

(2)弯矩　1.5～2.5

(3)300　50　100

(4)较高

(5)HRB335　HRB400　高　极限压应变

(6)12　12～32　2　50　300　600　10～16　400

(7)10　300　4　12　2　16

(8)0.8%～2.0%　5%

(9)0.25　6　封闭

(10)400　3　400　4　复合

(11)弹性模量　塑性　降低　慢　徐变　重分配　减少　增大

(12)小　小

(13)细长　纵向弯曲　多　利用　30　25

(14)屈服强度　压碎　双筋　大偏心　极限应变　受压　小偏心

(15) 达到　大　未达到　小

(16) 侧移　纵向弯曲　二阶　弯矩　大　大　多

(17) 材料　失稳　材料　材料　失稳　纵向弯曲　材料

(18) 短　1.0

(19) ξ_b　$0.3h_0$　$0.3h_0$

(20) 偏心距 e_0　受压区高度 x　x

(21) 垂直　纵向弯曲　弯矩　轴心　稳定系数 φ

(22) $\leqslant 0.3h_0$　$>0.3h_0$　$\xi > \xi_b$

(23) 1) 小偏心受压　减小　2) 大偏心受压　增大　3) 界限　4) 大

(24) 分界　M_u　N_u　外侧

(25) 小　受拉区　受拉区　大　大　大

(26) 增加　限制　增强　扩大　提高　加上　$0.07N$

2. 单项选择题

(1) C　(2) A　(3) A　(4) A　(5) D　(6) C　(7) D　(8) C　(9) A
(10) A　(11) A　(12) A　(13) A　(14) B　(15) A　(16) C　(17) B
(18) A　(19) B　(20) B　(21) B　(22) C　(23) C　(24) A　(25) A
(26) B　(27) B　(28) C　(29) C　(30) A

3. 多项选择题

(1) B　C　(2) B　D　(3) A　C

4. 问答题

(1) 大偏心受压破坏和小偏心受压破坏之间，在理论上存在一种“界限破坏”状态，当受拉钢筋屈服的同时，受压区边缘混凝土应变达到极限压应变值。这种特殊状态可作为区分大小偏压的界限。

界限破坏时，$\xi=\xi_b$，由轴力的平衡可写出：$N_b=\xi_b f_c bh_0+f_y'A_s'-f_yA_s$。

上式说明对给定的截面（截面尺寸、配筋及材料强度），界限受压承载力 N_b 为一定值。当荷载产生的轴向力设计值 $N\geqslant N_b$ 时，为小偏心受压情况，$N<N_b$ 为大偏心受压情况。

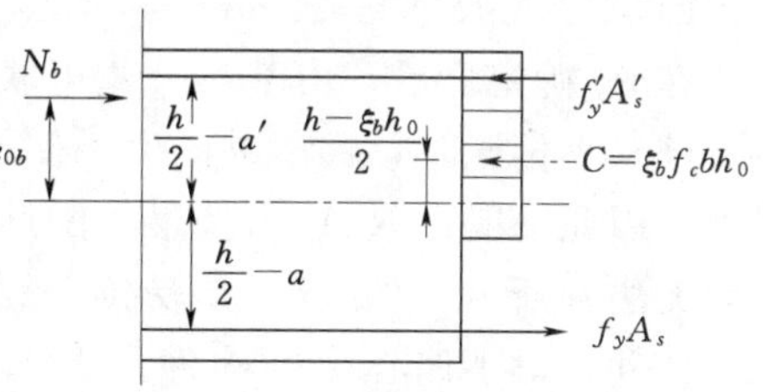

附图 5-1　界限破坏应力图形

界限破坏时，N_b 的偏心距即为界限偏心距 e_{0b}，对截面中心取矩可得（附图 5-1）

$$N_b e_{0b}=\xi_b f_c bh_0(h-\xi_b h_0)/2+f_y'A_s'(h/2-a')+f_yA_s(h/2-a)$$

将上式除以 N_b，可得

$$e_{0b}=\frac{\xi_b f_c bh_0(h-\xi_b h_0)+f_s'A_s'(h-2a')+f_yA_s(h-2a)}{2(\xi_b f_c bh_0+f_s'A_s'-f_yA_s)}$$

上式说明：对给定的截面，界限偏心距 e_{0b} 为定值，当 $\eta e_0>e_{0b}$ 时，为大偏心受压情况；当 $\eta e_0\leqslant e_{0b}$ 时，为小偏心受压情况。

N_b 及 e_{0b} 的表达式同时也说明，对于给定的截面尺寸和材料强度，截面的界限受压承载力及界限偏心距不是常值，而是与纵向受力筋的配筋率有关。当然在对称配筋情况下，由于$A_s=A'_s$，$f_y=f'_y$，此时，$N_b=\xi_b f_c bh_0$，所以N_b的大小与纵向受力筋的配筋率无关。

(2) 偏心受压构件从破坏原因、破坏性质及影响构件承载力的主要因素来看，可以归结为两类破坏形态：

1) 大偏心受压——构件破坏是由于受拉钢筋首先到达屈服，裂缝开展，最后导致受压区混凝土压坏。破坏前裂缝显著开展，变形增大，具有塑性破坏的性质。其承载力主要取决于受拉钢筋，形成这种破坏的条件是：偏心距e_0较大，且受拉钢筋配筋率不太高。

2) 小偏心受压——构件破坏是由于受压区混凝土达到其抗压强度，距轴力较远一侧的钢筋，一般均未达到（受拉或受压）屈服。破坏前缺乏明显的预兆，具有脆性破坏的性质。其承载力主要取决于压区混凝土及受压钢筋。形成这种破坏的条件是：偏心距e_0小；或偏心距虽大但受拉钢筋的配筋率过高。

(3) $0.3h_0$是根据取纵向受压钢筋为最小配筋率（$A'_s=0.2\%bh_0$）及纵向受拉钢筋为最小配筋率（$A_s=\rho_{\min}bh_0$）时，对于常用的混凝土和钢筋的强度等级算出的界限偏心距e_{0b}的平均值。其含义是在常用的材料强度等级情况下的截面最小界限偏心距$e_{0b(\min)}$，因为当ρ'及ρ均取最小配筋率时，e_{0b}为最小值。

当根据给定的截面尺寸、材料强度及内力设计值进行截面配筋计算时，可用ηe_0是小于等于还是大于$0.3h_0$作为判别两种偏心受压的条件。当$\eta e_0>0.3h_0$时，可按大偏心受压情况计算，当$\eta e_0\leqslant 0.3h_0$时，应按小偏心受压情况计算。

(4) $\eta e_0\leqslant 0.3h_0$，属小偏心受压情况，这时基本公式中未知量有三个：A_s、A'_s及ξ，故不能求得唯一的解，需给定一个，求其余两个。这时应首先确定A_s，因为在小偏心破坏（受压破坏）时，距轴力较远一侧的钢筋A_s，无论受拉或受压应力均很小，其所需钢筋面积由最小配筋率控制，即$A_s=0.2\%bh_0$。可见，在小偏心受压情况下，A_s的确定是独立的，与A'_s及ξ无关。

在A_s确定之后，由基本公式可联立求解ξ及A'_s。

(5) 小偏压时，远离纵向力一侧的纵向钢筋A_s无论是受压还是受拉均不会达到屈服强度，因此一般可取A_s为按最小配筋百分率计算出的钢筋面积，由于在未得出计算结果之前无法判断A_s是受压还是受拉，故在计算中统一取$A_s=\rho'_{\min}bh_0=0.2\%bh_0$。

此外，对小偏心受压构件，当$KN>f_cbh$时，由于偏心距很小，而轴向压力很大，全截面受压，远离轴向压力一侧的钢筋A_s如配得太少，该侧混凝土的压应变就有可能先达到极限压应变而破坏。为防止此种情况发生，还应满足对A'_s的外力矩小于或等于截面诸力对A'_s的抵抗力矩，按此力矩方程可对A_s用量进行核算

$$A_s\geqslant\frac{KNe'-f_cbh\left(h'_0-\dfrac{h}{2}\right)}{f'_y(h'_0-a)}$$

式中，$e'=\dfrac{h}{2}-a'-e_0$，$h'_0=h-a'$，为偏于安全起见，在计算e'时，取$\eta=1$。此时A_s同样要满足$A_s\geqslant 0.2\%bh_0$的要求。

(6) 当A_s及A'_s均未知时，有三个未知数待定，即A_s、A'_s及ξ，需要补充一个条件才可得到唯一解。通常以$(A_s+A'_s)$的总用量为最省作为补充条件，与双筋矩形截面受弯

构件类似，要使（$A_s+A'_s$）最小，就应该充分发挥受压混凝土的作用，这个条件可取$\xi=\xi_b$。

取$\xi=\xi_b$后，可直接由公式得出A'_s，即$A'_s=\dfrac{KNe-\xi_b(1-0.5\xi_b)f_cbh_0^2}{f'_y(h_0-a')}$。

当A'_s为负值，或$A'_s<\rho'_{\min}bh_0$时，应按最小配筋率配筋（并满足构造要求）。此时，就变成A'_s已知的情况。

当A'_s已知时，只有两个待求未知数A_s和ξ，其计算流程可参见图5-1。

（7）$0.3h_0$是根据最小配筋率给出的最小界限偏心距的平均值。当截面配筋面积（A_s及A'_s）给定时，其界限偏心距e_{0b}为定值，一般情况下均大于$0.3h_0$。即便$\eta e_0>0.3h_0$，但仍有可能$\eta e_0<e_{0b}$，属小偏心受压情况。因此，在截面配筋为给定的情况下，不能用ηe_0大于还是小于$0.3h_0$判别大小偏心受压，而应该用x小于还是大于ξ_bh_0来判断。

（8）当轴向压力设计值N较大且垂直于弯矩作用平面的长细比l_0/b较大时，则截面的受压承载力有可能由垂直于弯矩作用平面的轴心受压控制。因此，偏心受压构件除应计算弯矩作用平面的受压承载力外，尚应按轴心受压构件验算垂直于弯矩作用平面的受压承载力。此时可不考虑弯矩作用，但应考虑纵向弯曲影响（取稳定系数φ）。在一般情形下，小偏压构件需进行验算，对于对称配筋的大偏心受压构件，当$l_0/b\leqslant 24$时，可不进行验算。

（9）对称配筋矩截面偏心受压构件：

1）当$\eta e_0>0.3h_0$，且$\xi>\xi_b$时，应属小偏心受压情况。这是因为虽然偏心距较大，但由于是对称配筋——受拉钢筋可能配置过多（超过需要），而导致$\xi=KN/(f_cbh_0)>\xi_b$，此时受拉钢筋还未屈服，压区混凝土已先压坏，因此属于小偏心受压破坏。

2）当$\eta e_0\leqslant 0.3h_0$，且$\xi\leqslant\xi_b$时，应属小偏心受压情况。这往往出现在截面尺寸较大，而荷载N却很小的对称配筋偏心受压构件，此时按教材式（5-26）算出的ξ可能小于ξ_b，但它的实际偏心距e_0可能很小，甚至可能趋于零，A_s根本不会受拉，若按大偏心受压计算，需要的钢筋面积很小，甚至为负值，理应属小偏心受压。

因此，在对称配筋情况下，应该按界限偏心距$0.3h_0$和界限相对受压区高度ξ_b两方面进行判别：

当$\eta e_0>0.3h_0$，且$\xi\leqslant\xi_b$时，为大偏心受压；

当$\eta e_0\leqslant 0.3h_0$或当$\eta e_0>0.3h_0$且$\xi>\xi_b$时，为小偏心受压。

（10）对称配筋矩形截面偏心受压构件，$A_s=A'_s$，$a=a'$，$f_y=f'_y$。当$\xi<\xi_b$时的大偏心受压情况，$\xi=N_u/f_cbh_0$。

对截面中心取矩的力矩平衡关系

$$M_u=\xi f_cbh_0(h-\xi h_0)/2+2f'_yA'_s\left(\frac{h}{2}-a'\right)$$

或

$$M_u=\frac{1}{2}N_u\left(h-\frac{N_u}{f_cb}\right)+f'_yA'_s(h-a')$$

由上式可知N—M相关曲线为二次抛物线关系。随N增大，M增大。当$N=N_b$时为界限状态，M达到其最大值M_b。M_b与N_b的比值即为界限偏心距e_{0b}。

当$N=0$时，$M=M_0$，为对称配筋受弯构件的受弯承载力，如附图5-2所示。

当 $\xi>\xi_b$ 时，为小偏心受压情况，将 σ_s 计算公式代入教材式（5－4），可得

$$\xi=\frac{(\xi_b-0.8)\ N-\xi_b f_y A_s}{(\xi_b-0.8)\ f_c b h_0-f_y A_s}$$

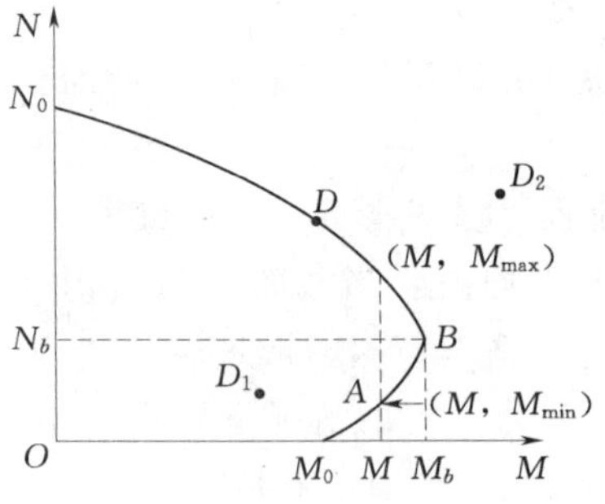

附图 5－2　N—M 曲线

将上式代入 M 表达式知，N 与 M 也是二次函数关系。但与大偏心受压不同的是随 N 增大，M 减少，当 $M=0$ 时，为轴心受压构件的受压承载力 N_0，即偏心受压构件受压承载力的上限。

N—M 相关曲线说明了以下问题：

1）图中 N—M 曲线上任一点 D 的坐标代表了该给定截面（截面尺寸、配筋及材料强度均为已知）到达承载力极限状态时的一种内力组合，若任意点 D_1 位于 N—M 曲线内侧，说明截面在该点坐标给出的内力设计值组合下未达到承载力极限状态，是安全的；若任意点 D_2 位于曲线的外侧，则表明截面的承载力不足。

2）当给定轴向压力设计值 N 时，有唯一对应的弯矩设计值 M 使该截面达到承载力极限状态；当给定弯矩设计值 M 时（$M_b>M>M_0$），使该截面达到承载力极限状态的轴向压力设计值有两个：N_{min} 及 N_{max}，N_{min} 对应于大偏心受压情况，N_{max} 对应于小偏心受压情况。

（11）偏心受压构件有短柱材料破坏、长柱材料破坏和细长柱失稳三种破坏特征。在 N_u—M_u 相关图（附图 5－3）中，曲线 $ABCDE$ 是指对于给定的偏心受压构件，其正截面的承载能力 N_u 与 M_u 之间的关系曲线，它说明了正截面的极限轴向压力 N_u 是怎样随偏心距的增大而改变的。

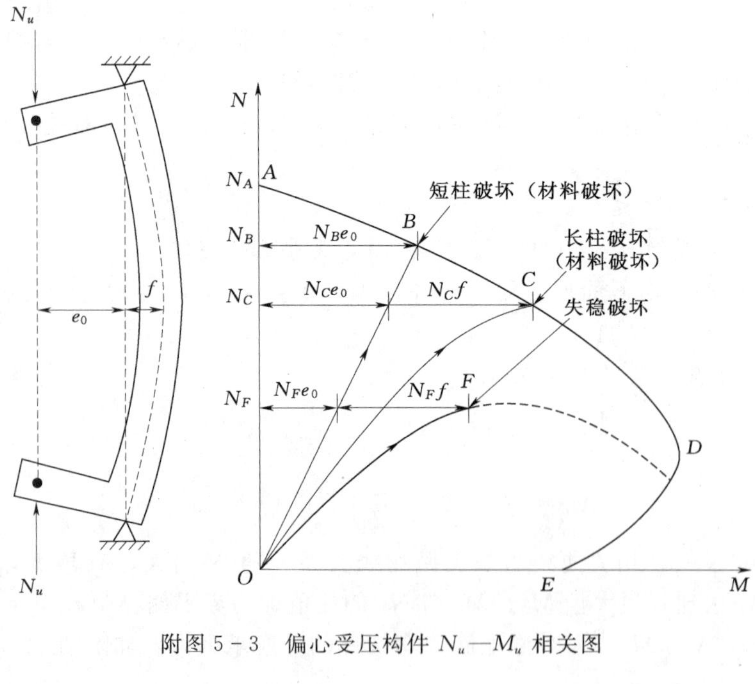

附图 5－3　偏心受压构件 N_u—M_u 相关图

直线 OB、曲线 OC 和 OFD 都是指作用在构件上的轴向力 N 与相应的弯矩 M 的关系曲线，它们表示当初始偏心距 e_0 相同时，由于构件长细比大小不同，因而在加载直至破坏的全过程中，N 与 M 是怎样变化的。

直线 OB 表示短柱的情况，其 N 与 M 为线性关系，$\mathrm{d}N/\mathrm{d}M$ 为常数，当 OB 达到 $N—M$相关曲线时，柱达到最大承载能力，截面的材料强度也同时耗尽。这种破坏形态称为材料破坏。

曲线 OC 表示一般长柱的情况。随着柱长细比的增大，由侧向变形而引起的附加弯矩的影响已不能忽略。曲线 OC 即为长柱的 $N—M$ 增长曲线，由于 f 随 N 的增大而增大，M 较 N 有更快的增长，M 与 N 不再成线性关系，$\mathrm{d}N/\mathrm{d}M$ 为变数并随 N 的增大而逐渐减小，但 $\mathrm{d}N/\mathrm{d}M$ 仍为正值，即柱达到最大承载能力时，截面的材料强度也同时耗尽。这种柱的破坏形态为受 Nf 影响的材料破坏。对矩形截面，当 $8<l_0/h\leqslant 30$ 时为长柱。

曲线 OFD 表示长细比很大的细长柱的情况。当荷载达到最大值 N_u 时，侧向变形突然剧增，荷载急剧下降，$N_u—M_u$ 变为负值。然而在 N_u 时，钢筋和混凝土的应变均未达到极限值。这种最大承载能力发生在材料强度没有耗尽之前的破坏形态，称为失稳破坏。在荷载达到最大值 N_F 后，如能使荷载逐渐降低以保持构件继续变形，则也可能到达材料强度耗尽的 D 点，不过此时的轴向压力 N_D 已小于失稳破坏荷载 N_F。

由此可见，当初始偏心距 e_0 相同时，随着长细比的增大，承载能力是在降低的，即 $N_B>N_C>N_F$。

（12）A 点对应于受弯构件，由于 f_c 提高，M_u 略有增加，所以 A 点稍向右移。

C 点对应于轴心受压，f_c 提高，N_u 增加，所以 C 点上移。

B 点对应于大小偏压的界限状态，对称配筋，$N_b=f_cb\xi_bh_0$，所以随着强度等级的提高，N_b 增加。而 $M_b=N_be_{0b}=\xi_bf_cbh_0(h-\xi_bh_0)/2+2f_yA_s(h/2-a)$，所以 M_b 也增加，即 B 点往右上方移动。

（13）第一种情况：

第（1）组内力 $N=695\text{kN}$；$M=182\text{kN}\cdot\text{m}$

$$e_0=M/N=\frac{182\times10^3}{695}=262\text{mm}>0.3h_0=108\text{mm}$$

Ⅱ级安全级别，$K=1.20$，

但
$$\xi=\frac{KN}{f_cbh_0}=\frac{1.20\times695\times10^3}{11.9\times300\times360}=0.65>\xi_b=0.55$$

属于小偏心受压。

第（2）组内力 $N=400\text{kN}$；$M=175\text{kN}\cdot\text{m}$

$$e_0=\frac{175\times10^3}{400}=438\text{mm}>0.3h_0$$

$$\xi=\frac{1.20\times400\times10^3}{11.9\times300\times360}=0.37<\xi_b$$

属于大偏心受压，因此这两组内力均应进行配筋计算。

第二种情况：

第（1）组内力 $N=1200\text{kN}$；$M=140\text{kN}\cdot\text{m}$

$$e_0=\frac{140\times10^3}{1200}=117\text{mm}>0.3h_0$$

但
$$\xi=\frac{1.20\times1200\times10^3}{11.9\times300\times360}=1.12>\xi_b=0.544$$

属于小偏心受压。

第（2）组内力 $N=1350\text{kN}$；$M=135\text{kN}\cdot\text{m}$

$$e_0=\frac{135\times10^3}{1350}=100\text{mm}>0.3h_0$$

也属小偏心受压。因为两组内力弯矩相差不大，但第（2）组内力 N 较大，所以应按第（2）组内力计算配筋。

第6章　钢筋混凝土受拉构件承载力计算

1. 填充题

（1）轴心　偏心

（2）压区　裂通　大

（3）压区　裂通　小

（4）外　间

（5）焊接　支座

（6）增加　降低　增加　减小　降低

（7）减去　$0.2N$

2. 单项选择题

（1）B　（2）C　（3）A　（4）B　（5）D　（6）C　（7）B　（8）A

3. 问答题

（1）大小偏心受拉构件的区分，与偏心受压构件不同，它是以到达正截面承载力极限状态时，截面上是否存在有受压区来划分的。当轴拉力 N 作用于 A_s 与 A'_s 之间时，拉区混凝土开裂后，拉力由纵向钢筋 A_s 负担，而 A_s 位于 N 的外侧，如教材图 6-2（b）所示。由力的平衡可知，截面上将不可能再存在有受压区，纵向钢筋 A'_s 必然受拉，因此只要 N 作用在 A_s 与 A'_s 之间，与偏心距大小及配筋率无关，均为全截面受拉的小偏心受拉构件。当拉力 N 作用于 A_s 与 A'_s 间距之外，部分截面受拉，部分受压，如教材图 6-2（a）所示。拉区混凝土开裂后，由平衡关系可知，与 A_s 的配筋率无关，截面必须保留有受压区，A'_s 受压，为大偏心受拉构件。

（2）对称配筋矩形截面偏心受拉构件：$A_s=A'_s$，$a=a'$，且 $h_0=h'_0$，而 $e'>e$。对小偏心受拉构件，受拉承载力设计值 N 应按教材式（6-1）确定；对于大偏心受拉构件，由于是对称配筋，x 肯定小于 $2a'$，应取 $x=2a'$，对 A'_s 合力点取矩来计算承载力设计值 N。因此，对称配筋矩形截面偏心受拉构件，无论大、小偏心受拉，受拉承载力设计值均可按下列公式计算

$$KNe'\leqslant f_yA_s(h_0-a')$$

第7章 钢筋混凝土受扭构件承载力计算

1. 填充题

（1）静力平衡　抗扭刚度　静力平衡　变形协调　扭矩　抗扭刚度

（2）箍筋　纵向钢筋　显著提高

（3）配筋量

（4）纵筋　箍筋　部分超筋　纵筋　箍筋　完全超筋

（5）0.7

（6）均匀对称　四角处　200　封闭　135°　10

（7）配筋强度比　0.6　1.7　1.7　1.7　1.2

（8）混凝土　抗扭钢筋

（9）抗压强度　截面尺寸

（10）0.2%　0.15%

（11）低　减小　减小

（12）混凝土　降低

（13）分别　叠加

（14）剪扭　剪扭　受弯

（15）剪力 V

（16）扭矩 T

2. 单项选择题

（1）A　（2）C　（3）A　（4）C　（5）B　（6）C　（7）B　（8）B　（9）C　（10）D

3. 问答题

（1）必须同时配置。它们对构件开裂扭矩几乎没有影响，但对构件受扭承载力有重要影响，合理配置的抗扭纵筋与箍筋能大幅度提高构件的受扭承载力。

（2）有四类：

1）少筋破坏：抗扭钢筋配置过少，混凝土一旦受拉开裂，钢筋即屈服甚至拉断，构件脆性破坏；设计必须防止。

2）适筋破坏：两种钢筋（纵筋和箍筋）配置适量且比例适当，当破坏时两种钢筋均达到屈服强度，构件变形加大；最后混凝土被压坏，构件产生延性破坏。钢筋混凝土受扭构件的承载力计算以该种破坏为依据。

3）超筋破坏：配筋过量，破坏时钢筋未屈服，混凝土被压坏，构件突然破坏，为脆性破坏，设计不容许。

4）部分超筋破坏：两种钢筋（纵筋与箍筋）配置比例不当，破坏时有一种钢筋屈服，另一种钢筋未屈服，随后构件因混凝土被压坏而破坏。构件破坏时有一定延性，但部分钢筋未充分利用，设计时最好避免。

（3）两者的配筋强度比 ζ 应在 0.6 和 1.7 之间，同时需满足最小配筋率和截面尺寸的要求。

(4) ζ 为抗扭纵筋与抗扭箍筋的配筋强度比。计算公式为

$$\zeta=\frac{f_y A_{st} s}{f_{yv} A_{st1} u_{cor}}$$

合理取值范围是：0.6≤ζ≤1.7。合理的含义是破坏时抗扭纵筋和抗扭箍筋都能达到屈服强度。

(5) 在剪扭构件中，混凝土既要承受剪力产生的剪应力，又要承受扭矩产生的剪应力，这就使得截面某个部分的混凝土承受的剪应力加大。构件的混凝土受扭承载力随着剪力的增加而减小，其混凝土受剪承载力随着扭矩的增加而减小，因此必须引入 β_t——剪扭构件的混凝土受扭承载力降低系数，来考虑混凝土剪扭承载力的这种相关关系。

β_t 的物理意义就是考虑剪扭共同作用时因为剪力的存在而使混凝土受扭承载力减小的折减系数。它的取值范围是 0.5≤β_t≤0.1，由教材式（7-23）算出 β_t 值。如计算值小于 0.5，取 0.5；如大于 1.0 取 1.0。

(6) 这种说法不正确。因为钢筋混凝土构件受扭承载力包括两部分，一部分是混凝土的受扭承载力 T_c，另一部分为抗扭钢筋的受扭承载力 T_s，β_t 只影响 T_c，而 T_s 不变。假定 $T_c=30\text{kN}\cdot\text{m}$，$T_s=70\text{kN}\cdot\text{m}$，如 $\beta_t=0.8$，则 $T_u=0.8T_c+T_s=94\text{kN}\cdot\text{m}$，而不是 $80\text{kN}\cdot\text{m}$。

(7) 要避免超筋破坏需满足下列关系

$$KT\leqslant 0.25 f_c W_t$$

如不满足，则增大截面尺寸或提高混凝土强度等级。

要避免部分超筋破坏，则需使配筋强度比 ζ 取值在 0.6 和 1.7 之间。

(8) 先按受弯构件算出纵向受力钢筋面积 A_s 及 A_s'，再按剪扭构件算出所需抗扭纵筋总面积 A_{st}，对一般截面尺寸的构件，可把 A_{st} 分为三等分。假定受拉区在构件底部，则在底部配置（$A_s+A_{st}/3$），中部配 $A_{st}/3$，上部配（$A_s'+A_{st}/3$）。

按剪扭构件计算抗剪所需单位梁长箍筋单肢面积为 A_{sv}/ns，抗扭所需单位梁长抗扭箍筋单肢面积为 A_{st1}/s，则单位梁长所需总箍筋单肢面积为 $A_{sv1}/s=A_{sv}/(ns)+A_{st1}/s$。按 A_{sv1}/s 来选择箍筋直径和间距。

(9) 纯扭构件的箍筋不应采用四肢箍筋，因为抗扭箍筋必须沿截面周边布置才起作用，内部两肢箍筋不起抗扭作用。

(10) 规范采用的弯、剪、扭构件计算方法有下列原则：①弯、扭独立；②剪、扭相关；③一定条件下简化。具体的按如下进行：

1) 按教材式（7-28）计算，防止发生超筋破坏。

2) 按教材式（7-29）验算是否对构件进行剪扭承载力计算。

3) 按教材式（7-30）验算是否可忽略剪力影响。如可忽略，则按受弯构件的正截面受弯和纯扭构件的受扭进行承载力计算。

4) 按教材式（7-31）验算是否可忽略扭矩的影响。如可忽略，则按普通受弯构件的正截面受弯和斜截面受剪分别进行承载力计算。

5) 如必须按弯、剪、扭构件设计，则按受弯构件正截面计算确定 A_s 和 A_s'，按剪扭

构件计算确定 A_{st}，统一配置纵向受力钢筋［受拉区配（$A_s+A_{st}/3$），中部配 $A_{st}/3$，受压区配（$A'_s+A_{st}/3$）］；按剪扭构件确定所需抗剪箍筋和抗扭箍筋，合起来统一配置箍筋。

6）最后验算最小配筋率的要求。

（11）先把 T 形和 I 形截面在保证腹板完整性的条件下分成若干独立的小矩形，计算各部分的 W_{ti}，总的 $W_t=\sum W_{ti}$，再按 W_{ti} 分配扭矩 T，每部分所承担扭矩为 $T_i=T\ (W_{ti}/W_t)$。然后再分别独立进行各小块矩形截面所需抗扭钢筋计算。

第 8 章　钢筋混凝土构件正常使用极限状态验算

1. 填充题

（1）承载能力　正常使用　抗裂　裂缝宽度　变形

（2）1～2

（3）标准　设计

（4）轴心受拉　小偏心受拉

（5）极限拉应变　裂缝

（6）f_t　$\varepsilon_{t\max}$　α_E　6.6～7.8

（7）20～30　构件截面尺寸　混凝土抗拉强度　钢纤维　预应力混凝土

（8）弹性模量　$A_c+\alpha_E A_s$　$A_c+\alpha_E A_s+\alpha_E A'_s$

（9）外力荷载　非荷载因素

（10）初期　两周　一个月　三个月　两年

（11）伸缩缝　水泥　水灰比　水泥　配筋率　摩擦　构造钢筋　潮湿

（12）0.55

（13）0.55

（14）塑性　常数　削弱　减小　常数　降低

（15）抗硫酸盐　大坝　硅酸盐　引气剂　火山灰质硅酸盐　活性氧化硅

（16）密实性　抗渗性

（17）高　多　好　高　多　高　大　多　0.3　0.45

（18）碳化　锈蚀

（19）碳化

（20）锈胀　顺筋裂缝　剥落　降低　耐久性

2. 单项选择题

（1）B　A　（2）D　（3）D　（4）B　（5）B　（6）A　（7）C　（8）E

3. 多项选择题

（1）AD　BCEF　BE　（2）BCDF　（3）ACDEF　（4）CD　（5）CD

4. 问答题

（1）当截面尺寸过大，按承载能力计算得出的受拉钢筋配筋率小于最小配筋率时，配筋量由最小配筋率确定，不再由承载力控制；当按承载力计算得出的配筋量不能满足裂缝宽度验算的要求，必须增加配筋量以降低钢筋应力满足裂缝宽度要求时，配筋量也不再由承载力控制。

（2）在混凝土强度等级相同时，构件的抗裂能力主要与构件总的换算截面面积 A_0 有关，$A_0=A_c+\alpha_E A_s$，所以出现裂缝的先后顺序为：A ⟶B ⟶C ⟶D；

轴心受拉构件的承载力与混凝土无关，如钢筋强度不变，只取决于钢筋的用量，所以最终破坏的先后顺序为：A、C、B、D。

（3）塑性系数 γ_m 是受弯构件即将开裂前将受拉区的实际应力图形折算为直线分布的应力图形时，受拉边缘应力与混凝土抗拉强度的比值。它反映了混凝土在开裂前受拉区的塑性性质。γ_m 主要与截面形状有关，也与截面高度 h 的大小有关。

轴心受拉构件因全截面均匀受拉，所以应变梯度为零，没有塑化效果，所以其 $\gamma_{轴拉}=1.0$。偏心受压构件受压区的应变梯度最大，塑化效果最充分，所以其 $\gamma_{偏压}$ 最大。因此，它们之间的排列为：$\gamma_{轴拉}<\gamma_{偏拉}<\gamma_m<\gamma_{偏压}$。

（4）这种说法是不对的。因为“承载能力”与“正常使用”是两个不同的极限状态，它们所要求的可靠度水平是不一样的，前者是用设计值进行计算，后者则用标准值。不同的极限状态，计算时所取的应力图形也完全不同。所以一个能抗裂的钢筋混凝土构件承载能力不一定会满足要求。

（5）这是因为在裂缝截面，开裂的混凝土不再承受拉力，原先由混凝土承担的拉力就转移由钢筋承担，所以钢筋的应变有一个突变。加上原来因受拉而张紧的混凝土在裂缝出现瞬间将分别向裂缝两侧回缩，所以裂缝一出现就会有一定的宽度。

（6）垂直于钢筋的受力裂缝虽对钢筋开始锈蚀的时间早迟有一定关系，但其锈蚀只发生在裂缝所在截面的局部范围内，并对整个锈蚀过程的时间影响不大。

提高钢筋混凝土结构耐久性主要措施是设法延迟钢筋发生锈蚀的时间。因此，加大混凝土保护层厚度及增强保护层的密实性是提高构件耐久性的主要措施。

对于预应力构件中配置的直径很细的高强钢丝，受力裂缝的影响就不容忽视，因为高强钢丝一旦在裂缝处发生锈蚀，就会导致“应力腐蚀”，极易发生钢筋脆断。因此，这类预应力构件通常不允许发生裂缝。

（7）当受弯构件的截面尺寸和材料强度给定时，其正截面承载力几乎与配筋率成线性关系增长，直到配筋率很大，混凝土先被压坏（超筋破坏）时，配筋率才与承载力无关。

抗裂性主要与截面尺寸和混凝土的抗拉强度有关。配筋量的增加虽也可使折算截面面积 A_0 稍有增加，但这是极其有限的。如果截面尺寸随着配筋率的提高而减小时，则配筋率越高，抗裂性就越低。

当截面尺寸给定后，构件的刚度也随着配筋量的增加而有一定程度的增加，但增加的速度比承载力增加的速度要缓慢得多。

（8）增加配筋量、提高混凝土的强度等级、增多受压钢筋等都能提高受弯构件的刚度，但最主要的措施是加大截面尺寸（特别是高度）。

（9）在裂缝未出现前，受拉区由钢筋和混凝土共同受力。在等弯矩段，沿构件轴向各截面的钢筋应力和混凝土应力大体上保持均等。

当第一条裂缝出现时，裂缝截面的混凝土不再受力，拉应力降为零；而钢筋应力则有一突增。原来受拉张紧的混凝土一旦开裂，就会向裂缝两边回缩，但因受到钢筋与混凝土之间的粘结作用，混凝土不能一下子自由回缩到完全放松的无应力状态。离开裂缝越远，混凝土保持的拉应力越大。当拉应力达到混凝土的实际抗拉强度时，又将出现第二条裂缝。

当第二条裂缝出现时，该截面的混凝土应力又下降为零，钢筋应力则又突增，所以，钢筋和混凝土的应力，沿构件纵轴方向，是呈现波浪形的起伏的。如教材图 8-12、图 8-13 所示。

（10）因为混凝土具有一定的塑性性质，同时，裂缝的产生与发展，将削弱混凝土截面，使截面的惯性矩不再保持为常值。因此，随着荷载的增加，钢筋混凝土梁的刚度将逐渐降低。其弯矩与挠度关系曲线（$M-f$ 图）如教材图 8-21 所示，它与弹性体的直线不同，大体可分为三个阶段：①裂缝出现前（阶段Ⅰ），$M-f$ 曲线与弹性体的直线 OA 非常接近；②裂缝出现后（阶段Ⅱ），$M-f$ 曲线出现明显转折，并随着荷载的增加，裂缝不断扩展，截面刚度逐渐降低，$M-f$ 曲线偏离直线的程度也越大；③当受拉钢筋屈服时（阶段Ⅲ），$M-f$ 曲线又出现第二个转折，此时截面刚度急剧降低，挠度剧增。

（11）在水工规范中，求解 B_s 时，公式中的配筋率 ρ 的取值原则是：①对简支梁可取跨中截面的配筋率；②对悬臂梁可取支座截面的配筋率；③对等截面连续梁可取跨中截面和支座截面的配筋率的平均值。

这是以弯矩最大的截面的刚度（也是最小刚度）作为构件的刚度，以此刚度计算挠度当然是偏于安全的，计算的结果与实测挠度相差很小。

（12）水工规范的短期刚度 B_s 公式是一个简化公式，它没能把正常使用阶段的钢筋应力 σ_s 的大小反映出来，而 σ_s 的大小会影响裂缝开展的程度，当然也影响构件刚度的大小。这是公式的不足之处。在实用上，它的优点是计算十分方便。

（13）鉴于弹性地基上的梁、板及围岩中的衬砌结构，在内力计算时一般不考虑混凝土开裂后刚度降低引起的内力重分布，用规范公式计算的裂缝宽度显然过大，与实际情况不符。但对于上述构件，如能考虑混凝土开裂后的内力重分布，也可以用规范公式计算裂缝宽度。

（14）水电站厂房吊车梁上的轮压标准值（最大起重量），只在水轮发电机组安装或大修时才会出现，即这种荷载组合产生的裂缝宽度只在短暂时间内发生，卸载后裂缝会大部分闭合，对结构的耐久性并不会产生太大的影响。因此，对于按照不经常出现的荷载标准值计算的各种构件，可将教材式（8-29）计算得到的 w_{max} 乘以一个小于 1 的系数。对于吊车梁，该系数可取为 0.85。

第 9 章　钢筋混凝土肋形结构及刚架结构

1. 填充题

（1）6%　长跨　两个

（2）$l_2/l_1 \geqslant 3$　短跨 l_1　短跨　单向板　$l_2/l_1 \leqslant 2$　两个　两个　双向板

（3）50%～70%

（4）4～6m　5～8m　1/18～1/12　1/15～1/10　1/2～1/3
1.7～2.5m　3.0m　80～120mm　1/40　1/35　1/12

（5）转动约束　降低了　大　恒载　活载　折算

(6) $l_0=1.1l_n$　$l_0=1.05l_n$　l_n

(7) 五　三　五　三　10%　平均值　计算　1.5

(8) 本跨　隔跨　本跨　邻跨　隔跨　左右两跨　隔跨　最大负弯矩

(9) 破坏　一次　破坏

(10) 极限承载力M_u　单向　反向　M_u　有限　配筋率ρ　极限压应变ε_{cu}　越大　无限制地　极限　塑性铰区

(11) $0.10\leqslant\xi\leqslant0.35$　C20～C45　0.25　75%　1.02　$M_0/3$　20%　1.05　$0.3f_t/f_{yv}$

(12) 较高　较大　动力　重复　不允许　严格　侵蚀　预应力　二次受力　较高

(13) 20%　构造　受剪　剪力　腹筋

(14) 负　拉　压　矩形　正　T形

(15) 下　60　80

(16) 8　200　5　直角　板底

(17) 15%　250　6

(18) 1/5　$l_1/4$　1/3　ф8@200　ф8@200　1/3　5ф8　1/4

(19) 斜向　附加横向　箍　吊

(20) 45°　三角形　梯形

(21) 固接　铰接

(22) 最大　低

(23) 剪切　抗拉　降低　纵向受力钢筋　箍筋　混凝土　全高

(24) HRB335　HRB400　竖向力　1/2　2　12

(25) 杯形

2. 单项选择题

(1) B　(2) C　(3) D　(4) C　(5) D　(6) B　(7) B　(8) C　(9) C

(10) D　(11) B　(12) C　(13) B　(14) C　(15) C　(16) D　(17) D

3. 多项选择题

(1) AB　(2) ABD　(3) ABC　(4) ABC　(5) AB　(6) ABD

4. 问答题

(1) 钢筋混凝土楼盖结构按其施工方法可分现浇整体式、装配式、装配整体式三种型式。

1) 现浇整体式钢筋混凝土梁、板结构具有整体刚性好、抗震性强、防水性能好等优点，缺点是模板用量较多、现场工作量大，且工期较长。

2) 装配式钢筋混凝土楼盖，楼板采用混凝土预制构件，便于工业化生产，有节约劳动力、加快施工速度等优点，但结构整体性、抗震性、防水性较差。

3) 装配整体式钢筋混凝土楼盖的整体性比装配式楼盖好，又较整体现浇式节省模板和支撑。但这种楼盖要二次浇灌混凝土，有时还需增加焊接工作量，故对施工进度和造价都带来一些不利影响。

(2) 在设计中仅考虑在短边方向的受弯，对于长边方向的受弯只作局部的构造处理，这种板叫做“单向板”。而在设计中必须考虑长向与短向两向受弯的板叫做“双向板”。对于四边均有支承的板，当梁格布置使板的长、短跨之比 $l_2/l_1 \geqslant 3$ 时，则板上荷载绝大部分沿短跨 l_1 方向传到次梁上，因此，可仅考虑板在短跨方向受力，故称为单向板；当梁格布置使板的长、短跨之比 $l_2/l_1 \leqslant 2$ 时，则板上荷载将沿两个方向传到四边的支承梁上，计算时应考虑两个方向受力，故这种板称为双向板。当 $2 < l_2/l_1 < 3$ 时，宜按双向板计算；当将其作为沿短跨方向受力的单向板计算时，则应沿长跨方向配置足够数量的构造钢筋。

（3）单向板肋形楼盖的设计步骤一般是：

1）选择结构布置方案；

2）确定结构计算简图并进行荷载计算；

3）板、次梁、主梁分别进行内力计算；

4）板、次梁、主梁分别进行截面配筋计算；

5）根据计算和构造要求绘制楼盖结构施工图。

（4）在单向板肋形楼盖中，荷载的传递路线是：板→次梁→主梁→柱或墙，也就是说，板的支座为次梁，次梁的支座为主梁，主梁的支座为柱或墙。由于板、次梁和主梁整体浇筑在一起，因此楼盖中的板和梁往往形成多跨连续结构，在计算上和构造上与单跨简支板、梁均有较大区别，这也是现浇楼盖在设计和施工中必须注意的一个重要特点。

（5）连续梁、板的计算简图，主要应解决支座简化、计算跨数和计算跨度三个问题。

1）支座简化：对于板和次梁，不论其支座是砌体还是现浇的钢筋混凝土梁，均可简化成铰支座。梁板能自由转动，支座无沉降。主梁可支承于砖柱上，也可与钢筋混凝土柱现浇在一起。对于前者，可视为铰支承；对于后者，应根据梁和柱的抗弯线刚度的比值而定，如果梁比柱的线刚度大很多（如大于 5），仍可将主梁视为铰支于钢筋混凝土柱上的连续梁进行计算，否则应按刚架结构设计主梁。

2）计算跨数：对于等刚度、等跨度的连续梁、板，当实际跨数超过五跨时，可简化为五跨计算，即所有中间跨的内力和配筋均按第三跨处理；当梁、板的跨数少于五跨时，则按实际跨数计算。

3）计算跨度：计算弯矩用的计算跨度 l_0，一般取支座中心线间的距离 l_c；当支座宽度 b 较大时，按下列数值采用：

板：当 $b > 0.1l_c$ 时，取 $l_0 = 1.1l_n$；

梁：当 $b > 0.05l_c$ 时，取 $l_0 = 1.05l_n$。

其中，l_n 为净跨度；b 为支座宽度。

计算剪力时，计算跨度取为 l_n。

（6）最不利荷载布置目的是为了求板梁截面的最不利内力。在楼盖的荷载中，永久荷载是一直存在的不变荷载，楼面活荷载则是可变的，它有可能出现，也有可能不出现，或仅在连续板梁的某几跨出现。对单跨梁，很明显活荷载全跨布满时梁的内力（M 和 V）最大。然而对于多跨连续板梁则并不是活荷载在所有跨同时布满时板梁的内力最不利，而是当某些跨布满活荷载时引起梁上某一个或几个截面出现最大内力，而在另一组活荷载分布时，另一个或几个截面的受力最不利。通常在连续板梁设计时，需要计算各跨跨间可能产生的最大正弯矩，在支座处可能产生的最大负弯矩及最大剪力。因此需要研究活荷载如何布置将使连续板梁的这些控制截面出现最不利内力的一般规律。

(7) 活荷载最不利布置的原则如下：

1) 求某跨跨中截面最大正弯矩时，应该在本跨内布置活荷载，然后隔跨布置。

2) 求某跨跨中截面最小正弯矩（或最大负弯矩）时，本跨不布置活荷载，而在相邻跨布置活荷载，然后隔跨布置。

3) 求某一支座截面最大负弯矩时，应在该支座左右两跨布置活荷载，然后隔跨布置。

4) 求某支座左、右边的最大剪力时，活荷载布置与求该支座截面最大负弯矩时的布置相同。

(8) 将恒载在各截面上产生的内力叠加上各相应截面最不利活荷载所产生的内力，便得出各截面的弯矩图和剪力图；最后将各种活荷载不利布置的弯矩图与剪力图分别叠画在同一张坐标图上，则这一叠加图的最外轮廓线就代表了任意截面在任意活荷载布置下可能出现的最大内力。最外轮廓所围的内力图称为内力包络图。作包络图的目的，是用来进行截面选择及钢筋布置。弯矩包络图用来计算和配置梁的各截面的纵向钢筋；剪力包络图则用来计算和配置箍筋及弯起钢筋。

(9) 在进行连续板梁内力计算时，一般假设板梁的支座为铰接，没有考虑次梁对板、主梁对次梁转动的约束作用，这样确定的计算简图和实际结构有差别。为了考虑支座抵抗转动的影响，目前一般采用增大恒载和相应减小活荷载的办法来处理，即以折算荷载来代替实际计算荷载。当板、梁支承在砖墙上时，则荷载不得进行折算。主梁按连续梁计算时，主梁荷载不进行折算。

(10) 在 $M-\varphi$ 曲线上接近水平的延长段即表示在 M 增加极少的情况下，截面相对转角剧增，截面产生很大的转动，好像出现一个铰一样，称之为“塑性铰”。它可以在弯矩几乎不增加的情况下继续转动。

塑性铰与结构力学中的理想铰比较，两者有以下三点主要区别：

1) 理想铰不能承受任何弯矩，塑性铰则能承受定值的弯矩 M_u；

2) 理想铰在两个方向都可产生无限的转动，而塑性铰却是单向铰，只能沿弯矩 M_u 作用方向作有限的转动；

3) 理想铰集中于一点，塑性铰则是有一定长度的。

(11) 钢筋混凝土连续梁板是超静定结构，在其加载的全过程中，由于材料的非弹性性质的发展，各截面间内力的分布规律会发生变化，这种情况称为内力重分布。钢筋混凝土超静定结构中，每形成一个塑性铰，就相当于减少一次超静定次数，内力发生一次较大的重分布。塑性铰的形成会改变结构的传力性能，所以超静定结构的内力重分布很大程度上来自于塑性铰形成到结构破坏这个阶段。

(12) 所谓调幅法，是调整（一般降低）按弹性理论计算得到的某些截面的最大弯矩值。然后，按调整后的内力进行截面设计和配筋构造，是一种实用的设计方法。控制弯矩调幅值，在一般情况下不超过按弹性理论计算所得弯矩值的25%。因为调幅过大，则塑性铰出现得比较早，塑性铰产生很大的转动，会使裂缝开展过宽，挠度过大而影响使用。

(13) 为了使塑性内力重分布过程得以充分发挥，必须保证在调幅截面形成的塑性铰具有足够的转动能力。其塑性铰的转动能力主要与配筋率有关，而配筋率可由混凝土的受压区高度来反映。即要求调幅截面的相对受压区高度 $\xi=x/h_0\leqslant0.35$。亦即要求截面相对受压区高度 ξ 不能太大，ξ 愈大，截面塑性铰转动能力就愈小。

（14）对弯矩进行调幅时，应遵循以下几个原则：

1）为保证先形成的塑性铰具有足够的转动能力，必须限制截面的配筋率，即要求调幅截面的相对受压区高度 $0.10\leqslant\xi\leqslant0.35$。同时宜采用塑性较好的 HPB235、HRB335 和 HRB400 热轧钢筋，混凝土强度等级宜在 C20～C45 范围内。

2）为防止塑性铰过早出现而使裂缝过宽，截面的弯矩调幅系数 β 不宜超过 0.25，即调整后的截面弯矩不宜小于按弹性方法计算所得弯矩的 75%。

3）弯矩调幅后，板梁各跨两支座弯矩平均值的绝对值与跨中弯矩之和，不应小于按简支梁计算的跨中最大弯矩 M_0 的 1.02 倍，各控制截面的弯矩值不宜小于 $M_0/3$，以保证结构在形成破坏机构前能达到设计要求的承载力。

4）为了保证结构在实现弯矩调幅所要求的内力重分布之前不发生剪切破坏，连续梁在下列区段内应将计算得到的箍筋用量增大 20%。对集中荷载，取支座边至最近集中荷载之间的区段；对均布荷载，取支座边至距支座边 $1.05h_0$ 的区段，其中 h_0 为梁的有效高度。此外，还要求配箍率 $\rho_{sv}\geqslant0.3f_t/f_{yv}$，其中 f_t 为混凝土轴心抗拉强度设计值，f_{yv} 为箍筋抗拉强度设计值。

（15）采用内力重分布的计算方法，可以使结构内力分析和截面的承载力计算协调一致；可以更符合实际地估算构件的承载力和使用阶段的变形及裂缝宽度；调低支座弯矩，尤其是第二支座的弯矩调低后，支座负钢筋将减少，这对保证支座截面的混凝土浇捣质量非常有利。而且，在设计中考虑塑性内力重分布的方法，由于利用了塑性铰出现后的强度储备，也比用弹性方法设计节省材料，具有很多合理性和优越性，但是也不可避免地会导致在正常使用状态下构件的变形较大，钢筋应力较高、裂缝宽度也较宽。因此对下列结构在承载力计算时，不应考虑塑性内力重分布，而应按弹性理论方法计算其内力：

1）直接承受动力荷载和重复荷载的结构；

2）在使用阶段不允许有裂缝产生或对裂缝开展及变形有严格要求的结构；

3）处于侵蚀环境中的结构；

4）预应力结构和二次受力的叠合结构；

5）要求有较高安全储备的结构。

（16）1）分布钢筋：单向板除在受力方向配置受力钢筋外，还要在垂直于受力钢筋长跨方向配置分布钢筋，其作用是：抵抗混凝土收缩和温度变化所引起的内力；浇捣混凝土时，固定受力钢筋的位置；将板上作用的局部荷载分散在较大宽度上，以使更多的受力钢筋参与工作；对四边支承的单向板，可承受在计算中没有考虑的长跨方向上实际存在的弯矩。

2）嵌入墙内的板其板面的附加钢筋：嵌固在承重墙内的板，由于砖墙的约束作用，板在墙边会产生一定的负弯矩，因此会在墙边沿支承方向板面上产生裂缝；对两边嵌固在墙内的板角处，除因传递荷载使板两向受力而引起负弯矩外，还由于收缩和温度影响而产生板角拉应力，引起板面产生与边缘成 45°的斜裂缝。为了防止上述裂缝，对嵌固在承重砖墙内的现浇板，在板的上部应配置构造钢筋。

3）垂直于主梁的板面附加钢筋：在单向板中，虽然板上荷载基本上沿短跨方向传给次梁，但在主梁附近，部分荷载将由板直接传给主梁，而在主梁边缘附近沿长跨方向产生负弯矩，因此需在板与主梁相接处沿与主梁垂直方向的板面上部配置附加钢筋。

4）在温度、收缩应力较大的现浇板区域内，布置必要的构造钢筋，并应在板的未配筋表面布置温度收缩钢筋。

5）在水电站厂房的楼板上，由于使用要求往往要开设一些孔洞，这些孔洞削弱了板的整体作用，因此在洞口周围应布置钢筋予以加强。

（17）1）主梁除自重和直接作用在主梁上的荷载外，主要承受由次梁传来的集中荷载，计算时，可不考虑次梁的连续性，为简化计算，可将主梁的自重折算成集中荷载计算。

2）截面设计时与次梁相同，跨中正弯矩按T形截面计算，支座负弯矩则按矩形截面计算。

3）主梁是比较重要的构件，需要有较大的强度储备，内力计算一般按弹性方法，并要求在使用荷载作用下，挠度及裂缝开展不宜过大。

4）在主梁支座处，次梁与主梁支座负弯矩钢筋相互交叉，通常次梁负弯矩钢筋放在主梁负弯矩钢筋上面，因此计算主梁支座负弯矩钢筋时，其截面有效高度取：单层钢筋时，$h_0=h-60\text{mm}$，双层钢筋时，$h_0=h-80\text{mm}$。

（18）按弹性理论计算连续板梁的内力时，若板梁与支座整浇，其计算跨度一般取支座中心线间的距离，因而其支座最大负弯矩将发生在支座中心处，但该处截面尺寸较大，而支座边界处虽然弯矩减小，但截面高度却较支座中心要小得多，危险截面是在支座边缘处，故在实际计算连续板梁的支座截面钢筋时应取支座边缘处的弯矩。

如果板、梁直接搁置在墩墙上时，则不存在上述支座弯矩的削减问题。

（19）在次梁与主梁相交处，次梁传来的集中荷载通过其受压区的剪切传至主梁的腹中部分。此集中荷载将产生与梁轴垂直的局部应力，荷载作用点以上为拉应力，荷载作用点以下则为压应力，此局部应力在荷载两侧0.5～0.65倍梁高范围内逐渐消失，由该局部应力产生的主拉应力将在梁腹引起斜裂缝，为防止这种斜裂缝引起的局部破坏，应在主梁承受次梁传来的集中力处设置附加横向钢筋（箍筋或吊筋），将上述的集中荷载有效地传递到主梁的上部受压区域。

（20）承受均布荷载的连续双向板，可简化为单块双向板，利用教材附录10表格进行计算。其跨中及支座弯矩可按如下简化方式计算：

1）求跨中最大弯矩。与单向板肋形楼盖相似，应考虑活荷载的最不利布置。当求某跨跨中最大弯矩时，应在该跨布置活载，然后在其左右前后每隔一区格布置活载，通常称为棋盘形荷载布置，如附图9-1（a）所示。附图9-1（b）表示1—1剖面中第二跨、第四跨区格产生最大跨中弯矩时的最不利荷载布置。

为了能利用单跨双向板的计算表格，可将附图9-1（b）所示的最不利荷载布置情况，分解为布满各跨的荷载（为对称荷载）$q'=g+p/2$［附图9-1（c）］和向下作用与向上作用逐跨交替布置的荷载（为反对称荷载）$q''=\pm p/2$［附图9-1（d）］。图（c）和图（d）叠加与图（b）等效。

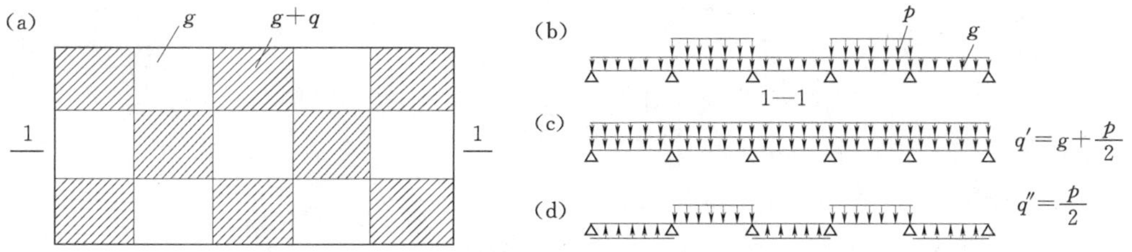

附图 9-1　双向板跨中弯矩的最不利活荷载布置

在对称荷载 q' 作用下，板在中间支座处基本上没有转动，可近似地认为板的中间支座均为固定支座。这样就可根据每块板四边支承的情况（如中间区格为四边固定；若边支座为简支，则边区格为三边固定一边简支，角区格为两邻边固定，两邻边简支），按单块双向板利用教材附录 10 计算两个方向的跨中弯矩 M_x' 及 M_y'。

在反对称荷载 q'' 作用下，支座弯矩很小，基本上等于零，可近似地认为板的中间支座均为简支。这样就可按单块四边简支双向板，按教材附录 10 求得两个方向的跨中弯矩 M_x'' 及 M_y''。

最后，将上述两种情况求得的弯矩相叠加，便可得到在活荷载最不利布置下板的跨中最大弯矩。

2）求支座最大弯矩。近似地假定全板各区格均满布（$g+p$）时求得的支座弯矩即为支座最大弯矩。这样，所有中间支座均可视为固定支座，边支座则按实际情况考虑，然后可利用单块板弯矩系数求得支座弯矩。若相邻两块板的支座情况不同（如一个是四边固定，另一个是三边固定一边简支的板）或计算跨度不相等时，则支座弯矩可取两边板计算结果的平均值。

第 10 章　预应力混凝土结构

1. 填充题

（1）0.20～0.30　150～200　不合理　充分利用

（2）压力　预压　拉应力　推迟出现　不出现　过宽

（3）高强度　30%～50%　大跨度　刚度　总挠度　裂缝

（4）严格　不应　一般　不超过　允许出现　限值　全预应力　部分预应力

（5）有粘结　无粘结

（6）粘结强度　变形　先张法　后张灌浆

（7）张拉钢筋　张拉　锚固　弹性回缩　压力　先张法　后张法

（8）粘结力

（9）锚具

（10）强度　粘结力　塑性　加工性能　钢丝　钢绞线　钢丝束　螺纹钢筋　钢棒

（11）强度　收缩　徐变　快硬　早强　C30　C40

（12）标准值

（13）大

(14) 块数

(15) 松弛

(16) 40%～50%　高强度等级　水泥　水灰比　密实　养护

(17) 预压前　预压后　$\sigma_{l\text{I}}+\sigma_{l\text{II}}$

(18) 先张法：$\sigma_{l\text{I}}=\sigma_{l1}+\sigma_{l2}+\sigma_{l3}+\sigma_{l4}$　$\sigma_{l\text{II}}=\sigma_{l5}$　$\sigma_l=\sigma_{l\text{I}}+\sigma_{l\text{II}}$

后张法：$\sigma_{l\text{I}}=\sigma_{l1}+\sigma_{l2}$　$\sigma_{l\text{II}}=\sigma_{l4}+\sigma_{l5}+\sigma_{l6}$　$\sigma_l=\sigma_{l\text{I}}+\sigma_{l\text{II}}$

(19) 100　80

(20) 有效预拉　有效预压　压　拉

(21) 消压　消压　N_0

(22) 压　拉　受压　拉

(23) 承载力　抗裂　裂缝宽度　承载力　局部受压承载力

(24) 75%

(25) 方格网式　螺旋式　横向变形　局部受压

(26) 预应力钢筋 A_p'　上部开裂　A_s　A_s'　预应力　延性　受力　裂缝宽度

(27) 拉　预压　受拉　其他部位

(28) 预应力　非预应力　压碎　极限承载力　非预应力　预应力　拉　压　不可能

(29) 推迟　增强　延缓　加大　高

(30) 外荷载　预压应力　抵消　小

2. 选择题

(1) B　(2) B　(3) A　(4) D　(5) D　(6) A　(7) B　(8) A

(9) A　(10) C　(11) A　(12) C　(13) A　(14) A　(15) B　(16) C

(17) C　(18) C　(19) B　(20) A　(21) B　(22) A　(23) A　(24) C

(25) B　(26) C　(27) B

3. 问答题

(1) 预应力混凝土结构是在外荷载作用之前，先对混凝土预加压力，造成人为的应力状态。它所产生的预压应力能抵消外荷载所引起的部分或全部拉应力，达到能使裂缝推迟出现或根本不发生的目的。所以就有可能利用高强度钢材，提高经济指标。预应力混凝土与普通钢筋混凝土比较，可节省钢材 30%～50%。由于采用的材料强度高，可使截面减小、自重减轻，就有可能建造大跨度承重结构。同时因为混凝土不开裂，也就提高了构件的刚度，在预加偏心压力时又有反拱产生，从而可减少构件的总挠度。特别是由于可根本解决裂缝问题，对水工建筑物的意义尤为重大。

混凝土预压应力的大小，取决于预应力筋张拉应力的大小。由于构件在制作过程中会出现各种预应力损失，如果不采用高强度钢筋，就无法克服由于各种因素造成的预应力损失，也就不能有效地建立预应力。同时，只有高强度混凝土才能有效地承受预压应力并减小构件截面尺寸和减轻自重。特别是先张法构件，粘结强度一般是随混凝土强度等级的增加而增加。

(2) 预应力混凝土结构具有下列优点：

1) 不会过早地出现裂缝，抗裂性高，甚至可保证使用荷载下不出现裂缝，从根本上解决了裂缝问题。

2）合理有效地利用高强度钢材和混凝土，从而大大节约钢材，减轻结构自重。它比钢筋混凝土结构一般可节约钢材30%～50%，减轻结构自重达30%左右，特别在大跨度承重结构中更为经济。

3）由于混凝土不开裂或较迟开裂，故结构的刚度大，在预加应力时又产生反拱，因而结构的总变形较小。

4）扩大了钢筋混凝土结构的应用范围。由于强度高、截面小、自重轻，能建造大跨度承重结构或桥梁；由于抗裂性能好，可建造水工结构、储水结构和其他不渗漏结构，如压力容器及核电站的安全壳等；此外，抗裂性能好对于处在侵蚀性环境中的结构也是一大优点。

5）由于使用荷载下不裂或裂缝处于闭合状态，提高了结构的耐久性。

6）疲劳性能好。因为结构预先造成了人为应力状态，减小了重复荷载下钢筋应力的变化幅度，所以可提高结构承受重复荷载的能力。

7）预加应力还可作为结构的一种拼装手段和加固措施。

由于预应力混凝土结构具有上述一系列优点，所以它成为土建结构工程中应用很广的一种结构。

预应力混凝土结构的主要缺点是：

1）设计计算较复杂。

2）施工工艺复杂，对材料、设备和技术水平等的要求都比较高。

3）预应力混凝土结构的单位造价也比较高。

4）与普通钢筋混凝土结构相比，预应力混凝土结构的延性要差一些。

(3) 部分预应力混凝土是相对于全预应力混凝土而言的，它的定义是：在全部使用荷载作用下，允许受拉边的混凝土产生拉应力甚至出现宽度不大的裂缝的中等或低预应力度的混凝土结构。

可以看出，部分预应力混凝土是介于全预应力混凝土和钢筋混凝土之间的一种预应力混凝土。部分预应力混凝土有如下的一些优点：①由于部分预应力混凝土所施加的预应力比较小，可较全预应力混凝土减少预应力钢筋数量，或可用一部分中强度的非预应力钢筋来代替高强度的预应力钢筋（混合配筋），这将使总造价降低；②部分预应力混凝土可以减少过大的反拱；③从抗震的观点来说，全预应力混凝土的延性较差，而部分预应力混凝土的延性比较好。由于部分预应力混凝土有这些特点，近年来受到普遍重视。

(4) 无粘结预应力混凝土是指预应力钢筋沿其全长与混凝土接触表面之间不存在粘结作用，两者产生相对滑移。由于预应力钢筋外部有塑料套管或塑料包膜（内涂防腐和润滑用的油脂），所以不需在制作构件时预留孔道和灌浆，只要将它如同普通钢筋一样放入模板即可浇筑混凝土，而且张拉工序简单，因此施工非常方便。无粘结预应力混凝土的主要受力特征是：无粘结预应力钢筋和混凝土之间能发生纵向的相对滑动；无粘结预应力钢筋中的应力沿构件长度近似相等（如忽略摩阻力影响，则可认为是相等的）；其应变增量等于沿无粘结预应力钢筋全长周围混凝土应变变化的平均值。试验表明，无粘结预应力钢筋的钢材强度不能充分发挥，破坏时钢筋拉应力仅为有粘结预应力钢筋的70%～90%。无粘结预应力混凝土结构设计时，为了综合考虑对其结构性能的要求，必须配置一定数量的有粘结的非预应力钢筋。也就是说，无粘结预应力钢筋更适合于采用混合配筋的部分预应力混凝土。

（5）先张法是在浇捣混凝土之前在台座上张拉预应力钢筋，而后张法是在获得足够强度的混凝土结构构件上张拉预应力钢筋。可见，两者不仅在张拉钢筋的先后程序上不同，而且张拉的台座也不一样，后者是把构件本身作为台座的。

在先张法中，首先将预应力钢筋张拉到需要的程度，并临时锚固于台座上，然后浇灌混凝土，待混凝土达到一定的强度之后（约为混凝土设计强度的75%～100%），放松预应力钢筋。这时形成的钢筋和混凝土之间的粘结约束着钢筋的回缩，因而，混凝土得到了预压应力。

在后张法中，首先浇捣混凝土构件，同时在构件中预留孔道，在混凝土到达规定的设计强度之后，通过孔道穿入要张拉的预应力筋，然后利用构件本身作为台座张拉钢筋。在张拉的同时，混凝土受到压缩。张拉完毕后，构件两端都用锚具锚固住预应力筋，最后向孔道内压力灌浆。

主要区别：①施工工艺不同。先张法在浇捣混凝土之前张拉钢筋，而后张法是在混凝土结硬后在构件上张拉钢筋；②预应力传递方式不同。先张法中，预应力是靠钢筋与混凝土间的粘结力传递的；后张法主要通过构件两端的锚具传递预应力。

特点及适用范围：先张法的生产工艺比较简单，质量较易保证，不需要永久性的工作锚具，生产成本较低，台座越长，一次生产构件的数量就越多，适合工厂化成批生产中、小型预应力构件。但先张法需要台座设备，第一次投资费用较大，且只能固定在一处，不能移动。后张法不需要台座，比较灵活，构件可在现场施工，也可在工厂预制，但由于构件是一个个地进行张拉，工序较复杂，又需安装永久性的锚具，耗钢量大，成本较高。所以后张法适用于运输不便、现场成型的大型预应力混凝土构件。

（6）在预应力混凝土构件中对预应力钢筋有下列一些要求：

1）强度要高。预应力钢筋的张拉应力在构件的整个制作和使用过程中会出现各种预应力损失。这些损失的总和有时可达到200N/mm^{2}以上，如果所用的钢筋强度不高，那么张拉时所建立的应力甚至会损失殆尽。

2）与混凝土要有较好的粘结力。特别是在先张法中，预应力钢筋与混凝土之间必须有较高的粘结自锚强度。对一些高强度的光面钢丝就要经过“刻痕”、“压波”或“扭结”，使它形成刻痕钢丝、波形钢丝及扭结钢丝，增加粘结力。

3）要有足够的塑性和良好的加工性能。钢材强度越高，其塑性（拉断时的延伸率）越低。钢筋塑性太低时，特别当处于低温和冲击荷载条件下，就有可能发生脆性断裂。良好的加工性能是指焊接性能好，以及采用镦头锚板时，钢筋头部镦粗后不影响原有的力学性能等。

在预应力混凝土构件中，对混凝土有下列一些要求：

1）强度要高，以与高强度钢筋相适应，保证钢筋充分发挥作用，并能有效地减小构件截面尺寸和减轻自重。

2）收缩、徐变要小，以减少预应力损失。

3）快硬、早强，使能尽早施加预应力，加快施工进度，提高设备利用率。

预应力构件的混凝土强度等级不应低于C30；如采用碳素钢丝、钢绞线作为预应力钢筋时，则不宜低于C40级。

（7）张拉控制应力是指张拉钢筋时预应力钢筋达到的最大应力值，也就是张拉设备（如千斤顶）所控制的张拉力除以预应力钢筋面积所得的应力值，以σ_{con}表示。

设计预应力混凝土构件时，为了充分发挥预应力的优点，张拉控制应力宜尽可能地定得高一些，使混凝土获得较高的预压应力，以提高构件的抗裂性。但是，张拉控制应力也不能定得过高。定得过高，会有以下缺点：①如果σ_{con}过高，则构件出现裂缝时与破坏时所承受的荷载有时可能会很接近，即意味着构件在裂缝出现后不久就失去承载能力，这是不希望发生的；②σ_{con}如果过高，还可能发生危险。因为为了减少一部分预应力损失，张拉操作时往往要实行超张拉。由于预应力钢筋的实际强度并非每根相同，如果把σ_{con}定得过高，很可能在超张拉过程中会有个别钢筋达到或超过它的实际屈服强度（对有明显屈服点的钢筋），甚至发生断裂事故（对高强度硬钢）。因此，张拉控制应力σ_{con}应定得适当，以留有余地。

从经济方面考虑，张拉控制应力应有下限值。否则，若张拉控制应力过低，则张拉的预应力被各项预应力损失所抵消，达不到预期的抗裂效果。因此规范规定，预应力钢筋的张拉控制应力值σ_{con}不应小于$0.4f_{ptk}$。

应该指出，对同一钢种，先张法的钢筋张拉控制应力σ_{con}较后张法大一些。这是由于在先张法中，当从台座上放松钢筋使混凝土受到预压时，钢筋随着混凝土的压缩而回缩，因此在混凝土受到预压应力时，钢筋的预拉应力已经小于控制应力σ_{con}了。而对后张法来说，在张拉钢筋的同时，混凝土即受挤压，当钢筋张拉达到控制应力时，混凝上的弹性压缩也已经完成，不必考虑由于混凝土的弹性压缩而引起钢筋应力值的降低。所以，当控制应力σ_{con}相等时，后张法构件所建立的预应力值比先张法为大。

（8）1）张拉端锚具变形和钢筋内缩引起的预应力损失σ_{l1}。

不论先张法还是后张法施工，张拉端锚、夹具对构件或台座施加挤压力是通过钢筋回缩带动锚、夹具来实现的。由于预应力钢筋回弹方向与张拉时拉伸方向相反，因此，只要一卸去千斤顶后就会因预应力钢筋在锚、夹具中的滑移（内缩）和锚、夹具受挤压后的压缩变形（包括接触面间的空隙）以及采用垫板时垫板间缝隙的挤紧，使得原来拉紧的预应力钢筋发生内缩。钢筋内缩，应力就会有所降低。由此造成的预应力损失称为σ_{l1}。

由于锚固端的锚具在张拉过程中已经被挤紧，所以这种损失仅发生在张拉端。

减少此项损失的措施有：①选择锚具变形小或使预应力钢筋内缩小的锚具、夹具，尽量少用垫板，因为每增加一块垫板，张拉端锚具变形和预应力筋内缩值就将增加1mm；②增加台座长度，因为σ_{l1}与台座长度l成反比。

2）预应力筋与孔道壁之间摩擦引起的预应力损失σ_{l2}。

后张法构件在张拉预应力筋时由于钢筋与孔道壁之间的摩擦作用，使张拉端到锚固端的实际预拉应力值逐渐减小，减小的应力值即为σ_{l2}。摩擦损失包括两部分：一是由预留孔道中心与预应力筋（束）中心的偏差引起上述两种不同材料间的摩擦阻力；二是曲线配筋时由预应力筋对孔道壁的径向压力引起的摩阻力。

减少此项损失的措施有：①对于较长的构件可在两端进行张拉，则计算中的孔道长度可减少一半；②采用超张拉。

3）预应力筋与台座之间的温差引起的预应力损失 σ_{l3}。

对于先张法构件，预应力筋在常温下张拉并锚固在台座上，为了缩短生产周期，浇筑混凝土后常进行蒸汽养护。在养护的升温阶段，台座长度不变，钢筋因温度升高而伸长，因而钢筋的部分弹性变形就转化为温度变形，钢筋的拉紧程度就有所变松，张拉应力就有所减少，形成的预应力损失即为 σ_{l3}。在降温时，混凝土与钢筋已粘结成整体，能够一起回缩，由于这两种材料温度膨胀系数相近，相应的应力就不再变化。

减少此项损失的措施有：①采用二次升温养护。先在略高于常温下养护，待混凝土达到一定强度后再逐渐升高温度养护。由于混凝土未结硬前温度升高不多，预应力钢筋受热伸长很小，故预应力损失较小，而混凝土初凝后的再次升温，此时因预应力钢筋与混凝土两者的热膨胀系数相近，故即使温度较高也不会引起应力损失。②在钢模上张拉预应力钢筋。由于预应力钢筋是锚固在钢模上的，升温时两者温度相同，可以不考虑此项损失。

4）预应力钢筋应力松弛引起的预应力损失 σ_{l4}。

钢筋在高应力作用下，变形具有随时间而增长的特性。当钢筋长度保持不变（由于先张法台座或后张法构件长度不变）时，则应力会随时间增长而降低，这种现象称为钢筋的松弛。钢筋应力松弛使预应力值降低，造成的预应力损失称为 σ_{l4}。

减少此项损失的措施有：①超张拉；②采用低松弛损失的钢材。

5）混凝土收缩和徐变引起的预应力损失 σ_{l5}。

预应力构件由于在混凝土收缩（混凝土结硬过程中体积随时间增加而减小）和徐变（在预应力钢筋回弹压力的持久作用下，混凝土压应变随时间增加而增加）的综合影响下长度缩短，使预应力钢筋也随之回缩，从而引起预应力损失。混凝土的收缩和徐变引起预应力损失的现象是类似的，为了简化计算，将此两项预应力损失合并考虑，即为 σ_{l5}。

减少此项损失的措施有：①采用高强度等级水泥，减少水泥用量，降低水灰比；②振捣密实，加强养护；③控制混凝土的预压应力 σ_{pc}、σ'_{pc} 值不超过 $0.5f'_{cu}$（f'_{cu} 为施加预应力时的混凝土立方体抗压强度）。

6）螺旋式预应力钢丝（或钢筋）挤压混凝土引起的预应力损失 σ_{l6}。

环形结构构件的混凝土被螺旋式预应力钢筋箍紧，混凝土受预应力钢筋的挤压会发生局部压陷，构件直径将减少，使得预应力钢筋回缩，引起的预应力损失称为 σ_{l6}。环形构件直径越小，压陷变形的影响越大，预应力损失也就越大。当结构直径大于 3m 时，损失就可不计。

对先张法预应力构件通常发生的应力损失为：锚具变形与钢筋内缩损失 σ_{l1}，折线配筋时孔道摩擦损失 σ_{l2}，温差损失 σ_{l3}，钢筋的松弛损失 σ_{l4}，混凝土的收缩和徐变损失 σ_{l5}。对后张法构件发生的应力损失包括：锚具变形与钢筋内缩损失 σ_{l1}，孔道摩擦损失 σ_{l2}，钢筋的松弛损失 σ_{l4}，混凝土的收缩和徐变损失 σ_{l5}，用螺旋式预应力钢筋作配筋的环形构件，当直径 $D\leqslant 3$m 时，因混凝土局部挤压而引起的损失 σ_{l6}。

（9）各项预应力损失并不同时发生，而是按不同张拉方式分阶段发生的。通常把在混凝土预压前出现的损失称为第一批预应力损失 $\sigma_{l\mathrm{I}}$（先张法指放张前，后张法指卸去千斤顶前的损失)；混凝土预压后出现的损失称为第二批预应力损失 $\sigma_{l\text{Ⅱ}}$。总的损失 $\sigma_l=\sigma_{l\text{Ⅰ}}+\sigma_{l\text{Ⅱ}}$。各批的预应力损失值的组合见附表 10－1。

附表 10－1　　各阶段预应力损失值的组合

项次	预应力损失值的组合	先张法构件	后张法构件
1	混凝土预压前（第一批）的损失	$\sigma_{l1}+\sigma_{l2}+\sigma_{l3}+\sigma_{l4}$	$\sigma_{l1}+\sigma_{l2}$
2	混凝土预压后（第二批）的损失	σ_{l5}	$\sigma_{l4}+\sigma_{l5}+\sigma_{l6}$

注　先张法构件第一批损失值计入 σ_{l2} 是指有折线式配筋的情况。

(10) 从台座（或钢模）上放松预应力钢筋（即放张），混凝土受到预应力钢筋回弹力的挤压而产生预压应力。混凝土受压后产生压缩变形 $\sigma_{pc\text{Ⅰ}}/E_c$。钢筋因与混凝土粘结在一起也随之回缩同样数值。按弹性压缩应变协调关系可得到非预应力钢筋和预应力钢筋均产生压应力 $\alpha_E\sigma_{pc\text{Ⅰ}}$（$\varepsilon_cE_s=\sigma_{pc\text{Ⅰ}}E_s/E_c=\alpha_E\sigma_{pc\text{Ⅰ}}$，$\alpha_E=E_s/E_c$，称为换算比，即钢筋与混凝土两者弹性模量之比)。所以，预应力钢筋的拉应力将进一步减少 $\alpha_E\sigma_{pc\text{Ⅰ}}$。混凝土受压缩后，随着时间的增长又发生收缩和徐变，使预应力钢筋产生了第二批应力损失，在预应力损失全部出现后，预应力钢筋的拉应力又进一步减少 $\alpha_E\sigma_{pc\text{Ⅱ}}$。

(11) 完成全部预应力损失后混凝土所受预压应力，称为混凝土有效预应力。

在施工阶段，$\sigma_{pc\text{Ⅱ}}$ 的计算公式，先张法和后张法的形式基本相同，只是 σ_l 的具体计算值不同；同时在计算公式中，先张法构件用换算截面面积 A_0，而后张法构件用净截面面积 A_n。如果采用相同的 σ_{con}，其他条件也相同，由于 $A_0>A_n$，则后张法构件的有效预压应力值 $\sigma_{pc\text{Ⅱ}}$ 要高些。

(12) 具体见教材表 10－6。

(13) A_n 为构件截面中不包括预应力钢筋截面面积在内的净截面面积。当配有非预应力钢筋时，则 A_n 中应包括非预应力钢筋的换算截面面积，即 $A_n=A_c+\alpha_EA_s$。此式中 $A_c=A-A_s-A_{孔道}$。A_0 为构件的换算截面面积，即构件净截面面积加上预应力钢筋的换算截面面积，$A_0=A_n+\alpha_EA_p$。

由混凝土预压应力 σ_{pc} 公式推导过程可知，先张法构件在预压前（放松钢筋前）混凝土与预应力钢筋已产生粘结，在预压过程中预应力钢筋与混凝土同时发生压应变，共同承受预压力，因此，应将预应力钢筋换算成混凝土，用 A_0 计算施工过程各阶段的混凝土预压力 σ_{pc}。对于后张法构件，由于构件预压时，混凝土与预应力钢筋无粘结。在张拉（预压）过程中，仅由混凝土以及非预应力钢筋承受预压力。因此，对后张法构件采用净截面面积 A_n 计算施工阶段的混凝土预压应力 σ_{pc}。

计算后张法构件外荷载产生的应力时，由于孔道已经灌浆，预应力筋与混凝土共同变形，所以与先张法相同，截面应取用换算截面面积 A_0。

(14) 受弯构件截面受压区内的预应力钢筋，在施工张拉阶段的预拉应力很高，在外荷载作用下拉应力逐渐减小，当构件破坏时，多数情况下仍为拉应力。因此，这将降低受弯构件的承载力，但降低的幅度是不大的。同时，在受压区设置预应力钢筋还会降低正截面抗裂度，因此，只有在单面配置预应力钢筋可能引起预拉区（即受压区）出现过大裂缝的构件中，才对受压区（预拉区）配置预应力钢筋。

受拉、压区设置非预应力钢筋 A_s 和 A'_s 的作用是：适当减少预应力钢筋的数量，增加构件的延性，满足施工、运输和吊装各阶段的受力及控制裂缝宽度的需要。

（15）对于预应力混凝土受弯构件，相对界限受压区计算高度 ξ_b 和普通钢筋混凝土受弯构件类似，仍由平截面假定求得。所不同的是，当受拉区预应力钢筋 A_p 的合力点处混凝土法向应力为零时，预应力钢筋中已存在拉应力 σ_{p0}，相应的应变为 $\varepsilon_{p0}=\sigma_{p0}/E_s$。从 A_p 合力点处的混凝土应力为零到界限破坏，预应力筋的应力增加了（$f_{py}-\sigma_{p0}$），相应的应变增量为（$f_{py}-\sigma_{p0}$）$/E_s$。在 A_p 的应力达到 f_{py} 时，受压区边缘混凝土应变也同时达到极限压应变 $\varepsilon_{cu}=0.0033$。根据平截面假定，由应变图形的几何关系，可写出

$$\xi_b=\frac{0.8}{1+\dfrac{f_{py}-\sigma_{p0}}{0.0033E_s}}$$

可以看出，与普通钢筋混凝土受弯构件明显不同的是，预应力构件的 ξ_b 除与钢材性质有关外，还与预应力值 σ_{p0} 大小有关。

对无明显屈服点钢筋（钢丝和钢绞线），因钢筋达到“协定流限”（$\sigma_{0.2}$）时的应变为 $\varepsilon_{py}=0.002+f_{py}/E_s$。故上式应改为

$$\xi_b=\frac{0.8}{1.6+\dfrac{f_{py}-\sigma_{p0}}{0.0033E_s}}$$

（16）预应力受弯构件正截面受弯承载力计算的基本公式的适用条件是：$x\leqslant 0.85\xi_b h_0$；$x\geqslant 2a'$。前一条件是防止发生超筋破坏，因为超筋破坏时受压区混凝土在受拉区预应力钢筋的应力达到屈服强度之前就先被压碎使构件破坏，与普通钢筋混凝土受弯构件同样属于脆性破坏，所以在设计中应当避免。后一条件是可以保证当加荷至受压区边缘混凝土应变达到极限压应变 ε_{cu}（$=0.0033$）时，受压区钢筋处混凝土的压应变可达到 ε'_c（$=0.002$）。

（17）由于混凝土的预压应力和剪应力的复合作用可使斜裂缝的出现推迟，骨料咬合力增强，裂缝开展延缓，剪压区混凝土高度加大。因此，预应力混凝土构件斜截面受剪承载力比钢筋混凝土构件要高。与普通钢筋混凝土梁斜截面受剪承载力计算公式相比较，增加了两项：一是由预压应力所提高的受剪承载力 V_p；二是由预应力曲线（弯起）钢筋所提供的受剪承载力 V_{pb}。公式中其他各项均与普通钢筋混凝土梁斜截面受剪承载力的计算公式相同。

当 N_{p0} 引起的截面弯矩与外荷载产生的弯矩方向相同时，以及允许出现裂缝的预应力混凝土构件，均取 $V_p=0$。

（18）先张法预应力混凝土受弯构件如采用刻痕钢丝或钢绞线作为预应力钢筋并对端部进行斜截面受剪承载力计算以及正截面、斜截面抗裂验算时，应计入预应力钢筋在其预应力传递长度 l_{tr} 范围内实际应力值的变化。按照粘结滑移关系，在构件端部，预应力钢筋和混凝土的有效预应力值均为零。通过一段 l_{tr} 长度上粘结应力的积累以后两者应变相等时，应力才由零逐步分别达到 σ_{pe} 和 σ_{pc}（如采用骤然放松的张拉工艺，则 l_{tr} 应由端部 $0.25l_{tr}$ 处开始算起）。为计算方便，在传递长度 l_{tr} 范围内假定应力为线性变化，则在距构件端部 $x\leqslant l_{tr}$ 处，预应力钢筋和混凝土的实际应力分别为 $\sigma_{pex}=(x/l_{tr})\sigma_{pe}$ 和 $\sigma_{pcx}=$

$(x/l_{tr})\ \sigma_{pc}$。因此，在 l_{tr} 范围内求得的 V_p 值要降低。预应力钢筋的预应力传递长度 l_{tr} 值与预应力钢筋的公称直径、放张时预应力钢筋的有效预应力等有关，可按教材式(10－107)计算。

(19) 预应力混凝土构件正截面抗裂度计算以使用阶段加荷至构件即将出现裂缝这一阶段应力作为依据。

由开裂轴向力 $N_{cr}=(\sigma_{pc\text{II}}+f_{tk})\ A_0$ 和开裂弯矩 $M_{cr}=(\sigma_{pc\text{II}}+\gamma_m f_{tk})\ W_0$ 表明，由于预压应力 $\sigma_{pc\text{II}}$ 的作用（$\sigma_{pc\text{II}}$ 比 f_{tk} 大得多)，使预应力混凝土构件的 N_{cr}、M_{cr} 比普通钢筋混凝土的 N_{cr}、M_{cr} 大得多，这就是预应力混凝土构件抗裂性能高的原因所在。

(20) 对于简支梁，通常在支座截面附近的剪力是很大的，而弯起预应力筋的竖向分量将大大有助于提高梁的斜截面抗裂性和受剪承载力，也可减小反拱值。另一方面，在支座附近弯矩很小，因此，没有必要把预应力筋全部配置在梁的下边缘。弯起后，有利于解决局部承压问题，也有利于梁端锚具的布置。所以，预应力弯起钢筋的作用是多方面的。

(21) 两者采用不同的刚度，因为两种情况下的构件截面应力阶段和受力状态是不同的。在计算预应力引起的反拱时，可认为构件受压混凝土处于弹性阶段，且预拉区没有开裂，因此，构件的截面刚度可取用弹性刚度 E_cI_0。而在计算外载作用下产生的挠度时，应考虑混凝土的塑性影响，对于不出现裂缝的构件，取 $0.85E_cI_0$。对于允许出现裂缝的构件，则还应考虑裂缝引起的刚度降低，其具体计算可参见《水工混凝土结构设计规范》的规定。

此外，在计算反拱时，应考虑预应力的长期作用，取用反拱的长期增长系数 2.0。

(22) 预应力受弯构件在制作时，混凝土受到偏心的预压力，使构件处于偏心受压状态，构件的下边缘受压，上边缘受拉，这就使预应力受弯构件在施工阶段所形成的预压区和预拉区位置正好与使用阶段的受拉区和受压区相反。在运输、吊装时自重及施工荷载在吊点截面产生负弯矩与预压力产生的负弯矩方向相同，使吊点截面成为最不利的受力截面。因此，预应力混凝土受弯构件必须取吊点截面作为计算截面进行施工阶段混凝土法向应力的验算，并控制验算截面边缘的应力值不超过规范规定的允许值。

由于构件在制作、运输和吊装阶段，只出现了第一批预应力损失，第二批预应力损失还未完全出现，所以在验算时应采用第一批预应力损失出现后的混凝土法向应力 $\sigma_{pc\text{I}}$ ($\sigma'_{pc\text{I}}$)。

(23) 后张法构件混凝土的预压应力是由预应力钢筋回缩时通过锚具对构件端部混凝土施加局部挤压力来建立并维持的。由于构件端部钢筋比较集中，混凝土截面又被预留孔道削弱较多，张拉时挤压力很大，放张时混凝土强度又较低。因此，端部锚具下的混凝土处于高应力状态下的三向受力情况。不仅纵向有较大压应力 σ_z，而且在径向、环向还产生拉应力 σ_r、σ_θ，所以验算构件端部局部受压承载力极为重要。工程中常因疏忽而导致不该发生的质量事故。

(24) 先张法：先张法预应力混凝土构件的预应力是靠钢筋和混凝土之间的粘结力来传递的，在传递长度 l_{tr} 范围内，应保证钢筋与混凝土之间有可靠的粘结力，所以端部应当局部加强。加强措施是：①对单根预应力钢筋（如板肋配筋)，其端部宜设置长度不小于 150mm 且不小于 4 圈的螺旋钢筋。当有可靠经验时，亦可利用支座垫板上的插筋代替螺旋钢筋，但其数量不应小于 4 根，高度不宜小于 120mm；②对分散布置的预应力钢筋，在构件端部 $10d$（d 为预应力钢筋直径）范围内，应设置 3～5 片钢筋网；③对采用钢丝配筋的薄板，在板端 100mm 范围内应适当加密横向钢筋。

后张法：后张法构件的预压力是通过锚具经垫板传给混凝土的，由于预压力往往很大，而锚具下的垫板与混凝土的传力接触面积往往很小，因此锚具下的混凝土将承受较大的局部压力。在局部压力作用下，构件端部会产生裂缝，甚至会发生因混凝土局部受压强度不足而破坏，所以端部要局部加强。加强措施：①构件端部尺寸应考虑锚具的布置、张拉设备的尺寸和局部受压的要求，在必要时应适当加大；②在预应力钢筋锚具下及张拉设备的支撑部位应埋设钢垫板，并应按局部受压承载力计算的要求配置间接钢筋和附加钢筋；③对外露金属锚具应采取涂刷油漆、砂浆封闭等防锈措施。

(25) 1) 因为预应力钢筋传给混凝土较高的预压应力，所以用于预应力混凝土结构中的混凝土强度等级必须比钢筋混凝土结构中的高；同时，为了克服预期的预应力损失，产生较高的预应力效果，钢筋的预加应力需要达到相当高的程度，因此，用于钢筋混凝土中的软钢或中等强度的钢筋将不适合用作预应力钢筋，预应力钢筋最好是采用高强钢丝和钢绞线。

2) 预应力程度较高的预应力混凝土结构，在使用荷载作用下通常是不开裂的结构。即使在偶然超载时有裂缝出现，但是只要卸去一部分荷载，裂缝就会闭合。因而，它的性能接近匀质弹性材料。而钢筋混凝土结构在使用荷载下的性能基本上是非线性的。

3) 预应力混凝土结构由于裂缝不出现或裂缝宽度小，因而它的刚度较大；同时，预加应力会使结构产生反拱，因而它的挠度很小。而钢筋混凝土结构中的裂缝大，刚度降低多，所以，挠度较大。

4) 在预应力混凝土和钢筋混凝土结构的使用阶段，在如何抵抗外荷载方面也有重要的差别：在出现裂缝的钢筋混凝土梁中，随着外荷载的增加，钢筋应力增长，而内力臂的变化较小，即抵抗弯矩的增大主要靠钢筋应力的增长。在预应力混凝土梁中则不同。随外载的增加，受拉的预应力钢筋与受压的混凝土之间的内力臂明显增大，而预应力钢筋的应力增长速度却相对较小，因为出现裂缝前，外荷载主要靠混凝土中的预压应力平衡。因而，预应力混凝土梁在使用荷载下即使出现裂缝，其裂缝开展宽度也较小。

5) 一旦预应力被克服之后，预应力混凝土和钢筋混凝土之间没有本质的不同。因而，无论是轴心受拉构件的受拉承载力，或是梁的受弯承载力，预应力混凝土与钢筋混凝土两者是相同的。不过，梁的受剪承载力两者则不同，预应力混凝土梁的受剪承载力比钢筋混凝土梁的高。因而，预应力混凝土梁的腹板可做得较薄，这样大大减轻了自重。

第 11 章　钢筋混凝土构件的抗震设计

1. 填充题

(1) 承载　变形

(2) 能量　M

(3) I　强弱　一个　不同　大

(4) 1～12　感觉　振动　破坏　地表现象

(5) 63.2％　2％～3％　10％　1.55　1

(6) 基本　基本　1　1

(7) 加速度　位移　速度　加速度　自振

(8) 共振　加大　减小

(9) 吸收　消耗　强

(10) 承载力　弹塑性变形

(11) 设计烈度

(12) 概念

(13) 防震缝

(14) 宽度　完全分开

(15) 正比　轻质　减轻　降低

(16) 承载力　变形　耗能

(17) 剪切　压溃　锚固

(18) 强柱弱梁

(19) 40　剪切　质量　刚度　单质点

(20) C30　C60　C25

(21) 1.25　1.3　较高　相等

(22) 1.15　1.05

(23) 加大　降低

(24) 0.5　0.3

(25) 0.7　0.8　0.9

2. 问答题

(1) 对某一地区，今后较长一段时间内，在一般场地条件下可能遭遇到的最大地震烈度称为该地区的基本烈度。由地震局编制的地震烈度区划图给出。在建筑物抗震设计中实际采用的地震烈度称为设计烈度。对一般工程，设计烈度就取用该地区的基本烈度。

(2) 由于地震作用的大小和特性以及它所引起的结构反应很难正确估算，所以在抗震设防时，不能完全依赖于计算，更重要的是要有一个良好正确的方案设计，这就称为概念设计。其主要内容有：选择有利的场地、地基和基础；合理规划，避免发生次生灾害；建筑物的体形和结构力求规整和对称；尽量减轻建筑物的质量，降低其重心；选择合理的抗震结构体系；增强钢筋混凝土结构构件的延性；遭遇大震时，框架结构不应发生柱铰机构等。

(3) 延性是结构构件在超过弹性变形后承载能力没有显著降低情况下的继续变形的能力。而水平地震作用正是使结构发生水平向的位移，因此延性好的结构就能大量吸收地震作用的能量。为保证钢筋混凝土结构具有较好的延性，应避免混凝土压碎、锚固失效、剪切破坏等脆性破坏的发生。因此，应限制受拉纵向钢筋的配筋率、增加受压钢筋、增配箍筋、加大钢筋锚固长度，对受压构件控制其轴压比，不使其发生剪切破坏等。这些措施都是为了增加构件的延性。

(4) 剪切破坏是一种因混凝土压溃而产生的脆性破坏。在抗震中，宁可发生受拉钢筋达到屈服的正截面受弯破坏以保持能有足够的延性，而不希望发生剪切破坏，所以提出了"强剪弱弯"的设计原则。

在强烈的大地震作用下，框架结构在某些截面上发生塑性铰是很难避免的。但希望塑性铰发生在框架梁的两端而不发生在框架柱的上下端。如果一层立柱的上下端均发生塑性铰则就会发生柱铰机构［教材图 11－6（b）］，使结构的塑性变形（层间侧移）过大而导致倒塌。为此，在抗震设计中就提出了"强柱弱梁"的原则，以保证塑性铰点不在柱中发生。

（5）水工建筑物抗震设计规范所采用的设计反应谱，即 $\beta-T$ 曲线——略（教材图 11－2）。

若 $T>T_g$，当结构较柔（即结构的自振周期 T 较大）时，相应的 β 值将减小；当结构较刚（即自振周期 T 很小）时，相应的 β 值将增大。当自振周期 T 与场地的特征周期 T_g 相接近时，结构将与地震发生共振，β 值将明显增大。

（6）水平地震是地面具有水平加速度（峰值为 a_h）的运动。它使质量为 m 的结构也发生水平向的位移运动，并具有加速度峰值 $a(a=\beta a_h)$。由牛顿第二定律，将动力转化为静力问题考虑，结构就作用有地震惯性力 $F_k=ma=m\beta a_h$。

地震作用惯性力 F_k 与其他外力荷载不同，它不仅取决于地震烈度（用 a_h 表示），同时还与结构本身的质量（m）和动力特性（自振周期 T，式中用 β 表示）有关。

（7）底部剪力法是一种简化的计算方法，用于多质点体系时，所得出的地震作用效应比用精确方法（如时程动力分析法等）计算得出的要偏大 15%左右。所以，底部剪力法用于多质点体系时，就取等效的总重力荷载 G_{eq} 替代实有的总重力荷载 G，而取 $G_{eq}=0.85G$。

（8）考虑地震效应折减系数 ξ 的原因是因为在水工建筑物抗震设计中是采用基本烈度（中震）的加速度峰值 a_h 计算的。在遭遇中震时，原则上是允许结构发生一定塑性变形的，而当产生塑性变形时，作用在结构上的实际惯性力就要比按弹性体计算的小得多，因此要将弹性体公式 $F_k=m\beta a_h$ 乘以系数 ξ 加以折减。

（9）不是的。在水工建筑物抗震规范中，公式 $F_k=\beta a_h\xi G/g$ 中的 a_h 采用的是该地区的基本烈度（中震）的加速度峰值，而在建筑抗震规范公式 $F_k=\beta a_h G/g$ 中，a_h 采用的是该地区的众值烈度（小震）的加速度峰值，同时认为结构在小震作用下仍处于弹性阶段，公式中不乘系数 ξ。小震的 a_h 约为中震的 1/3。因此，两本规范对同一结构计算出的 F_k 是基本相当的。

（10）因为在遭遇大地震时，结构是允许其进入塑性变形阶段的，热轧钢筋的应力将超过其屈服强度而进入强化阶段，为保证钢筋不至拉断，必须抽取试件，要求实测的钢筋抗拉极限强度不小于实测屈服强度的 1.25 倍。同时，为保证"强剪弱弯"、"强柱弱梁"原则的贯彻，也不希望钢筋的实测屈服强度超过预定的强度标准值太多，致使破坏部位或塑性铰不发生在设计原定的位置上。

（11）轴压比的表达式为 $KN/(f_cA)$，即柱子承受的轴向压力与混凝土的受压承载力的比值。控制轴压比的作用是不使柱子发生没有延性的破坏。

（12）铰接排架柱在柱顶区段、吊车梁区段、牛腿区段、柱根区段以及柱间支撑与柱连接处和柱变位受约束的部位，箍筋应加粗加密。

(13) 一般简支梁不承受水平地震作用力，所以两端不必加密箍筋。但在地震区，简支梁应考虑防止地震时跌落的措施。

(14) 桥跨结构在抗震时，其简支的上部结构应采用挡块或钢夹板等防止发生落梁。对跨度不大的桥跨结构一般只考虑水平向地震，主要应验算其支承结构（如墩、台、排架、拱等）的抗震承载力及稳定性。在很多情况下可只采取抗震措施而不进行抗震计算。特别应注意桥跨结构的地基与基础的抗震承载力。

第12章　水工大体积混凝土结构设计中的若干问题

1. 填充题

(1) 水泥水化热　温差　拉应力　表层　贯通性

(2) 温度　干缩　总和　控制温度　改善约束

(3) 不可能　宽度　严重性

(4) 自生　约束

(5) 自由发生　减小　降低　越多

(6) 全面积

(7) 构造

(8) 保守　不安全　裂缝

2. 单项选择题

(1) B　(2) C　(3) B　(4) A

3. 问答题

(1) SL 191—2008规范在修订时，参照GB 50010—2002规范，将最小配筋率的具体数值适当予以提高，特别对受压钢筋的最小配筋率提高得相对多一些，以期与国际主流规范的差距有所减小。

纵向受压钢筋的最小配筋率主要是从承载力要求考虑的，因此，钢筋等级高时其数值可低一些。纵向受拉钢筋的最小配筋率，除了从承载力要求考虑外，还兼顾到裂缝的开展，因此，除了光圆钢筋采用较大的数值外，对HRB335和HRB400等钢筋，最小配筋率的数值就保持为同一值。

(2) 为避免采用固定的最小配筋率后，造成在同样荷载条件下截面尺寸越大配筋越多的现象，规范建议对截面尺寸较大的卧置于地基上的底板和墩墙，可采用变化的ρ_{min}。

由该式可见，配筋面积A_s与板厚h已无关，不论板厚h增至多大，配筋量将始终保持在同一水平上。由该式求得的受拉钢筋截面积与按原96规范的9.5.2条公式计算得出的钢筋截面积在原则上是应该完全一样的，只是两本标准所规定的最小配筋率的数值及反映安全度的有关系数的取值有所不同。但很显然，新规范建议的直接求出钢筋截面面积的方法更为简单明了。在这里，还恢复了"卧置在地基上的"限制词，因为卧置在地基上的板一旦开裂，地基反力会随之调整，不会像架空的梁板那样会发生突然性破坏，所以确定其最小配筋量时可不考虑突然破坏这一因素。同时还加置了"承受竖向荷载为主的"限制词，以限定底板是一受弯为主的构件。对于船闸闸室一类底板，因受有由闸墙传来的巨大的侧向水压力，底板为一偏心受拉构件，公式就不再适用。不少工程设计人员反映原水工

96 规范所谓的“大体积结构”和“截面厚度很大的构件”，其尺度很难掌握，希望能给出一个统一的标准。现行水工混凝土结构设计规范规定板厚或墙厚超过 2.5m 的构件属于“截面厚度很大的构件”。

(3) 混凝土结构必须进行温度作用计算的范围仅限定为三种：①重要的大体积混凝土结构抗裂验算时；②对限制裂缝宽度有严格要求的超静定钢筋混凝土结构设计时；③为确定温度伸缩缝位置和设计防渗止水构造设施，对结构构件进行变形计算时。

次要的结构如一般重力式挡土墙等，只要遵守伸缩缝间距的规定，就可以不进行温度作用计算。

研究分析表明，温度作用对超静定钢筋混凝土结构的裂缝宽度有显著的影响，但与结构最终承载力基本无关。因为裂缝开展较宽时，构件的变形就能满足温度变形胀缩的要求，温度应力也就基本上松弛消失。对超静定钢筋混凝土结构适当增配温度钢筋的目的主要是为了控制裂缝宽度。因此对于超静定钢筋混凝土结构，当其裂缝宽度的控制要求并不严格时，也可不进行温度作用计算。

具体的水工建筑物是否需要进行温度作用计算，可遵照有关建筑物的专门设计规范的规定。

(4) 1) 闸墩等底部受基岩约束的竖直墙体：①在离基岩 $L/4$ 高度范围内，墙体每一侧面的水平钢筋配筋率宜为 0.2%，但每米配筋不多于 5 根直径为 25mm 的钢筋；②墙体竖直钢筋和上部 $3L/4$ 高度范围的水平钢筋的配筋率宜为 0.1%，但每米配筋不多于 5 根直径为 20mm 的钢筋。

2) 两端受大体积混凝土约束的墙体：①每一侧墙体水平钢筋配筋率宜为 0.2%，但每米配筋不多于 5 根直径为 25mm 的钢筋；②在离约束边 $L/4$ 长度范围内，每侧竖向钢筋配筋率宜为 0.2%，但每米配筋不多于 5 根直径为 25mm 的钢筋；③其余部位的竖向钢筋配筋率宜为 0.1%，但每米配筋不多于 5 根直径为 20mm 的钢筋。

以上配筋构造详见教材图（12-4）。

(5) 对大体积混凝土，可以采取下列温度控制防裂措施：

1) 混凝土表面保温保护；孔洞进出口在低温季节及气温骤降期间进行遮闭或封堵。

2) 合理安排混凝土施工程序；约束区混凝土宜安排在低温时段浇筑；混凝土浇筑层应连续均匀上升，不得出现薄层长间歇。

3) 选用低发热量水泥、浇筑低流态混凝土、掺高效外加剂等以减少混凝土水化热温升。

4) 采取混凝土拌和加冰、冷水拌和，减少混凝土运输和浇筑过程中的温度回升等措施以降低混凝土浇筑温度。

5) 埋设冷却水管通水冷却。

(6) 按应力图形配筋要求是“主拉应力”图形，由于截面各点的主拉应力方向往往不一致，按主拉应力图形计算总拉力实际上是将不同方向的拉力直接叠加，是不合适的。因此现行规范改用“主拉应力图形在钢筋方向的投影”来计算钢筋截面面积。应该注意的是，主拉应力的投影不一定只有两个方向，有时在 3 个方向可能都有投影，这时，对 3 个方向的配筋都应该进行校核。

(7) 在有限元分析中，材料的强度理论上宜取用为实测值或其平均值。由于规范中没有给出混凝土的强度平均值，因此，用与平均值较接近的“标准值”作为有限元分析时的材料强度取值。所以规范规定：无论在承载力与裂缝控制验算时，材料强度均取为“标准值”。但应注意，教材表 2-7 中的安全系数是相对于材料强度为设计值的。现在承载力验算时材料强度也取为标准值，为保证其具有必要的安全度，因此在承载力验算时安全系数应乘以 1.1（结构为钢筋受拉破坏）或 1.4（结构为混凝土受压破坏）的倍数。

参 考 文 献

[1] SL 191—2008. 水工混凝土结构设计规范［S］. 北京：中国水利水电出版社，2009.

[2] DL/T 5057—2009. 水工混凝土结构设计规范［S］. 北京：中国电力出版社，2009.

[3] DL/T 5057—1996. 水工混凝土结构设计规范［S］. 北京：中国电力出版社，1997.

[4] SL/T 191—1996. 水工混凝土结构设计规范［S］. 北京：中国水利水电出版社，1997.

[5] GB 50010—2002. 混凝土结构设计规范［S］. 北京：中国建筑工业出版社，2002.

[6] GB 50009—2001. 建筑结构荷载规范［S］. 2版. 北京：中国建筑工业出版社，2006.

[7] DL/T 5077—1997. 水工建筑物荷载设计规范［S］. 北京：中国电力出版社，1998.

[8] SDJ 20—78，水工钢筋混凝土结构设计规范［S］. 北京：中国水利水电出版社，1978.

[9] DL 5073—2000. 水工建筑物抗震设计规范［S］. 北京：中国电力出版社，2001.

[10] GB 50011—2001. 建筑抗震设计规范［S］. 北京：中国建筑工业出版社，2001.

[11] GB 50007—2002. 建筑地基基础设计规范［S］. 北京：中国建筑工业出版社，2002.

[12] Building Code Requirements for Structural Concrete and Commentary（ACI 318M—05）［S］American Concrete Institute，Farmington Hills，Mi，2005.

[13] 东南大学等三校合编. 混凝土结构（上册）［M］. 北京：中国建筑工业出版社，2001.

[14] 蓝宗建，朱万福. 混凝土结构与砌体结构［M］. 2版. 南京：东南大学出版社，2007.

[15] 沈蒲生. 混凝土结构设计原理［M］. 3版. 北京：高等教育出版社，2007.

[16] 叶列平. 混凝土结构（上册）［M］. 北京：清华大学出版社，2001.

[17] 沈蒲生，等. 混凝土结构疑难释义［M］. 3版. 北京：中国建筑工业出版社，2003.

[18] 郭继武. 建筑抗震疑难释义［M］. 北京：中国建筑工业出版社，2003.

[19] 东南大学等三校合编. 混凝土结构学习辅导与习题精解［M］. 北京：中国建筑工业出版社，2006.

[20] 程文瀼，等. 钢筋混凝土结构学习指导［M］. 南京：江苏科学技术出版社，1988.

[21] 赵鲁光. 水工钢筋混凝土结构习题与课程设计［M］. 北京：中国水利水电出版社，1998.